LE I PONDERED, WEAK AND WEARY,
S VOLUME OF FORGOTTEN LORE—
SUDDENLY THERE CAME A TAPPING,
, RAPPING AT MY CHAMBER DOOR.
'TAPPING AT MY CHAMBER DOOR-
HIS
ING
RE."

O MISTÉRIO DOS MISTÉRIOS

Mark Dawidziak

O MISTÉRIO DOS MISTÉRIOS

A MORTE E A VIDA DE EDGAR ALLAN POE

Tradução
Caesar Soúza e Val Venturella

Editora Cultrix
SÃO PAULO

Título do original: *A Mystery of Mysteries – The Death and Life of Edgar Allan Poe*.

Publicado mediante acordo com ST. Martin's Press

1ª edição 2024.

Editor: Adilson Silva Ramachandra
Gerente editorial: Roseli de S. Ferraz
Preparação de originais: Ana Lúcia Gonçalves
Gerente de produção editorial: Indiara Faria Kayo
Editoração eletrônica: Join Bureau
Revisão: Vivian Miwa Matsushita

Dados Internacionais de Catalogação na Publicação (CIP)
(Câmara Brasileira do Livro, SP, Brasil)

Dawidziak, Mark
O mistério dos mistérios: a morte e a vida de Edgar Allan Poe / Mark Dawidziak; tradução Caesar Souza e Val Venturella. – 1. ed. – São Paulo: Editora Cultrix, 2024.

Título original: A mystery of mysteries: the death and life of Edgar Allan Poe
ISBN 978-65-5736-336-2

1. Escritores norte-americanos – Século 19 – Biografia 2. Poe, Edgar Allan, 1809-1849 I. Título.

24-209179 CDD-818.309

Índices para catálogo sistemático:

1. Escritores norte-americanos: Biografia 818.309
Cibele Maria Dias – Bibliotecária – CRB-8/9427

Direitos de tradução para o Brasil adquiridos com exclusividade
pela EDITORA PENSAMENTO-CULTRIX LTDA., que se reserva a
propriedade literária desta tradução.
Rua Dr. Mário Vicente, 368 – 04270-000 – São Paulo, SP – Fone: (11) 2066-9000
http://www.editoracultrix.com.br
E-mail: atendimento@editoracultrix.com.br
Foi feito o depósito legal.

Para Sara, com um amor que é mais que amor,

E para nossa filha, Becky, tão talentosa, amorosa e corajosa...
que tanto me surpreende...

A ambas... eternamente

A brisa – o sopro de Deus – está calma –
E a névoa sobre a colina
Sombria – sombria – embora contínua,
É um símbolo de um sinal –
Como paira sobre as árvores,
Um mistério de mistérios!

– Estrofe final de *Espíritos dos Mortos,*
de Edgar Allan Poe

SUMÁRIO

NOTA DO AUTOR

Cartas, artigos de revistas, seções de jornais e livros do século XIX, assim como contos, ensaios e críticas de Poe são citados ao longo deste trabalho. A pontuação e estrutura de sua linguagem foram mantidas, sem esforço algum para os adequar à gramática e ao uso modernos.

UMA QUESTÃO DE MORTE E VIDA

> Então – em minha infância – na aurora
> De uma vida tempestuosa – foi extraído
> Do fundo de todo bem e mal
> O mistério que ainda me aprisiona
>
> – "Sozinho", de Edgar Allan Poe

Tendo completado apenas quarenta anos do que foi, sem dúvida, uma vida tumultuosa, Edgar Allan Poe abandonou este mundo no início da manhã do domingo de 7 de outubro de 1849. Ninguém sabe precisamente por quê. Na verdade, como muitos aspectos de sua vida, sua morte tem sido objeto de intermináveis debates, conjecturas, especulações, considerações e reconsiderações. Ninguém pode nos dizer, com a mais remota certeza, por que, enquanto viajava de Richmond para Nova York, terminou em Baltimore. Ninguém pode nos dizer o que aconteceu com ele entre a última vez que foi visto na noite de 26 de setembro em Richmond e sua reaparição na parte externa de um local de votação em um Dia de Eleições em Baltimore, na tarde úmida e fria de 3 de outubro. Ninguém jamais descobriu a identidade da pessoa, Reynolds, por quem Poe supostamente chamou horas antes de morrer no Washington University Hospital de Baltimore, em Baltimore. Ninguém jamais apresentou evidências conclusivas, ou qualquer coisa próxima a isso, com relação à causa do delírio geralmente descrito como "congestão cerebral", "inflamação cerebral" ou "febre cerebral". Mesmo as melodramáticas e oportunas últimas palavras atribuídas a ele – "Senhor, ajudai minha pobre alma!" – foram questionadas. A fonte para essa fala é uma trêmula testemunha que apresentou uma declaração contraditória ao médico de plantão John J. Moran (que pode ou não ter estado presente no momento da morte). Apenas uma coisa pode ser dita com absoluta certeza: Edgar Allan Poe morreu aos quarenta anos e oito meses e pouco porque parou de respirar. Ou, dito de um modo mais poético, como ele escreveu em um de seus poemas, "Para Annie":

O perigo passou,
E a persistente doença
Por fim, terminou –
E a febre chamada "Vida"
É, por fim, derrotada.

A morte de Poe se tornou tão parte de sua mística, que é muitas vezes o primeiro tópico mencionado por visitantes dos principais destinos dedicados ao escritor: a Edgar Allan Poe House, em Baltimore, onde, no começo da década de 1830, ele descobriu tanto uma família que o aceitou quanto um talento para contos; o Museu Edgar Allan Poe, em Richmond, a cidade onde viveu grande parte de sua vida adulta e onde, em 1835, iniciou sua frequentemente controversa carreira como influente crítico literário e editor de revistas; o Edgar Allan Poe

Historic Site, em Richmond, a única de suas cinco residências na Filadélfia de 1838-1844 que ainda sobrevive; e o Chalé Edgar Allan Poe, no Bronx, a casa que alugou da primavera de 1846 até sua morte. "Eu estaria milionário se ganhasse dez centavos cada vez que me perguntam como ele morreu", disse Steve Medeiros, um estudioso de Poe e ex-guarda do Serviço Nacional de Parques, cujos deveres regulares incluíam cumprimentar aqueles que passavam pela porta da casa da Filadélfia.

Durante uma entrevista conduzida para este livro, Matthew Pearl, autor do aclamado romance *A Sombra de Allan Poe* (2006), observou: "Sua biografia não começa realmente onde muitos biógrafos tradicionalmente começam, com seu nascimento; começa com sua morte". Há, aqui, uma alusão à observação de Poe de que escritores de romance poderiam aprender com autores chineses que eram "inteligentes o bastante *para começarem seus livros pelo fim*"?

A contínua fascinação com sua morte é compreensível. Afinal, é uma das grandes saídas de cena de todos os tempos – junto a Molière, o ator-dramaturgo que, sofrendo de tuberculose pulmonar, superou um colapso e uma hemorragia no palco para terminar uma apresentação final antes de morrer algumas horas mais tarde, em 1673; e Mark Twain, que corretamente previu que, tendo nascido quando o Cometa Halley visitou a Terra em 1835, morreria quando retornasse em 1910. A morte de Poe, contudo, assume uma importância adicional porque é inegavelmente um dos principais fatores que o mantêm vivo como um dos escritores mais instantaneamente reconhecíveis de todos os tempos e o autor norte-americano mais lido no mundo inteiro. Aqui, também, Twain está concorrendo, mas é provável que Poe seja mais lido enquanto Twain é mais constantemente citado (embora, com frequência, de forma imprecisa). A morte de Poe não é somente uma fonte de fascinação contínua; simboliza também o que se tornou sua identidade literária profundamente arraigada. Ele morreu sob circunstâncias marcantes que refletem os dois gêneros literários que ele elevou a novos patamares.

Poe poderia também estar escrevendo seu próprio epitáfio com a primeira linha de seu conto "O Encontro": "desafortunado e misterioso homem! – perplexo com o brilho da tua própria imaginação, e consumido pelas chamas da tua própria juventude!". Sua morte é um momento cercado de horror. Poe morreu de uma forma lenta e dolorosa que não seria inconsistente com suas próprias histórias de terror incrivelmente influentes. É também um momento envolvido em mistério. De fato, um mistério ambíguo. Qual foi a causa de sua morte, e o que lhe ocorreu durante aqueles dias antes de ser encontrado "em grande aflição" nas ruas de Baltimore, vestindo roupas que não lhe serviam e que não lhe pertenciam? Por que parecia tão desgrenhado, descabelado, com o rosto sujo e os olhos "sem brilho e vazios"? Pálido e descrito, alternadamente, como frio ao ser tocado e ardendo em febre, Poe em seu delírio teve conversas com o que o médico residente Moran disse serem "objetos espectrais e imaginários na parede". Parece a descrição de um personagem em um de seus contos? Parece também um mistério digno do hábil detetive de Poe (e o modelo que tantos investigadores seguiriam), C. Auguste Dupin. Aqui, com certeza, encontramos mistério e terror em abundância. "O atormentado escritor e o pai do conto de detetives nos deixa com mistérios sombrios que frustraram toda tentativa de solvê-los", constatou Medeiros. "É quase como se um publicitário interviesse e dissesse: 'Ei, quer saber, a melhor coisa que você pode fazer para sua carreira é morrer sob circunstâncias misteriosas aos quarenta'".

Já foi sugerido que uma razão para Poe ter sido atraído ao gênero de terror foi seu interesse pela cultura norte-americana da morte do século XIX, que resultou em rituais de luto cada vez mais elaborados, cemitérios maiores e mais extensos, e canções desoladoras e poemas permeados por tristeza e perda. A morte, muito certamente, foi uma companhia constante ao longo da vida de Poe. Assim, talvez, seja adequado que algo de uma cultura da morte tenha se desenvolvido em torno dele. Um número surpreendente de teorias que examinam os dias ausentes e a causa da morte foram discutidas, mas nunca provadas. A longa lista de candidatos para o que o levou à morte inclui: consumo exagerado de álcool, hidrofobia, assassinato, um tumor cerebral, encefalite viral, sífilis, suicídio, doença cardíaca, envenenamento por monóxido de carbono proveniente de gás de iluminação a carvão e demência provocada por hidrocefalia de pressão normal. Uma nova "resposta" parece chegar à estação de especulação a cada dois anos. Fique perto dessa estação por algum tempo e, muito certamente, você vai se deparar com alguém afirmando ter resolvido o mistério da morte de Poe – a menos, é claro, que essa pessoa seja ofuscada por outra que afirma ter recentemente descoberto a identidade de Jack, o Estripador.

A investigação que se segue neste livro indica uma teoria favorita de como Poe morreu? Claro, absolutamente. Pode essa ou qualquer outra teoria conclusivamente ser provada com o uso das ferramentas e métodos forenses mais modernos à sua disposição? Bem, vamos submeter essa questão a uma miríade de testes e ver aonde a investigação nos leva enquanto examinamos a vida de Poe através de uma lente formada a partir do mistério de sua morte. Essa é apenas a abertura do dossiê, e inúmeros especialistas importantes de vários campos foram consultados. Eles incluem estudiosos de Poe, curadores de museus, especialistas médicos e historiadores, escritores de horror, patologistas forenses, autores de *best-sellers* de histórias de crimes reais (*true crime*), um profissional especialista em antropologia forense e arqueologia, um ator amado por sua associação com Poe e um agente pioneiro do FBI. Cada um tinha algo convincente a dizer sobre como Poe pode ter morrido, mas também, e, por fim e mais esclarecidamente, sobre como viveu. Cada um tinha uma peça de um quebra-cabeça desafiador. Os especialistas em terror e horror, por exemplo, de Stephen King e Anne Rice a Ray Bradbury e Wes Craven, foram rapidamente além do estereótipo para focar o escritor completo e o indivíduo complexo que estaria por trás daquelas histórias de terror e do macabro. Suas reflexões ajudaram a trazer o Poe real à luz, e isso não foi fácil, uma vez que nossa visão dele tem sido terrivelmente obscurecida por esforços persistentes para mantê-la nas sombras. Poe também poderia estar em uma disposição profética quando escreveu estas linhas para "Sombra – uma Parábola": "Vocês que leem estão ainda entre os vivos; mas eu que escrevo há muito terei adentrado na região das sombras". Portanto, sim, começa com sua morte.

Poe foi enterrado no dia após sua morte, no pequeno Cemitério Presbiteriano Westminster, de Baltimore. Foi enterrado novamente no dia seguinte quando o notório obituário do editor e poeta Rufus Griswold apareceu na edição noturna do *New-York Tribune*, iniciando com as desdenhosas linhas: "Edgar Allan Poe está morto. Morreu em Baltimore anteontem. Esse anúncio surpreenderá muitos, mas entristecerá poucos". Daí, segue ladeira abaixo. Nutrindo ressentimentos contra Poe, Griswold usou o difamatório obituário para jogar todo tipo de sujeira e lama sobre sua memória, descrevendo-o como imoral, arrogante, desequilibrado, desonesto, invejoso, convencido e desonroso. Griswold aumentou esse retrato descuidadamente impreciso e grotesco de Poe, acrescentando ainda mais acusações ultrajantes em escritos posteriores. A relação de Poe com a bebida já havia sido reconhecida por seus amigos e exagerada por seus inimigos. E não há dúvida de que o álcool periodicamente desempenhou o papel do "Demônio da perversidade" pessoal de Poe. Mas se você deseja começar uma discussão acadêmica entre estudiosos de Poe, mencione o tema do álcool. Há um debate vivo e contínuo sobre quanto ele bebia e com que frequência. De seus dias na Universidade da Virgínia, havia diversas testemunhas que diziam que bastava muito pouco álcool para colocar Poe em um estado de extrema embriaguez. Independentemente do quanto bebesse de uma vez, o resultado era o mesmo. Invariavelmente, isso teve um efeito devastador em seu sistema e sua psique, e uma recuperação usualmente significava mais do que apenas passar por uma ressaca pela manhã. Os registros mais notórios de sua embriaguez pública deram a Griswold munição mais que suficiente em uma era que equiparava problemas com a bebida a uma fraqueza de caráter.

Todavia, Griswold foi adiante, acrescentando o rótulo de dependente químico, o que, embora sem fundamento ou justificação, também se tornou uma parte duradoura da caricatura. Por ser um influente antologista e respeitado árbitro de gostos literários, bem como o editor indicado da primeira edição coligida dos trabalhos de Poe, muitos acreditavam nele. Assim, menos de vinte e quatro horas após ter sido enterrado em Baltimore, Poe era enterrado sob uma pilha tóxica de distorções, falsidades maliciosas e mentiras. Para o ardente defensor de Poe, Charles Baudelaire, o poeta e crítico francês, a contínua campanha de assassinato de caráter empreendida por Griswold foi o trabalho crasso e odioso de "um vampiro pedagógico". Colocando Griswold no papel de vira-lata miserável, Baudelaire famosamente perguntou: "Não existe na América uma lei que mantém cães fora de cemitérios?". Contudo, os ataques brutais e muitas vezes desprezíveis de Griswold a Poe criaram uma falsa impressão geral que, a despeito dos melhores esforços de detetives acadêmicos para corrigir os registros, até hoje não foi completamente eliminada. "O dano que esse artigo provocou à reputação de Poe foi incalculável", Arthur Hobson Quinn escreveu em sua monumental biografia de Poe, de 1941. Ainda assim, é prudente ter em mente que, em um conto de Poe, nada jamais permanece enterrado. "Na morte – não! Mesmo no túmulo *nem* tudo está perdido", ele faz seu narrador nos dizer em "O Poço e o Pêndulo".

De fato, o corpo de Poe foi desenterrado em 1875, com seus restos mortais reenterrados em um canto noroeste do cemitério para dar espaço a um impressionante novo monumento. Naquela época, houve uma importante reação à amarga campanha de difamação de Griswold, tanto por parte de amigos de Poe como por seu crescente número de admiradores na Europa. Entre aqueles liderando o contra-ataque estava Baudelaire, que, embora apaixonado em sua grande admiração pelo trabalho de Poe, contribuiu para os estereótipos gradualmente arraigados, argumentando que os personagens de Poe eram projeções de sua personalidade. Todavia, é outra distorção que perseverou quando nos movemos de um século a outros. Alunos muito jovens no Ensino Médio lendo "O Corvo", "O Coração Revelador" e "O Barril de Amontillado" foram encorajados a confundir Poe com seus narradores presos nas garras de obsessões mórbidas, tristeza agoniante pela perda de um amor, uma sede intensa por vingança, ou fixações que ameaçam perturbar a mente.

"Poe certamente se baseou em sua vida e experiências para seus contos e poemas, como todos os escritores fazem", disse Scott Peeples, professor da Universidade de Charleston e autor de *The Man of the Crowd: Edgar Allan Poe and the City* [O Homem e a Multidão: Edgar Allan Poe e a Cidade]. "Mas é um equívoco fundamental confundir Poe com seus narradores. Mesmo com ilustrações de 'O Corvo', o narrador muitas vezes é desenhado para se parecer com Poe."

Os séculos XX e XXI certamente também fizeram o que quiseram com Poe, enterrando-o novamente, dessa vez detrás de um tipo abreviado de identificação de marca adorado por Hollywood e pela cultura pop. Ele se tornou nosso mestre original do macabro, o avô de tudo o que é gótico, o rei do terror muito antes que o mundo tivesse ouvido falar de Stephen King. Há uma boa chance de que a menção de seu nome conjure uma imagem semelhante a essas para muitos norte-americanos. A fama duradoura, portanto, tornou-se, de certo modo, uma espada de dois gumes para Poe. Por um lado, esse pequeno grupo de contos e poemas tornou seu nome e face instantaneamente reconhecíveis e comercializáveis. Você pode entrar em uma livraria e encontrar estantes inteiras de itens sobre Poe voltados a uma ampla variedade de consumidores. Não se incomode de procurar pelas estantes dedicadas a Henry Wadsworth Longfellow, Ralph Waldo Emerson ou quaisquer dos outros contemporâneos literários cuja fama deveria obscurecer e ultrapassar a reputação de Poe. O comercialismo pode não ser o melhor teste de mérito literário, mas esse tipo de presença massiva não pode ser casualmente desconsiderado. Você, provavelmente reconhece o companheiro bigodudo cuja face triste e atormentada olha para você nas camisetas, canecas de café, ímãs de geladeira, cobertores, relógios de parede, velas aromatizadas, pingentes, capas de iPhone, brincos, pins de lapela, chinelos, meias, bonecas de pelúcia, bonecos de cabeça oscilante, rolhas de garrafas de vinho e mesmo uma variedade surpreendentemente ampla de cartões de Natal (porque nada expressa melhor Feliz Natal do que substituir Papai Noel e seu ho-ho-ho por um corvo grasnando Poe-Poe-Poe). O site de e-commerce Etsy lista mais de dez mil produtos relacionados a Poe para venda. Você conhece esse Poe. Ele parece melancólico, talvez condenado.

Com a cultura pop fazendo sua parte, Poe, ao mesmo tempo, permanece a força literária renovável sendo constantemente reintroduzida em currículos de escolas públicas e privadas do sétimo ano em diante. Professores adoram chegar àquelas seções dedicadas a Poe, e mesmo aqueles alunos que acham ler uma tarefa tediosa tendem a se deleitar com um autor que está desmembrando corpos, emparedando cretinos pomposos em criptas, esbofeteando uma pobre alma em câmaras de tortura e enfiando corpos em chaminés. Do que não gostar? Poe, mestre do terror, atinge-os exatamente na idade impressionável com visões potentes o bastante para incitar a imaginação.

"Alunos do sétimo ano podem se identificar intensamente com Poe porque ele escreve sobre personagens que se sentem incrivelmente vulneráveis ou são atormentados por coisas que fizeram ou são frustrados por figuras opressivas ou sentem como se alguma violência pudesse puni-los a qualquer momento", disse J. Gerald Kennedy, autor de *Poe, Death, and the Life of Writing* [Poe, Morte e a Vida da Escrita] e o editor de *A Historical Guide to Poe* [Um Guia Histórico para Poe]. "Realizei uma oficina há alguns anos em Dallas, e muitos professores afro-americanos me disseram que seus alunos gostavam especialmente de Poe porque ele fala sobre essa vulnerabilidade, e isso realmente repercute neles. Ajuda a explicar a poderosa fascinação que estudantes desenvolvem por Poe".

Em meio a tudo isso, desde quando Baudelaire e outros admiradores transformaram Poe em um gênio torturado de um ícone, Poe permaneceu, bem... legal, demonstrando enorme popularidade entre os jovens, geração após geração. Ele tem um lugar de honra – centro da linha superior – da capa do álbum dos Beatles *Sgt. Pepper's Lonely Hearts Club Band*. Ele é mencionado em "I Am the Walrus", [Eu sou a morsa] de John Lennon ("Man, you should have seen them kicking Edgar Allan Poe" [Cara, você tinha que vê-los chutando Edgar Allan Poe]). Além disso, um de seus contos é referenciado em "Just Like Tom Thumb's Blues" [Como o blues de Tom Thumb], de Bob Dylan (com seu conselho sobre "Quando você estiver na Rua Morgue"). Seus trabalhos receberam interpretações divertidas em *Os Simpsons*, e seu espírito foi invocado para ajudar Goth e os meninos vampiros em *South Park*. "O Coração Revelador" ganhou uma remodelação na Fenda do Biquíni em *Bob Esponja Calça Quadrada*, e, na noite de Halloween em 2020, Jim Carrey abriu o *Saturday Night Live* como Joe Biden lendo uma recontagem do Dia de Eleição de "O Corvo". Outro dos poemas mais famosos de Poe, "Annabel Lee", foi transformado em versões de canções gravadas por uma variedade de artistas como Frankie Laine, Jim Reeves, Joan Baez e Stevie Nicks. E, embora dificilmente fiel aos contos e poemas do escritor (se, de fato, apresentam qualquer semelhança com eles), filmes de Hollywood "inspirados" em Poe, de clássicos da Universal na década de 1930 com Bela Lugosi e Boris Karloff aos deleites da década de 1960 de Roger Corman com Vincent Price, tornaram-se merecidamente icônicos. Em outubro de 2021, a Netflix anunciou *A Queda da Casa de Usher*, uma série baseada em múltiplos trabalhos de Poe.

Todavia, na melhor das hipóteses, nossa visão de Poe permanece ofuscada. E esse é o outro lado daquela espada de dois gumes de sua fama. O Poe que conhecemos – ou achamos que conhecemos – é uma caricatura grotesca. Ele é o cara doentio e pálido com os olhos fundos, curvado sobre um manuscrito em um sótão, com um corvo pousado em seu ombro. Um gato de olhos vermelhos se senta entre as teias de aranha num lado, uma garrafa de conhaque no outro. Reduzimos Poe a essa imagem cartunística, deixando uma pequena parte de sua produção literária enquadrar completamente essa percepção distorcida. É como tirar uma foto de Poe do reflexo de um espelho distorcido. Sim, de fato, o estereótipo possui uma base. O mestre do macabro é inquestionavelmente uma parte essencial do que Poe era. Há uma razão para aqueles poucos contos e poemas continuarem a ter tal impacto. Havia pelotões de escritores transacionando no mesmo território cemiterial antes e durante o auge literário de Poe, mas ninguém conseguia se aproximar de sua sublime habilidade para incitar sentimentos de pavor, desconforto, medo e terror.

"A imagem gótica de Poe pode ser limitante, mas, com certeza, é duradoura porque há muito de verdade nela", disse Kennedy. "Desde o começo de sua carreira, ele é obcecado pelo problema da morte."

Reconhecer isso é fundamental para entender Poe, mas deixar que isso o defina por completo como escritor subestima-o, criminosamente, como artista e como pessoa. Estamos vendo apenas uma parte desse escritor incrivelmente dedicado e enganadoramente versátil. Torna-se apenas outro modo de enterrarmos Poe – sob uma montanha de equívocos, mitos, mal-entendidos e, é claro, mistério. Poe, o mestre da invenção, tornou-se uma invenção.

"Quase não há relação entre o mito e o homem", afirmou Harry Lee "Hal" Poe, um primo cujos trabalhos publicados incluem *Edgar Allan*

Poe: An Illustrated Companion to His Tell-Tale Stories [Edgar Allan Poe: um Guia Ilustrado Para Suas Histórias Reveladoras] e *Evermore: Edgar Allan Poe and the Mystery of the Universe* [Sempre: Edgar Allan Poe e o Mistério do Universo]. "Muito pouco do que Poe escreveu poderia ser classificado como horror, e apenas uma parte disso é sobrenatural. Poe tinha um horror absoluto de ser enquadrado. Ele achava que era importante para um escritor manifestar essa diversidade e mostrar que se poderia escrever de modos muito diferentes. Mas se tornou o fim de *The Man Who Shot Liberty Valance* [O Homem Que Atirou em Liberty Valance], quando o editor ouviu o verdadeiro conto e removeu todos os fatos, e então rasgou tudo, dizendo: 'Quando a lenda se torna fato, publique a lenda'. Isso é Poe. Ele se tornou um personagem lendário, e as pessoas gostam do personagem. É uma razão pela qual as pessoas continuam lendo-o, mas o Poe real foi perdido enquanto a lenda é acriticamente aceita como fato."

O Poe real se considerava, mais que tudo, um poeta. O Poe real era mais bem conhecido durante sua existência, primeiro, como um crítico extremamente duro; segundo, como um poeta; e terceiro, como o autor de histórias de mistério e terror. Nossa percepção de Poe inverteu essa ordem. Mas Poe também escreveu um número substancial de sátiras, farsas e artigos e contos humorísticos, e, vamos admitir, ninguém pensa em Edgar Allan Poe como um escritor de comédias. O homem tinha um bom senso de humor, mas isso não se enquadra no mito. "A imagem popular de Poe é tão despropositada que beira o ridículo", observou o estudioso de Poe e de Twain, Dennis Eddings: "Poe tinha um senso de humor delicioso. Amava gatos, um verdadeiro teste de caráter, como Mark Twain reconhecia. E levava sua arte com seriedade ao mesmo tempo que se divertia com ela, claramente um sinal de uma mente bem equilibrada".

Poe também escreveu contos que influenciariam escritores de ficção científica posteriores. Havia ensaios e artigos jornalísticos. Muitos visitantes de um daqueles lugares de Poe em Baltimore, Richmond, Filadélfia, ou de Nova York adentraram o lugar proclamando: "Eu amo Edgar Allan Poe. Li tudo que ele escreveu". Com isso, pretendem dizer que possuem um daqueles volumes de histórias e poemas coligidos, que leram de capa a capa. A réplica generosamente não dita é: "Mesmo? Você leu tudo? Começou com a edição de 1902 de James A. Harrison, que tem 17 volumes?".

"O louco uivando para a lua foi invenção de Griswold e, até hoje, essa invenção mantém o Poe real oculto para nós", verificou Hal Poe. "O Poe real era a vida da festa – espirituoso, inteligente, envolvente. Ele traria sua flauta e, com sua esposa, Virgínia, executariam duetos. Poe amava o humor, mas não tinha grande amor por contos de terror, mesmo que tenha se sobressaído nela. Ele era cortês, e tinha muitos amigos, a despeito do que Griswold escreveu."

Não perdemos Poe, o escritor de terror, jogando fora sua imagem desenhada e aceitando que possuía um vívido senso de humor e uma ética de trabalho exigente. Na verdade, ao reconhecermos o artista completo, compreendemos melhor por que e como poderia ter levado o terror e o horror a alturas tão sublimes e aterradoras.

"A imagem de Poe foi terrivelmente exagerada e distorcida, mas isso tende a acontecer com quase todos que se tornam conhecidos pelo terror: escritores, atores, diretores", disse Robert Bloch, o escritor de terror mais conhecido por seu romance *Psicose*. "As pessoas criam suas próprias imagens de escritores de terror e essas imagens muitas vezes sobrepujam realidades. O problema é que ninguém olha para além das imagens tristes, melancólicas de Poe e vê o cara pulando carniça* em frente ao jardim e rindo de si. Ninguém pensa em Edgar Allan Poe como um camarada cuja sogra o chamava de Eddy. Mas você tem de aceitar e entender e conhecer Poe antes que possa sequer

* Pular carniça: brincadeira infantil que consiste em pular sobre o outro. (N. do T.)

começar a compreender completamente o camarada que escreveu todas aquelas histórias maravilhosamente misteriosas que assombram nossa imaginação há 150 anos."

Quando jovem, Bloch era amigo de correspondência de H. P. Lovecraft, que dizia de Poe: "A ele, devemos o conto de terror moderno em seu estado final e perfeito". Bloch ficou amigo de muitos dos principais escritores de terror da segunda metade do século XX, incluindo Richard Matheson, Stephen King e Harlan Ellison, e atores de filmes de terror e horror, como Boris Karloff, Vincent Price e Christopher Lee.

"Você sabe o que há em comum entre todos nós e Poe?", Bloch perguntou. "Um grande senso de humor. É quase impossível fazer isso sem um grande senso de humor. É uma parte essencial do equipamento básico de que você necessita para fazer isso. Assim, escritores de terror são quase sempre pessoas muito engraçadas, e isso sempre surpreende os leitores. Senso de humor é praticamente a última coisa que as pessoas atribuem a Poe, mas se você sabe algo sobre escrever terror e horror, essa é a primeira coisa que atribuiria a ele. Poe era engraçado apesar de escrever excelentes obras de terror. E as escrevia porque era engraçado e porque era muitas outras coisas. Você deve olhar para além da imagem incansavelmente comercializada."

Humor é também um componente-chave no domínio dos fãs, disse Enrica Jang, a diretora executiva da Edgar Allan Poe House & Museum, de Baltimore: "Vá a uma convenção de horror, e aquelas são as pessoas mais felizes que você jamais vai encontrar. O riso é constante". E Poe era especialista em misturar ambas: jogando elementos horripilantes em artigos engraçados e interlúdios engraçados nos contos de terror.

"Poe também desfruta o momento quando alguém se envolve na piada e quando alguém não se envolve. Ele está no controle", disse Paul Lewis, professor de inglês no Boston College e ex-presidente da Poe Studies Association. "Ele está no comando. E você vê isso nas críticas, mas também vê isso em um conto como 'O Barril de Amontillado'. Poe tinha toda razão para estar hiperalerta ao incongruente, a fim de ver as oportunidades para humor e terror. Seu senso de humor é enganadoramente complexo."

Stephen King comentou que, além de serem surpreendentemente engraçados, escritores de terror e horror também tendem a ser mais práticos e equilibrados do que as pessoas esperam. "Uma razão para isso é que lidamos com nossos pesadelos", ele disse. "Escrever histórias de horror e terror é catártico. Processamos nossos medos. Nós os registramos no papel e os entregamos a vocês. São problema de vocês, agora."

Como King, Bloch e Craven, vários comerciantes do medo que seguem Poe no território do terror articularam as razões para sua preeminência. Um deles foi Ray Bradbury, que se encantou com Poe quando criança.

"O apelo de Poe era irresistível", disse o autor de *As Crônicas Marcianas*, *The Illustrated Man* (*O Homem Ilustrado/Uma Sombra Passou por Aqui*) e *Algo Sinistro Vem Por Aí*. "Poe era o guia mestre para os domínios do obscuro do coração e alma humanos. E não importa quão macabra a paisagem ficasse, ele tornava aqueles lugares não apenas assustadores, mas fascinantes e mesmo excitantes. Então, Poe teve um enorme impacto sobre mim. Como não poderia me inspirar nele? Ele foi um de meus ancestrais literários. Foi pioneiro no horror, terror, mistério e ficção científica. Tomou todas essas formas, realizou sua alquimia e produziu literatura com elas. Quando você se deixa influenciar por Poe, o que eu certamente fiz quando jovem, seu trabalho não apenas se torna uma influência, mas um desafio, porque ele tomou esses gêneros incríveis e frequentemente difíceis e nos mostrou o que poderia ser feito com eles."

Bradbury presta homenagem, especialmente, a Poe em seus contos "The Exiles" [Os Exílios], "Pillar of Fire" [Pilar de Fogo], "Usher II" e "The Fruit at the Bottom of the Bowl" [A Fruta no Fundo da Tigela] (reminiscente de "O Coração Revelador", com um assassino aniquilado pela obsessão).

"Ele era um escritor exigente e notavelmente cuidadoso que acreditava que cada conto e poema, e tudo neles, deveria evocar uma certa disposição, emoção, sentimento", disse Bradbury. "Tudo era minuciosamente planejado. Ninguém antes ou depois dele poderia se comparar à sua habilidade com terror psicológico. Ele podia se concentrar em um terror que ressoava tão penetrante em sua mente, coração, alma. Muitas pessoas leem Poe pela primeira vez quando jovens, e isso é maravilhoso, porque quando Poe se apodera, não deixa ir."

King cita Bradbury, Bloch e Lovecraft como grandes influências em sua escrita. E uma vez que todos citavam Poe como uma grande influência, Bradbury estava correto quando declarou que a influência de Poe no terror não pode ser exagerada. "No meu percurso, li todos esses caras", King brincou, "assim, você pode dizer que fomos todos distorcidos por nosso avô mau."

Outra dos vários escritores importantes de terror que orgulhosamente declarava Poe seu panteão pessoal era Anne Rice. "Ouvia sua voz e era atraída em direção a ela", Rice dizia. "Lia seus contos e poemas. E meu pai, que possuía um daqueles primeiros modelos de gravadores, que poucas pessoas tinham, fez uma gravação de 'O Coração Revelador' para mim. Ele registrou sua interpretação para mim. Não é maravilhoso? Assim como Charles Dickens, Poe teve uma enorme influência sobre mim quando criança. Então, se alguma pessoa vê a influência de Poe e Dickens em minha escrita, não ficaria muito surpresa. Há muita coisa para aprender com Poe. Com ele, era o quanto punha em um conto: a linguagem, a disposição, aqueles contextos, personagens e sempre a ameaça da violência repentina e horrífica."

Em "Os Exílios", Bradbury imagina um Marte onde autores do sobrenatural estão morrendo enquanto os últimos de seus livros proibidos estão sendo queimados na Terra. Poe busca Charles Dickens para lhe pedir ajuda em repelir da Terra viajantes em seu caminho para Marte. Dickens se nega, dizendo-lhe que tem sido injustamente colocado no mesmo saco com Poe e outros mestres do macabro devido aos seus ocasionais contos de fantasmas, incluindo, é claro, *Um Conto de Natal*. A ironia desse momento é que as objeções proferidas por Dickens teriam sido as mesmas de Poe, que teria se considerado completa e injustamente identificado, em primeiro lugar, como um escritor de terror. Ele poderia ter olhado para sua popularidade no século XXI e protestado que não poderia fugir da longa sombra do corvo. Ainda assim, também haveria nessa queixa um senso de que o escritor protesta muito.

Poe estabeleceu a definição e as fronteiras para o reino do terror onde ele seria proclamado rei. Ele descreveu a paisagem em um poema de 1844, "Terra dos Sonhos". É quase um mapa rodoviário para todos que o seguem no campo do medo:

Pelos lagos que então se expandem
Suas águas solitárias, solitárias e mortas, –
Suas águas tristes, tristes e frias
Com as neves do lânguido lírio, –
Pelas montanhas – próximas ao rio
Murmurando baixo, murmurando sempre, –
Pelas florestas cinzentas, – pelo pântano
Onde o sapo e a salamandra habitam –
Pelas lúgubres lagunas e charcos
Onde habitam os carniçais –
Em cada ponto o mais profano –
Em cada canto mais melancólico –
Ali o viajante encontra horrorizado
Memórias Cobertas do Passado –
Formas amortalhadas que surgem e suspiram
Enquanto passam pelo viajante –

Formas com robes brancos de amigos de há muito,
Em agonia, para a Terra – e Céu.

Para o coração cujos inimigos são uma legião
Essa é uma região pacífica, tranquila –
Para o espírito que caminha na sombra
Isso é – oh, isso é um Eldorado!

"Melancólico é o mais legítimo de todos os tons poéticos", Poe proclamou.

"Ele era atraído para temas melancólicos e macabros, e inclusive enfatizava isso", disse Edward G. Pettit, estudioso de Poe, administrador de programas públicos no Rosenbach Museum da Filadélfia. "Ele adota a pose byronesca. Veste-se de preto. Cultiva a imagem do gênio romântico torturado. Quando 'O Corvo' se torna uma sensação, ele adora que lhe peçam para lê-lo o tempo todo, adora ser reconhecido como o Homem Corvo. Deveria ser ótimo, e parte dele se deleitaria em saber que leitores do mundo inteiro ainda se excitam com 'O Coração Revelador' e 'O Gato Preto'. Sim, contos de terror e horror são apenas uma fração de sua produção literária, mas ninguém lê a crítica hoje. Grande parte de seu humor não envelheceu tão bem. Mas os contos de terror eram ótimos então, e são ótimos agora."

Sim, mas ele não ficaria nem um pouco perturbado se as pessoas não o considerassem imediatamente como seu herói, Byron? Poe não ficaria chateado por não ser conhecido por seu primeiro amor, a poesia?

"Ele queria ser Byron, mas, você quer saber?", Pettit disse, "Ninguém mais lê Byron, a menos que o esteja estudando na escola. Mas todos leem Poe. Ele sobrevive a Byron. Ele ultrapassa Byron. Ele excede Byron. Ele não consegue ser Byron, porém consegue ser algo melhor. Ele consegue ser Edgar Allan Poe. Ele será o escritor norte-americano mais lido no mundo, e você gostaria que ele pudesse ter sabido disso."

A face de Poe é tão familiar, que adeptos do século XXI poderiam ser justamente confiantes de reconhecerem o escritor caso o vissem em uma esquina de Nova York. E talvez, sim, se o tivessem encontrado durante os últimos três anos de sua vida. Há oito fotografias conhecidas de Poe – sete delas são daguerreótipos daqueles últimos três anos, quando Poe estava usando bigode e o peso de uma vida dura estava se mostrando em uma face que parecia cada vez mais inchada e doente. Esse é o Poe que vemos em bótons e camisetas.

Contudo, você reconheceria Poe se passasse por ele nas ruas da Filadélfia em, digamos, 1841? Esse Poe seria magro e robusto, sem bigode, mas com costeletas estilosas. Essa foi sua aparência na maior parte de sua vida adulta. Essa era sua aparência quando estava escrevendo muitos de seus mais conhecidos contos de terror. E ele teria se apresentado como Edgar Poe ou Edgar A. Poe, raramente incluindo o nome Allan em assinaturas de documentos e trabalhos. Uma vez mais, essas são realidades que não se encaixam no mito. Se existisse uma fotografia que tivesse captado Poe rindo, o quanto poderia ter devastado a caricatura? Se Poe tivesse vivido no fim do século XIX, quando câmeras eram disponíveis, acessíveis e fáceis de usar para fotos espontâneas, ele poderia ter sido pego não apenas desfrutando a companhia dos amigos, negados por Griswold, mas também cantando ou alegremente envolvido em um jogo de saltar, vencendo, porém rompendo suas perneiras (usadas sobre o sapato e abaixo da perna das calças) no processo.

"Há uma qualidade etérea nos últimos daguerreótipos", disse Michael Deas, o pintor e ilustrador que se tornou nosso principal especialista em imagens de Poe. "E acho que as fotografias de Poe contribuíram muito para a mística que se vincula a ele – isso e sua morte. Ele parece o trágico poeta byroniano. Mas aquelas imagens só representam como ele parecia nos últimos dois ou três anos de sua vida. As imagens ajudaram a criar o mito em torno de Poe, mas, ao mesmo tempo, prestaram um desserviço ao representá-lo como deve ter parecido ao longo de grande parte de sua vida. As imagens correspondem ao estereótipo e o adornam, de modo que foram longe criando nossa imagem distorcida de Poe."

O maior desserviço, talvez, é o dano que fez a Poe como um escritor extremamente cuidadoso e exigente que estava revisando seus contos e poemas, com frequência, sempre levando a si e a literatura de sua nação a padrões mais elevados. Essa é a realidade inegável por trás da visão fantasista bastante aceita de Poe.

"Poe foi um escritor incrivelmente prolífico e muito trabalhador", observou Pearl. "A caricatura é engraçada. É engraçado ter um Poe pomposo. O outro lado da fama é que ele era, sob muitos aspectos, o oposto dessa caricatura. Ele estava tentando construir uma vida doméstica familiar constante e estável. Estava tentando, de todos os modos possíveis, viver como um escritor profissional."

Em vez de tal realidade, temos esse espelho distorcido de Poe, possivelmente louco, perdendo o controle de suas histórias sob a influência de álcool e drogas. Como o obituário de Grinswold, essa visão de Poe provocou um dano incalculável ao escritor e ao brilho de seu processo de escrita de fato.

"A imagem favorita de Poe é a de uma face pastosa e gargalhando enquanto registra, espontaneamente, talvez alucinações induzidas por drogas", disse Helen McKenna-Uff, a estudiosa de Poe e ex-guarda do Serviço de Parques Nacionais que era uma presença regular na casa de Poe na Filadélfia antes de se aposentar em 2020. "As pessoas querem que Poe seja esse gênio louco, que de algum modo não está envolvido em um processo humano enquanto está escrevendo. Elas, na verdade, querem-no louco, distorcido e horrível. Ele não foi essas coisas, embora ninguém realmente goste da ideia de Poe sendo um escritor cuidadoso bem como dedicado à arte e ao ofício. Mas ele trabalha, duro, escolhe cuidadosamente. Se você não entende esse Poe, não entende o escritor por trás dos contos e poemas de que você diz gostar tanto."

Assim, enquanto exploramos o mistério da morte de Poe, espere o desmascaramento de muitos equívocos sobre como ele viveu. Quanto mais fundo escavamos, mais vivo se torna Poe e mais restauramos o escritor real, que parece ser completamente reconhecido e apreciado somente pelos estudiosos que contribuíram de maneira tão generosa com seu tempo e suas percepções para essa investigação, cuja estrutura é uma das linhas do tempo paralelas – com capítulos explorando os últimos três meses antes de sua morte alternando com capítulos mais longos detalhando diferentes períodos de sua abreviada vida. Essas duas linhas do tempo se encontram no capítulo de conclusão no qual consideramos a morte de Poe e sua literatura posterior. Por mais atraídos que estejamos por como ele morreu, é muito mais crucial entender como viveu.

O próprio Poe nem sempre torna isso fácil. Ele mesmo teve sua parcela de invenção, elaboração e falsificação no que se referia à sua biografia. Com certeza, não foi o primeiro ou o último dos escritores a ter recheado seu currículo, ele tinha uma necessidade de se apresentar principalmente como um viajante do mundo e aventureiro romântico do que de fato era. Os estudiosos entrevistados para este livro trabalharam muito para esclarecer seu histórico, e é uma honra reconhecer seu trabalho vital, incluindo suas vozes ao longo do texto. Seus livros e artigos que estudam aspectos específicos do trabalho e da personalidade de Poe foram um tipo de laboratório criminal literário essencial, de modo que são convocados nesse caso como testemunhas especialistas. Esse pequeno grupo de acadêmicos e biógrafos há muito reconheceu quão distorcida a lenda de Edgar Allan Poe se tornou, mas quase todos os outros, mesmo muitos admiradores ardentes de Poe, surpreendem-se quando lhe dizem que sua impressão predominante dele é tão equivocada quanto injusta. Isso inclui "fatos" comumente citados sobre como ele morreu. Chris Semtner, curador do Edgar Allan Poe Museum em Richmond e autor de *Edgar Allan Poe's Richmond:*

the Raven in the River City [A Richmond de Edgar Allan Poe: o Corvo na Cidade Ribeirinha], lembra ter encontrado um visitante que lhe informou: "A única coisa que sei sobre Edgar Allan Poe é que foi um drogado e que morreu bêbado na sarjeta". E, embora muitos visitantes do museu com ele naquele dia possam ter assentido em acordo, "nenhuma parte daquela sentença é verdadeira", disse Semtner. "Sua morte foi tão mitologizada quanto sua vida."

Não importa quanto o registro distorcido seja endireitado, porém, e não importa quantos mistérios sejam resolvidos, sempre haverá muito mais sobre Poe que permanece desconhecido. Jamais podemos eliminar completamente as sombras que o cercam. Fique seguro de que jamais perderemos o Poe enigmático; isso porque a trilha de evidências é positivamente desordenada por testemunhos não confiáveis, depoimentos contraditórios, memórias questionáveis e lacunas de tempo. Ao filtrarmos isso tudo, somos lembrados da linha do conto satírico de Poe "O Sistema do Doutor Tarr e do Professor Fether": "Não acredite no que você ouve, e somente em metade do que você vê". Isso é um pouco extremo e também deve ser concedido que, cedo ou tarde, quaisquer biógrafos escrevendo sobre algum tema devem regularmente lidar com áreas nebulosas se afastando de antigos padrões confiáveis como *evidentemente*, *obviamente*, *presumivelmente* e *aparentemente*. Mas, com Poe, esses requerem um exercício ainda mais rigoroso, e, já que estamos falando sobre isso, podemos acrescentar *supostamente*, *provavelmente*, *possivelmente* e *talvez*. Isso, de modo algum, é uma crítica. É um simples reconhecimento de uma necessidade – uma exigência constante – ao lidarmos com aspectos da vida e morte de Poe. "Em torno de seu nome se acumulou uma massa de rumor, conjectura, psicanálise e interpretação, baseada na imaginação em vez de em fatos", escreveu Quinn em sua biografia de Poe, estabelecendo o padrão para décadas de estudos que seguiriam. Com Poe, é muitas vezes menos uma questão do que sabemos com absoluta certeza e mais uma questão de estabelecer o que achamos que sabemos.

"Isso vale para sua morte em grande medida, mas é também verdadeiro sobre sua vida", disse Jeffrey A. Savoye, o secretário e tesoureiro da Edgar Allan Poe Society, de Baltimore, e *webmaster* que supervisiona o extenso e inestimável arquivo *on-line* do material de Poe dessa organização. "Aceitamos muitas informações sobre Poe na ausência de forte contradição. E há inquestionavelmente muitas informações sobre Poe. Mas grande parte delas, não temos como realmente verificar se são ou não verdadeiras."

Com bastante frequência, somos lembrados disso quando lidamos com os mistérios que envolvem Edgar Allan Poe. Somos também constantemente lembrados de quão breve foi sua vida. Poe escreveu tanto e com tanta qualidade em muitos gêneros diferentes que deixa a ilusão de uma vida literária completa. As realizações são tão impressionantes e influentes que podemos não dar a devida consideração à noção de que morreu em uma idade em que muitos escritores estão apenas entrando em seu auge – aquele ponto ideal dos 40 aos 60 anos quando maturidade e experiência podem propelir os artistas a alturas mais elevadas. "Há esse arco de refinamento com Poe", disse Peeples. "Isso criou a impressão de que ele fez o que tinha que fazer. Há tamanha simetria em tudo isso, que não tendemos a pensar em sua carreira como algo abreviado."

Todavia, a morte está sempre aí, uma companheira regular da viagem de Poe ao túmulo em Baltimore. A morte está sempre à sua espera, porque, não importa onde Poe esteja em um tempo de vida tão curto neste planeta, ele nunca esteve longe do fim.

As coisas, de fato, pareciam estar melhorando para Poe antes que o destino e um navio a vapor o levassem para Baltimore. Enquanto fazia planos para deixar Richmond, tinha muitas razões para acreditar que o futuro seria um pouco mais brilhante. Embora não formalmente comprometido com o amor de sua adolescência, a rica viúva de Richmond, Elmira Royster Shelton, ele certamente havia chegado a um "entendimento" com ela. O sonho de Poe de ter controle completo de sua própria revista literária também parecia ao seu alcance. Uma das razões de estar viajando durante os últimos meses de sua vida era a de levantar recursos e solicitar subscrições para uma publicação. Ao longo de sua vida, sempre que estava em um momento em que alguma boa sorte parecia iminente, as coisas invariavelmente degringolavam em razão de má sorte, momento errado ou um surto autodestrutivo. Sem dúvida, entre seus muitos outros talentos, ele tinha um gênio positivo para beber ou escolher uma desavença inapropriada no momento errado. "Há muitas situações em que Poe é seu pior inimigo", disse Jeff Jerome, o ex-curador de longa data do Edgar Allan Poe House & Museum, em Baltimore. "Há momentos em que queremos simplesmente entrar nas páginas da biografia e esbofeteá-lo. Queremos sacudi-lo e lhe dizer: 'O que você está pensando? O que há de errado com você? Você realmente pensa que essa era a hora certa para começar a discutir com essa pessoa que na verdade vai ajudar você?' Vemos isso o tempo todo com Poe."

Poderia ele sentir que o tapete estava para lhe ser puxado uma última vez? Estaria ele mesmo desfiando o tapete, contribuindo enormemente para uma queda final? Certamente, houve muitos maus presságios e momentos inquietantes nos três meses que precederam sua morte. E houve sinais claros da marcada deterioração física evidentes desde a morte de sua amada esposa, Virgínia, em 30 de janeiro de 1847. O resultado de uma doença não diagnosticada, da bebida, de anos lutando contra a pobreza, dos estragos de um luto que ele descreveu como o levando próximo à loucura? Não pareceu que suspeitasse que o fim estivesse tão próximo quando se despediu de sua adorável sogra e tia Maria "Muddy" Clemm em 29 de junho de 1849. Eles ainda estavam vivendo no modesto chalé do Bronx onde Virgínia morrera, e, embora o dinheiro fosse escasso, Poe esperava que sua jornada o levasse a uma melhora de suas fortunas. Seu destino era Richmond, a cidade onde havia feito seu nome como editor e crítico de revista. Agora, ele esperava que suas viagens gerassem apoio financeiro para sua própria revista. Contudo, antes que chegasse a Richmond, haveria uma parada inquietante na Filadélfia, outra cidade onde havia trabalhado como editor e crítico. Enquanto Poe embarcava em um navio a vapor em Nova York que o levaria a Perth Amboy, Nova Jersey, onde poderia fazer uma conexão ferroviária para a Filadélfia, disse a Muddy: "Não tema por Eddy". Ele, então, assegurou-a de que "voltaria para amá-la e confortá-la". Essas foram as últimas palavras que ela ouviu dele.

"ABATIDO E EXAUSTO"

FIM DE JUNHO - INÍCIO DE 1849

Os três últimos meses da vida de Edgar Allan Poe podem ser vistos como uma descida em um redemoinho, e a queda abrupta começou na Filadélfia. Uma das primeiras e mais fortes testemunhas desse desconcertante declínio foi John Sartain, o artista, gravurista, editor e proprietário de editora que conhecia Poe desde 1840. A figura "abatida e exausta" que adentrou o estúdio de gravura do belo inglês Sartain na Filadélfia, no início da manhã de 2 de julho de 1849, nada exibia da cortesia e confiança do Poe que ele encontrara nessa mesma cidade nove anos antes. Esse Poe claramente perturbado estava apreensivo e nervoso, "com uma expressão selvagem nos olhos". Sartain diria que esse encontro final com seu amigo foi "sob condições tão peculiares e assustadoras que nunca evanesceram de minha memória". Palavras poderosas, mas se sua descrição de 1889 do episódio bizarro é acurada, então, de fato, essa caracterização é um exercício de eufemismo.

Apenas três meses mais velho que Poe, o popular e estimado Sartain nasceu sob uma estrela muito mais afortunada. Imigrando para os Estados Unidos aos 12 anos e se estabelecendo na Filadélfia, tornou-se conhecido por reviver o processo de gravação mezzotinta que havia estudado na Inglaterra. Uma vez estabelecido na cidade de Brotherly Love, oportunidades de emprego, encomendas e pedidos inundaram seu caminho. Sartain e sua esposa, Susannah, tiveram oito filhos, quatro deles se tornaram artistas. E Sartain não havia vivido sequer metade de sua vida extremamente plena quando o perturbado Poe bateu à sua porta em 1849. Sartain morreria um dia após completar 89 anos em 1897. Poe estaria morto em 14 semanas.

Todavia, quando o fatídico ano começara, Poe parecia otimista. Sua resolução de Ano-Novo fora se recompor e pôr sua desordenada vida de volta nos trilhos. "Estou prestes a me envolver com o mundo das Letras muito mais ativamente do que há três ou quatro anos", ele escreveu a John Reuben Thompson, editor do *Southern Literary Messenger*, em 13 de janeiro de 1849. Ele tinha uma boa razão para se sentir esperançoso sobre escrever. Poe estava em meio a uma renovação literária que resultou em um impressionante e último surto de criatividade especialmente notável para um extraordinário retorno de seu primeiro amor, a poesia. Apenas onze dias após a carta de Poe a Thompson, a Corrida do Ouro da Califórnia se espalhara pela descoberta do precioso metal em Sutter's Mill. Poe considerou com diversão como a loucura do fique-rico-rápido se espalhava mais rápido do que a praga que ele havia conjurado em "A Máscara da Morte Rubra". Aproximadamente, trezentas mil pessoas correram para a Califórnia em busca de riquezas. Na verdade, a febre do dinheiro consumindo a nação serviu para enfatizar seu amor pela palavra escrita. "Literatura é a mais nobre das profissões", escreveu a um amigo, o poeta e novelista Frederick W. Thomas, em 14 de fevereiro. "De fato, é a única apropriada para um homem. Pois da minha parte, nada me afasta do caminho. Serei um *literrateur*, ao menos, minha vida inteira, tampouco abandonaria as esperanças que ainda me levassem a todo o ouro na

Califórnia". Certo de estar se dirigindo a uma mente semelhante, Poe ficou ainda mais apaixonado:

> Falando em ouro, e nas tentações presentes afastando os "pobres diabos autores", alguma vez já ocorreu a você que tudo que é realmente valioso para uma pessoa de letras – em especial, poeta – é absolutamente incomprável? Amor, fama, o domínio do intelecto, a consciência do poder, a sensação eletrizante da beleza, o ar livre do Céu, exercício da mente e corpo, com a saúde física e moral resultante –, essas coisas e outras semelhantes são realmente tudo que importa aos poetas: – então, responda-me isto – *por que* deveriam ir à Califórnia?

O que não significa dizer que Poe mantivesse uma conduta otimista persistente na primeira metade de 1849. Longe disso. Muitas vezes, era afetado por oscilações drásticas de humor, que podemos perceber nas cartas que escreveu durante aqueles meses. Com Thomas, ele é positivamente alegre, escrevendo: "Você ficará contente em saber que minha saúde está melhor que nunca – sinto-me cheio de energia e voltado ao sucesso". Mas, no começo de maio, ele escreveu a outro amigo: "Estou repleto de premonições lúgubres. *Nada* me anima ou me conforta. Minha vida parece desperdiçada – o futuro parece um tedioso vazio". Naquela primavera, ele também sofreu uma enfermidade tão séria que sua adorável sogra chegou a acreditar que pudesse morrer. Ainda assim, a doença e a tristeza existencial que ameaçavam sobrepujá-lo não o conseguiram. A possibilidade de que pudesse finalmente lançar sua própria revista acrescentava outro estímulo ao seu ânimo. Ele havia se correspondido com um jovem investidor em Oquawka, Illinois, Edward Howard Norton Patterson, um admirador que lera sobre os planos de Poe para *The Sylus*, "uma revista literária mensal de literatura propriamente dita, belas-artes e drama". Além de apoio financeiro, Patterson lhe prometia controle editorial completo. O advogado de Brooklin, Sylvanus D. Lewis, que jantou com Poe pouco antes de ele partir para Richmond no fim de junho, descreveu seu estado de ânimo como esperançoso. Afinal, ele estava a caminho de melhorar as perspectivas para *The Stylus* solicitando subscrições que acreditava mais que suficientes. Ele deixou Nova York em uma sexta-feira. Na segunda, apareceu na porta de Sartain. Nesse meio-tempo, o sentimento de esperança colapsou. Poe havia sido perturbado por um problema familiar, o álcool, mas Sartain não sabia disso quando contemplou o agitado Poe. "Ele havia corrido em minha direção temendo por sua vida, com medo de ser morto", Sartain recordou. Sem querer perturbar mais seu visitante, Sartain decidiu que o melhor seria não mencionar o óbvio: "Não o deixei perceber que havia notado, e, apertando sua mão calorosamente, propus que se sentasse".

"Vim a você para pedir proteção e um refúgio", o agitado Poe lhe disse. "Vai ser difícil para você acreditar no que tenho de lhe contar – que essas coisas poderiam estar neste século XIX. É necessário que eu permaneça escondido por um tempo. Posso ficar aqui com você?"

"Certamente", Sartain lhe assegurou, "enquanto você quiser: você estará perfeitamente seguro aqui."

Poe, então, relatou uma descrição bizarra do que lhe acontecera após deixar o Brooklin três dias antes. Ele disse estar em um trem, e, por "sua audição ser tão maravilhosamente aguçada", ele ouviu ao acaso homens alguns assentos adiante planejando seu assassinato. Eles iam matá-lo e jogar seu corpo da plataforma do vagão. Ele conseguiu escapar deles em Bordentown, escondendo-se na estação até que o trem partisse. Ele, então, se dirigiu à Filadélfia e ao abrigo que ele sabia que Sartain lhe forneceria.

O artista tinha pouca dúvida de que a história fantástica de Poe fosse uma alucinação, e tentou convencê-lo de "que a coisa toda era a criação de sua fantasia". Por que alguém desejaria matá-lo?

"Por vingança", disse Poe.

"Vingança pelo quê?"

"Bem, um problema com mulher."

Quão confiável é Sartain como testemunha? Ele deixou para trás ao menos três descrições de uma experiência que deve ter sido tão perturbadora quanto surreal. A mais citada delas foi para *Lippincott's Monthly Magazine*, publicada quarenta anos após os eventos que descreveu. Alguns estudiosos de Poe aproveitaram as diferenças entre essas descrições, questionando a acurácia da memória de Sartain, especialmente após o lapso de tantos anos. Além disso, a linha sobre "problema com mulher" tem sido um material estimulante para aqueles que acreditam que Poe tenha sido vítima de um crime. Sartain também diz que Poe estava viajando para casa em Nova York, não para Richmond, quando se dirigiu para a Filadélfia e para o estúdio de gravação. Isso poderia ser verdade? Se é, como John Evangelist Walsh afirmou em *Midnight Dreary: the Mysterious Death of Edgar Allan Poe* [Meia-noite Sombria: a Misteriosa Morte de Edgar Allan Poe] (1998), então, ele buscou Sartain após deixar Richmond em 27 de setembro. Walsh propôs que isso poderia explicar parte dos dias faltantes antes que fosse encontrado em tão mau estado em Baltimore. Poe, afinal, planejara parar na Filadélfia em seu caminho para Nova York, tendo concordado em editar um volume pela esposa do fabricante de pianos John Loud. E "problema com mulher"? Aqui, Walsh declarou: "é o brilho súbito da realidade". Após a trágica morte de sua jovem esposa, Virgínia, em 1847, Poe propôs casamento a duas mulheres, ambas viúvas, Sarah Helen Power Whitman, de Providence, Rhode Island, e Sarah Elmira Royster, de Richmond. E considerava a possibilidade de se casar com uma terceira, Annie Richmond, de Lowell, Massachusetts, que era casada (cujo esposo encorajara sua amizade platônica com Poe). A teoria de Walsh era que os medos de Poe não fossem produto de alucinação. Ele não estava bêbado. Na verdade, tinha ouvido homens planejando matá-lo.

Walsh propôs que Poe estivesse sendo seguido pelos três irmãos de Elmira – George, Kames e Alexander –, que estavam determinados a impedir o casamento pela força bruta. No cenário de romance barato proposto por Walsh, os irmãos Royster seguiram Poe até a Filadélfia, ameaçando-o em um quarto de hotel. Ele escapou e correu para se refugiar no estúdio de Sartain, mas os Royster o seguiram novamente até Baltimore, alcançaram-no em seu hotel, espancaram-no e o forçaram a beber uísque. A ideia era que Poe, que havia recentemente feito o juramento de abstemia e se juntado aos Filhos da Temperança, em Richmond, em 27 de agosto, fosse descoberto em um estado deplorável nas ruas de Baltimore. Os boatos chegariam a Elmira, que, percebendo que as promessas de Poe eram vazias, terminaria o noivado. Embora Walsh tenha tentado provar assassinato involuntário abjeto, ele carece de qualquer prova para apoiar sua especulação sensacional e fantasiosa. Não há nenhuma descrição da condição de Poe no local de votação em Baltimore ou nas menções do Washington Medical College e qualquer lesão, ferimentos defensivos, ou sinais de espancamento. Não há evidências de que os irmãos tivessem violentamente se oposto ao seu noivado com Elmira. E, certamente, não há quaisquer evidências de que George, James e Alexander tenham elaborado um plano excêntrico ou perseguido Poe quando este deixou Richmond.

A tentativa estranha de Walsh de atribuir uma sentença de assassinato aos irmãos Royster tem sido ampla e sensivelmente descartada por muitos estudiosos e biógrafos de Poe, assim como por patologistas forenses que avaliaram as evidências que de fato existem. O testemunho de Sartain, por outro lado, tem sido aceito como geralmente confiável, mesmo permitindo discrepâncias ocasionais. Na verdade, quando há ocasiões em que Sartain não consegue lembrar exatamente o que Poe disse, ele afirma aos leitores: "Eu estava profundamente impressionado, mas não posso recordar as palavras agora. Faz quarenta anos desde então". A visão aceita é de que ele tenha simplesmente se equivocado sobre Poe estar a caminho de Nova York. Ou talvez Poe, em seu estado agitado, não estivesse certo sobre ter recentemente saído de Nova York e quando esperava retornar. A preponderância das probabilidades e de lógica coloca Poe na Filadélfia e no estúdio de Sartain no fim de junho e começo de julho. Como prosseguem as lembranças de Sartain, também vemos por que a grande trama de assassinato no trem tivesse sido provavelmente alucinatória. Poe estava cambaleando de outro devastador período com o álcool. Tendo deixado seu amigo confortável, Sartain continuou com seu trabalho, conversando de vez em quando com Poe.

A morte era um fio condutor durante essas conversas. Poe falou de um atentado contra sua vida e depois contou a Sartain que poderia ser melhor se cometesse suicídio. Após um longo silêncio, ele, repentinamente, disse a Sartain: "Se eu removesse esse bigode, não seria tão facilmente reconhecido. Você me empresta uma lâmina de barbear para que eu possa removê-lo?". Sartain, naturalmente, receou que Poe pudesse tentar se matar. Disse a Poe que não tinha uma lâmina de barbear lá, mas, se ele quisesse remover o bigode, poderia tentar cortá-lo da melhor maneira possível "quase tão rente" com tesouras. Poe concordou, e Sartain guiou-o ao banheiro "e conseguiu realizar a operação com eficiência". Essa operação de aparo também foi colocada em questão, uma vez que os últimos daguerreótipos de Poe, tirados em Richmond, mostram-no usando o familiar bigode. Se Sartain está errado sobre essa memória distinta, sua descrição inteira pode ser posta em dúvida. Mas o último daguerreótipo teria sido tirado quase três meses após o aparo de Sartain, e, de qualquer modo, tesouras não teriam cortado tão rente quanto um barbeador.

Quando caiu a noite, Poe se aprontou para sair, e Sartain lhe perguntou para onde estava indo. Poe disse que se sentiu atraído pelo distrito de Fairmount da cidade e pelo rio Schuylkil. Um Sartain preocupado pensou que o melhor seria acompanhá-lo. Os sapatos gastos de Poe estavam lhe provocando dor, de modo que Sartain lhe deu chinelos para usar durante a excursão noturna. Eles caminharam para o canto de Ninth e Chestnut, onde esperaram por um ônibus puxado a cavalos. A morte permanecia muito na mente de Poe. Ele pediu para o gravurista garantir que, após sua morte, o retrato que Samuel S. Osgood havia feito dele, provavelmente em 1845, fosse para "sua mãe" (na verdade, sua sogra, Maria Clemm). O ônibus os levou a uma taverna no lado norte da rua Callowhill, próximo ao monte Fairmount e à companhia de águas e reservatório do distrito. Era um local popular de recreação, com fontes e cascatas. "Nesse lugar, havia luz o suficiente, principalmente a que atravessava a porta da taverna", escreveu Sartain, "mas além estava a escuridão, e em direção a ela Poe foi". A descrição dessa jornada em direção à escuridão é notável por sua disposição e detalhes:

> Eu me mantive à sua esquerda e, quando nos aproximávamos da ponte, afastei-o para o lado direito com uma leve pressão até que atingíssemos a base do amplo lance de degraus íngremes de madeira que levava quase ao topo do reservatório. Aqui, era a primeira plataforma, e com assentos, de modo que nos sentamos. Durante todo esse tempo, consegui mantê-lo conversando, nunca cessando, exceto enquanto estávamos subindo aquele perigoso lance de escadas. Contava com a lua surgindo, mas ela não surgiu: esquecera-me de que surgia muito tarde a cada noite. Ali, sentamos naquela vertiginosa altura em plena escuridão, pois nuvens ocultavam as estrelas, e esperava pela lua que não vinha.
>
> Aqui, ele me relatou suas últimas experiências, ou o que acreditava serem essas, e a sucessão de imagens que sua imaginação criava ele a descrevia com uma voz calma, deliberada,

medida como fatos que eram tão loucos e fantásticos quanto qualquer coisa que havia lido em seus escritos. Ele disse que estava na prisão Moyamensing, e da janela gradeada de sua cela podia ver a torre de pedra protegida, e no ponto mais elevado do topo estava a figura de uma jovem, tão radiante, fosse em si ou em sua atmosfera circundante, que a luz na parede de seu recinto foi cruzada pelas sombras das barras da janela. Dessa posição remota, ela se dirigiu a ele, falando baixo, mas claro, e lentamente. Nenhuma palavra deixou de chegar ao seu ouvido, em razão de sua surpreendente capacidade auditiva. Era necessário que fosse apto a responder cada pergunta que ela fizesse, ou as consequências seriam fatais para ele. Poe repetiu as palavras que ela proferiu, imitando seu tom e modo.

Nessa declaração desorientada, Poe estava provavelmente combinando alucinação vívida com vagas memórias efetivas de uma cela de prisão. O que há de um registro indica que Poe, a caminho de Richmond, sempre pretendera parar na Filadélfia, chegando lá no sábado, 30 de junho. Maria Clemm sabia que rota ele estava tomando e disse isso em uma carta escrita em 9 de julho: "Eddy partiu há dez dias, e não tive notícia alguma dele", ela escreveu. "Eddy foi obrigado a ir à Filadélfia, e receio muito que tenha se envolvido em problemas por lá."

Suas preocupações eram justificadas, e seus instintos estavam corretos. Ele sucumbiu à bebida na Filadélfia, caindo em um estado cada vez mais deplorável. Ele foi levado a Moyamensing, a prisão do condado da Filadélfia, por estar bêbado. Poe também perdeu sua valise, que continha duas palestras que esperava dar em Richmond e outras cidades em sua jornada por subscrições para a revista.

Uma semana mais tarde, ele admitiu em uma carta a Muddy: "Fui preso uma vez desde que cheguei aqui por excesso de embriaguez; *mas* não estava bêbado. Foi sobre Virgínia". Poe poderia ser extremamente manipulativo em suas cartas, e aqui, ele estava culpando sua tristeza por sua esposa falecida – a filha de Muddy – por sua triste condição. Ele sabia que desculpa tocaria seu coração. Para Sartain, Poe declarou que havia sido levado a Moyamensing porque "havia sido suspeito de tentar passar uma nota falsa de 50 dólares". Sartain não tinha dúvida de que Poe estava tentando passar uma desculpa falsa. Ele sabia que a real razão foi "o que leva muitos para lá por algumas horas apenas, beber muito". Indivíduos acusados de embriaguez eram levados diante do prefeito para serem multados. Quando a vez de Poe chegou, ele foi reconhecido, Alguém disse: "Por que, esse é Poe, o poeta", e o prefeito decidiu liberá-lo, sem que tivesse de pagar a multa usual. Em uma teoria que tenta reconciliar a linha do tempo e a descrição de Sartain, Poe está viajando de Nova York para a Filadélfia, chegando no sábado, embriagando-se, indo parar na prisão, sendo liberado, e, então, em um estado tão abalado, decidindo que fosse melhor voltar para Muddy e para o chalé em Fordham. Ele embarcou em um trem para Nova York, e foi aí que ele ou ouve ou imagina um plano para matá-lo. Ele sai desse trem e vai para a Filadélfia, buscando refúgio e proteção com Sartain, na segunda à tarde. Não há testemunhas para verificar onde ele esteve em grande parte do domingo e da segunda, de modo que esse é um cenário plausível, embora não provável. Independentemente de qual linha do tempo seja correta, é evidente que o álcool permanece o principal suspeito para a paranoia e a condição instável de Poe, com suas alucinações resultando de *delirium tremens* ou abstinência de álcool ou ainda sua aguda sensibilidade ao álcool.

Mas Sartain ainda não sabia sobre tudo isso quando se sentou naquela perfeita escuridão no topo do reservatório. Poe continuou a compartilhar suas visões alucinatórias de Moyamensing, que ficaram cada vez mais estranhas e atemorizantes. Após se comunicar com a radiante jovem fora de sua cela, ele contou a Sartain que lhe perguntaram se gostaria de passear pela prisão. Poe e seus guardas prisionais chegaram ao grande caldeirão contendo "bebidas em ebulição". Ele foi convidado a tomar um gole, mas declinou. "Se eu assentisse, adivinhe o que eles teriam feito?", Poe perguntou a Sartain. "E seria erguido pelos cabelos de minha cabeça e mergulhado no líquido quente até meu lábio, como Tântalo [o rei mitológico grego que foi punido por Zeus a viver eternamente com sede dentro de uma piscina de água no Hades]".

"Sim, mas isso teria matado você", disse Sartain.

"É claro que teria", replicou Poe. "Era isso que eles queriam, e por que tentaram me pegar; mas você vê que escapei da armadilha. No fim, para me torturarem, trouxeram a sra. Clemm e me compeliram a ter minha visão destruída e meu coração entristecido ao vê-los primeiro serrando seus pés, depois suas pernas nos joelhos, suas coxas nos quadris, e assim destruindo-a aos poucos, tudo para me torturar."

Décadas mais tarde, o solícito Sartain ofereceu esses como exemplos do que ele ouviu naquele amplo ambiente. Ele lembrou que Poe, enquanto descrevia os horrores tão vividamente, entrou em um tipo de convulsão. Com a fala anterior de Poe a ele, Sartain receava um salto suicida na escuridão e esquecimento. Ele também temia que Poe pudesse fazê-lo cair. Envolvidos pela escuridão, desceram a escada íngreme "lenta e cuidadosamente", consciente de manter uma empunhadura firme nos corrimões. Sartain tremeu todo o caminho abaixo. Seu objetivo era manter Poe falando, não importando quão fantástica a fala ficasse. Ele guiou Poe de volta à taverna, onde embarcaram no ônibus. Quando Poe hesitou, Sartain gentilmente empurrou-o para a frente e disse: "Vamos". Quando se sentaram, Sartain insistiu para que seu amigo continuasse falando. Poe retomou sua recitação divagante. Dessa forma, Sartain recordou, "levei-o com segurança para casa na rua

Sansom, preparei uma cama para ele no sofá na sala de jantar e dormi junto a ele sobre três cadeiras, sem me desvestir".

Em sua estada com Sartain, Poe aos poucos se recuperou, física e mentalmente. "Na segunda manhã, ele parecia ter recuperado seu antigo modo de ser, por isso acreditei que pudesse sair sozinho", escreveu Sartain,

> Refeições regulares e repouso tiveram um bom efeito; mas sua mente ainda não estava livre do pesadelo. Após uma hora ou duas, ele retornou, e então me contou que havia chegado à conclusão de que o que eu disse era certo, que toda a coisa havia sido uma ilusão e um pânico criado a partir de sua própria imaginação excitada. Ele disse que sua mente começara a clarear enquanto deitou sobre a grama, com sua face enterrada nela, e suas narinas inspirando sua doce fragrância misturada com o odor da terra; que as palavras que havia ouvido continuavam passando em sua mente, mas, de algum modo, ele tentava em vão conectá-las aos que as haviam proferido, e, assim, seus pensamentos aos poucos se ordenaram racionalmente e viu que saía de um sonho.

Poe estava pronto para seguir seu caminho, embora não seja claro se Sartain pensasse que ele estivesse indo para Richmond, de volta a Nova York, ou apenas para algum outro lugar na Filadélfia. Sartain lhe emprestou "o necessário". Ele concluiu sua descrição com cinco palavras: "Eu nunca mais o vi".

Nesses poucos dias e nos meses que os precederam, aqueles em busca de respostas para como Poe morreu encontram pistas para apoiar uma variedade ampla de causas possíveis: álcool, assassinato, suicídio, "congestão cerebral", "doença cardíaca", infecção. As alucinações poderiam ter sido o resultado de *delirium tremens*, mas muitas coisas podem provocar alucinações. A resposta estaria espreitando nos dias entre sua partida de Nova York e sua despedida de Sartain? Ou poderia ser encontrada enterrada em seu passado? Acredita-se que tivesse deixado Nova York com um retrato em miniatura de sua mãe, Eliza Poe, atrás do qual ele havia anexado um pedaço de papel, anotando o dia em que estava partindo para Richmond, acrescentando as palavras: "Minha adorada Mãe! E. A. Poe, Nova York". Encaminhando-se ao fim, ele estava levando consigo uma imagem que o lembrava de onde tudo começara, em Boston.

"DA ÉPOCA DA INFÂNCIA"

JANEIRO DE 1809 – MARÇO DE 1827

O problema com estabelecer um registro biográfico acurado para Edgar Allan Poe começa com ele, e começa no início, com seu nascimento. Uma nota autobiográfica que ele compôs em maio de 1841 abria com as palavras: "Nascido em janeiro de 1811". Ele começou com uma mentira, cortando dois anos de sua idade. O que seguiu foi uma mistura de fato e fantasia, muito semelhante ao tipo de "biografias" breves que os estúdios de Hollywood elaboravam para suas estrelas nas décadas de 1920, 1930 e 1940. E, junto à casual desconsideração pela acurácia, Poe partilhava algo mais com aqueles últimos mestres da promoção que geravam contos de vida melhorados em seus escritórios de relações públicas na cidade cintilante: a ideia de criar uma imagem mais romântica e dramática para o público. Uma regra estabelecida para as estrelas da tela prateada durante a assim chamada Era do Ouro da indústria cinematográfica era quanto mais jovem, melhor. Uma vez cruzada a fronteira do condado de Los Angeles, idades eram rotineiramente reduzidas com impunidade. Esse era apenas mais um modo de Poe estar adiante de seu tempo. Entre os incidentes apócrifos que ele incluía se encontra uma tentativa quixotesca de se juntar aos gregos lutando pela liberdade na rebelião contra o Império Otomano e seu resgate por um cônsul americano após ficar retido em São Petersburgo, na Rússia. Ele estava romantizando, dramatizando, exagerando e, sim, inventando para seu público – a leitura pública. Embora essa fosse claramente a intenção de Poe, muitos dos elementos especiosos provinham de seus obituários e primeiras biografias. Na verdade, somente décadas após a morte de Poe, foi possível determinar definitivamente o ano correto do nascimento. O esboço autobiográfico destinado a fazê-lo parecer mais jovem, mais precoce e mais aventuroso foi enviado por correio a Rufus W. Griswold para ser usado em sua antologia *The Poets and Poetry of America* [Os Poetas e a Poesia da América] (1842). Griswold repetiu as invenções em seus trabalhos biográficos sobre Poe, acrescentando muitas outras mais feias às dele. Assim, desde o início, leitores interessados que fossem procurar esse camarada chamado Poe eram guiados pelos sinais aparentemente autênticos que os enviava a caminhos falsos.

Edgar Allan Poe nasceu em Boston em 19 de janeiro de 1809, o segundo filho de David Poe Jr. e Elizabeth (Eliza) Arnold Hopkins Poe, ambos atores. Ele nasceu em uma noite fria, sem lua, em uma pensão na rua Carver, próximo ao Boston Common. Havia apenas três meses antes do nascimento de Edgar, Eliza e David estavam encenando Cordelia e Edmund em uma produção de *Rei Lear,* de Shakespeare. A segunda sentença desse duvidoso, mas intrigante, esboço autobiográfico afirmava que a família de Poe era "uma das mais antigas e respeitáveis de Baltimore". Era outra mentira, ou exagero, se você preferir. A família se estabeleceu em Baltimore, mas dificilmente se qualificaria como a mais antiga da cidade. O bisavô de Poe, John Poe, e sua esposa, Jane (nome de solteira, McBride), imigrou para o condado de Lancaster, Pensilvânia, por volta de 1750. Filho de um arrendatário de terras em Dring, condado de Cavan, na Irlanda, John se mudou para Baltimore por volta de 1755, onde morreu em 1756. Seu filho mais velho, David, nasceu na Irlanda e se estabeleceu como fabricante de rodas de fiar e carretéis de relógio em Baltimore. A nota autobiográfica de Poe diz que seu avô paterno, o general David Poe, "foi um quartel-mestre-general, na linha Maryland, durante a Revolução, e amigo íntimo de Lafayette, que, durante sua visita aos Estados Unidos, chamou pessoalmente a viúva do general, e ofereceu seus mais calorosos reconhecimentos pelos serviços que seu esposo lhe havia prestado". Outra invenção? Não, essa é, basicamente, verdadeira. Embora David Poe pai tivesse ocupado a função de major durante a Revolução Americana, ele comumente usava o título de cortesia de "general", bem como era conhecido por este. Ele serviu como quartel-mestre-general representante de Baltimore durante a guerra. O general era altamente considerado naquela cidade, tendo gasto 40 mil dólares de seu próprio dinheiro para apoiar a causa da independência. E, sim, ele era um bom amigo do marquês de Lafayette, que visitou o túmulo do general e sua viúva durante uma jornada de 1824 aos Estados Unidos. O herói francês da Revolução Americana recordou como seu antigo camarada "de seus próprios meios limitados me deu 5 mil dólares para ajudar a vestir minhas tropas, e cuja esposa, com suas próprias mãos, cortou 500 pares de calças, e supervisionou sua confecção para o uso de meus soldados". O neto de David Poe gostava de declarar que o respeitado general era o quartel-mestre-general do exército dos Estados Unidos, embora tenha resistido em lhe dar essa promoção na nota para a coleção de Griswold.

Após a guerra, o general operou um negócio de artigos têxteis em Baltimore. Ele esperava que seu filho e homônimo, nascido em 18 de julho de 1784, se tornasse um advogado. David Poe Jr. tentou obedientemente seguir o curso planejado para ele. Estudou direito no escritório de William Gwynn, um estimado advogado de Baltimore e editor da *Federal Gazette*, mas não tardou para que contemplasse uma drástica mudança de rumo. Ele se seus amigos formaram um clube de arte dramática, encontrando-se semanalmente para lerem e encenarem peças para si e para convidados ocasionais. É difícil dizer se o general ficou mais surpreso ou zangado quando seu filho, que ainda não tinha 20 anos, anunciou que estava desistindo do direito para se tornar ator. Durante uma viagem de negócios a Norfolk, Virgínia, ele assistiu a uma peça em que estrelava a jovem e bela Eliza Arnold Hopkins. Já infectado pelo vírus do teatro, estava agora enamorado por uma atriz. David estreou nos palcos em 1º de dezembro de 1803, iniciando um rápido aprendizado como ator itinerante. Em 7 de dezembro, aparecia em seu quarto papel em sete dias, representando um personagem chamado Harry Thunder em uma peça intitulada *Wild Oats* [Aveias Selvagens]. Harry, muito curiosamente, rompe com o pai para se juntar a uma trupe de teatro itinerante. Durante sua primeira temporada em cartaz, David Poe encenou não menos que 24 papéis. Em 30 de junho de 1804, foi anunciado que representaria o lavrador Henry e que Eliza Arnold Hopkins representaria Susan Ashfield em uma produção em Richmond da comédia de 1798, *Speed the Plough* [Acelere o Arado], do dramaturgo inglês Thomas Morton.

Diferentemente de David, Eliza vinha de uma família teatral. Filha dos atores ingleses Henry e Elizabeth Arnold – ambos tendo se apresentado no teatro Covent Garden de Londres –, nasceu na primavera de 1787. Seu pai morreu quando ela tinha 2 anos. Sua mãe perseverou, preparando a pequena Eliza para seguir a profissão dos pais. A atriz viúva decidiu tentar a sorte nos Estados Unidos, chegando com a filha em Boston em 3 de janeiro de 1796. Três meses depois, aos 9 anos, Eliza estreou nos palcos norte-americanos no teatro da rua Federal de Boston cantando "The Market Lass" [A Moça do Mercado], do compositor inglês William Reeve, a qual havia sido apresentada pela primeira vez dois anos antes pela esposa do compositor no Lyceum Theatre de Londres.

A saúde reina, e recompensa a faina diária;
Levanto-me no primeiro canto da cotovia,
E, encontrando meu enamorado na escada da cerca,
Ao mercado eu a pulo.

Alguns meses depois, sua mãe se casou com o músico e cantor Charles Tubbs. Quando Eliza tinha 11 anos, ela, a mãe e Tubbs estavam fazendo uma turnê com um grupo chamado os Charleston Comedians. Durante um tipicamente rigoroso circuito de apresentações que levaram a companhia para a Carolina do Norte, a mãe de Eliza adoeceu e faleceu. Febre amarela tem sido citada como a causa provável.

Por exemplo e instrução, Elizabeth Arnold havia preparado a filha para a dura vida de uma atriz profissional. A mãe de Eliza, produto do repertório da escola inglesa de teatro, enfatizara que atores necessitavam ser incrivelmente disciplinados e versáteis se quisessem encontrar algum sucesso. Precisavam conhecer uma ampla variedade de papéis e ter a habilidade de mudar rapidamente de um personagem para outro, porque os gerentes de teatro lucram com a oferta de uma nova peça a cada noite. Membros da companhia tinham de ser atores de comédia, de tragédia, cantores, dançarinos, artistas de pantomina e atores de tipos, enquanto ajudavam com trajes, cenário, cenas, materiais cênicos, venda de ingressos etc. E tinham de ser duros para suportar os rigores e as condições brutais de serem atores itinerantes. Permanecendo aos cuidados de Tubb por cerca de dois anos, Eliza se dedicou não apenas a acrescentar, mas também a dominar talentos valiosos para seu repertório teatral. Como a mãe, ela era austera, e o trabalho duro compensou. Aos 15 anos, quando se casou com o comediante e ator de personagens incomuns Charles Hopkins, também um adolescente, Eliza conhecia surpreendentemente setenta papéis. Aos 17, quando foi elencada com David Poe em *Acelere o Arado*, ela estava prestes a se tornar uma das atrizes mais populares e promissoras do país.

David Poe assistiu bastante a Eliza e Charles Hopkins durante o resto de 1804 e no ano seguinte, quando Charles, presumivelmente também vítima da febre amarela, adoeceu em outubro de 1805, vindo a falecer aos 20 anos em Washington, D.C. Viúva aos 18 anos, Eliza em breve seria cortejada por David. Eles se casaram na primavera de 1806, fazendo de Boston sua base domiciliar por três anos. Após tantos anos viajando constantemente e pouco em termos de estabilidade, Eliza passou a amar a cidade onde, quando tinha metade de sua idade, lançou-se na carreira cênica norte-americana com "A Moça do Mercado". Ela e David se tornaram bons amigos de outro casal de atores, Noble Luke e Harriet L'Estrange Usher. E a chegada de um filho, William Henry Leonard, chamado Henry, em 30 de janeiro de 1807, ajudou a reparar a ruptura entre David e seu pai. A afeição de Eliza por sua cidade escolhida encontrou expressão em sua aquarela *Boston Harbour, morning, 1808* [Porto de Boston, manhã de 1808].

Mas os anos em Boston enfatizaram continuamente que sua estrela estava brilhando cada vez mais enquanto a de seu esposo mal conseguiu brilhar brevemente um par de vezes. Eliza era a favorita dos críticos e audiências norte-americanos impressionados por sua notável versatilidade, encantados pela doçura de sua voz ao cantar, seduzidos por sua graça ao dançar, deleitados com sua disposição para fazer rir, e cativados por sua grande beleza. Ela era descrita como tendo cabelos negros, grandes olhos luminosos, uma tez clara, uma face arredondada e uma figura delicada, mas plena. A bela e popular Eliza era elogiada por interpretar tudo, de papéis shakesperianos e protagonistas românticas a jovens engraçadas e heroínas melodramáticas. Ela podia aparecer uma noite como uma distinta dama nobre e na outra como uma ruidosa menina travessa. David parecia seu igual. Era bonito e abençoado com uma boa constituição e uma voz forte. Mas carecia de prática, e, de acordo com o consenso claro dos críticos, não tinha talento. Enquanto Eliza era invariavelmente elogiada e celebrada, David era criticado como um ator chato, inepto e desajeitado. Um crítico o dispensou como "literalmente nada", um julgamento que, independentemente de quão justificado, devastaria a psique de quaisquer atores, não importando quão seguro fosse. E David Poe dificilmente era capaz de suportar tais críticas sem perder a compostura. Ele era hipersensível, seu temperamento era instável. Ele ameaçaria atacar os críticos que rebaixassem duramente sua atuação. Ele insultaria aos berros audiências que assoviassem ou vaiassem durante suas atuações. E beberia.

O segundo filho, Edgar, pode ter recebido esse nome em função de um sr. Edgar, um ator e gerente junto aos Charleston Comedians que parecia ter reconhecido as habilidades de Eliza e a encorajado. Se foi assim, há algo simbolicamente apropriado aí. De formas muito profundas, o teatro e a natureza teatral são grande parte da herança de Edgar Poe. Está profundamente inscrito em seu DNA. É mais do que uma primeira e duradoura influência em sua personalidade e sua escrita. É um direito de nascença.

"Quando ponderamos sobre de onde a escrita veio, penso que começamos bem aqui", disse a estudiosa de Poe e professora de inglês Carole Shaffer-Koros. "E não pode ser subestimado. Seu passado com os pais, o teatro, abriram sua mente e cérebro às artes e à glória da linguagem bem como ao uso das palavras para criar uma imagem. Estou certa de que ele herdou aqueles genes para essa capacidade e inclinação. Ele tem o primeiro ambiente correto e a herança correta para colocá-lo no caminho correto. E o passado teatral nunca desapareceu. Permeia sua escrita e sua personalidade, e, quando adulto, conquista sua parcela de aclamação por suas palestras e leituras de poesia."

Após sua terceira temporada teatral em Boston, os Poe se mudaram para Nova York, começando seu circuito no Park Theatre em 6 de setembro de 1809, com uma peça que poderia ter de algum modo parecido apropriada para seu segundo filho quando adulto. Eliza desempenhou o papel principal de Ângela em *The Castle Spectre* [O Fantasma do Castelo], um drama romântico em cinco atos de 1797, de Matthew Gregory Lewis, talvez mais bem conhecido hoje por *O Monge* (seu romance gótico de 1796 fez tanto sucesso, que o autor foi muitas vezes referido como Monge Lewis). Um ídolo popular reconhecido nos dois lados do Atlântico, recheado com muitos dos elementos góticos padrão: um castelo misterioso e sinistro, uma vigorosa e virginal heroína, um nobre perversamente mau, um herói arrojado, um personagem cômico de apoio, reviravoltas melodramáticas e um fantasma residente. Independentemente de que papéis os Poe interpretaram em Nova York, as coisas para David rapidamente se tornaram um caso depressivo de cidade diferente, história idêntica. Eliza recebia críticas entusiásticas para muitas de suas interpretações, sobretudo aquelas envolvendo canto, dança e comédia. David foi severamente criticado pelos críticos, alguns dos quais ele ameaçava. Ele bebia. Após seis semanas disso, David deixou a companhia de teatro de Nova York e, aparentemente, o teatro. Ele terminaria abandonando a esposa e os filhos, mas não se sabe precisamente quando. As razões para sua partida também estão em questão. A especulação mais generosa o coloca como um homem enfermo, desiludido, condenado em seus 20 anos. Nesse cenário, ele partiu para salvaguardar sua família e os poupou dos meses finais de uma doença fatal, presumivelmente, tuberculose. Mas não há evidências de que soubesse estar doente, ou de que morreria. A teoria mais comum é que ele estivesse tão mal equipado e mal preparado para suportar tanto a responsabilidade de uma família em crescimento como para uma carreira no palco. Ainda assim, o rompimento com Eliza não coincide precisamente com seu rompimento com a profissão de ator.

E Eliza? Ela fez o que sempre fez, e o que sua mãe sempre havia feito: continuou trabalhando. Entre o fim de outubro de 1809 e sua última aparição em Nova York em 4 de julho de 1810, ela teve papéis importantes em cerca de vinte produções. Ao menos cinco dessas peças eram de Shakespeare. Ela interpretou Jessica em *O Mercador de Veneza*, o príncipe de Gales em *Ricardo III*, Ofélia em *Hamlet*, Julieta em *Romeu e Julieta*, e Regan em *Rei Lear*. Ela então retornou a Richmond, abrindo a temporada como Ângela em *O Fantasma do Castelo* em 18 de agosto. Uma filha, Rosalie, nasceu em dezembro, embora a data precisa nunca tenha sido determinada. Também há dúvida se David Poe estava presente para o nascimento. Se ele já não tivesse desertado sua família, em breve o faria.

Pouco se sabe sobre o cuidado das crianças Poe enquanto Eliza estava valentemente tentando manter as coisas como mãe solteira. Que testemunho existente foi registrado bem depois da morte de Edgar Allan Poe, quando as testemunhas eram idosas e décadas distantes das memórias recordadas. As crianças Poe, por exemplo, foram descritas como "muito bonitas, ativas e brincalhonas" e "magras, pálidas e muito impacientes". Há histórias de uma antiga cuidadora que aquietava as crianças pondo-as em seu colo e dando a elas "generosamente pão embebido em gim, quando elas logo adormeciam". Sem dúvida. A cuidadora supostamente admitiu que, "desde o nascimento da menina, administrou a elas gim e outras bebidas destiladas, às vezes com láudano... para fazê-las dormir quando estavam inquietas".

Eliza, muito amada por audiências no Sul, continuou a encontrar trabalho em Richmond, Norfolk e Charleston. Ela voltou aos cartazes, assumindo personagens difíceis, apenas semanas após o nascimento de Rosalie. Mas, no verão de 1811, ficou claro aos críticos e espectadores que algo estava terrivelmente errado. Ela parecia esquálida, doente. E estava. Embora sua disciplina e comprometimento a mantivessem prosseguindo no que seria sua última temporada, ela estava declinando rápido. Em 11 de outubro, ela interpretou a condessa Wintersen em *O Estrangeiro*, a popular adaptação inglesa de Benjamin Thompson do melodrama alemão de August von Kotzebue. Foi sua última aparição no palco. O futuro historiador social de Richmond,

Samuel Mordecai, descreveu como foram seus últimos dias em uma carta de 2 de novembro para sua irmã:

> Uma forma singular predomina aqui nesta temporada – ou seja – a caridade. Sra. Poe, que você sabe é uma mulher muito bonita, parece estar muito doente, e (tendo brigado e se separado de seu esposo) está em necessidade. O lugar de diversão mais popular, agora, é – seu quarto. E as habilidades de cozinheiros e cuidadores são exercidas para lhe proporcionar iguarias. Várias outras pessoas doentes também recebem uma porção dessas visitas populares e iguarias. É uma forma muito louvável e espero que dure bastante.

O jornal *Enquirer* de Richmond trazia o anúncio de uma apresentação beneficente para ela em 29 de novembro. "Ao Coração Humano", dizia, "Nesta noite, *a sra. Poe*, permanecendo no leito de doença e cercada por seus filhos, pede sua assistência e *a pede, talvez, pela última vez*. A Generosidade de uma Audiência de Richmond não pode necessitar de outro apelo."

Eliza morreu em 8 de dezembro. "Com a morte dessa senhora, o Palco foi privado de um de seus principais ornamentos", o *Richmond Enquirer* comentou em sua edição de 10 de dezembro. "E, para dizer o mínimo sobre ela, foi uma Atriz interessante; e nunca falhou em capturar o aplauso e receber a admiração dos espectadores." Ela foi enterrada na igreja episcopal St. John, em Richmond.

A causa mais frequentemente atribuída à sua morte é tuberculose, cujos primeiros sinais apareceram mais cedo naquele ano durante uma apresentação. Ela tinha 24 anos. A tradição coloca Edgar e seus irmãos em seu leito de morte. É comumente verdadeiro, uma vez que William Henry Leonard, que em breve faria 5 anos, lembrava de seu último adeus. Se de fato eles assistiram ou não a mãe morrer, William e Edgar certamente assistiram-na morrendo. Teria sido muito próximo e intensamente pessoal para uma criança delicada, o que Edgar supostamente era. Eles viviam em acomodações abarrotadas, e ele teria visto o escarro de sangue, o sangramento, e o horrível definhamento que retornaria para assombrá-lo várias vezes durante sua vida. Com menos de 3 anos, Edgar não só fora exposto como também cercado por quatro possíveis causas que seriam dadas à sua própria morte: bebida, drogas, pobreza e tuberculose.

Acredita-se que David Poe tenha morrido três dias após sua ex-esposa em Norfolk. Sua morte é envolvida em mais mistério do que a de seu segundo filho, mas consumpção (tuberculose), agravada por alcoolismo, tem sido dada como causa provável. Embora, talvez tolamente, tenha tentado embarcar na profissão de ator sem preparação adequada, ele ainda interpretou 127 papéis durante seus seis anos no palco. O biógrafo Arthur Hobson Quinn estimou que Eliza terminou sua tragicamente curta carreira com mais de 200 papéis atribuídos a ela, sem contar suas participações em muitos em corais e danças, e ela teria interpretado muitos daqueles papéis inúmeras vezes. Tudo isso foi durante uma época em que não faltavam norte-americanos que viam atores como tipos inferiores, de má reputação, imorais. Todavia, Edgar, que, quando jovem, tinha esperanças de se juntar à aristocracia da Virgínia, nunca rejeitou seus ancestrais teatrais. Ele, que com frequência retocava sua biografia para fazer sua linhagem parecer mais nobre e impressionante, sempre falava da mãe e de sua atuação teatral com grande orgulho. Uma passagem que escreveu para uma peça de crítica teatral em 1845 era típica desses sentimentos: "O escritor deste artigo é filho de uma atriz – tornou isso invariavelmente sua ostentação – e nenhum conde foi tão orgulhoso de seu condado do que aquele que descende de uma mulher que, embora bem-nascida, não hesitou em consagrar ao drama sua breve carreira de gênio e beleza".

Havia muito de sua mãe em Poe. Quinn não tinha dúvida de que Poe herdou "uma centelha de gênio", bem como "coragem e charme", de Eliza. Há algo também de seu pai.

"Olhamos para sua vida e carreira, e vemos que herdou muito de ambos os pais", disse o biógrafo de Poe e professor de literatura, James M. Hutchisson. "Como seu pai, Poe era hipersensível, envolvia-se em desavenças que eram ruins para sua carreira, e tinha problemas com o álcool. Ele nunca realmente conheceu o pai, embora repita seus padrões. Da mãe, herdou essa incrível ética de trabalho, sua dedicação, sua abordagem profissional da sua arte e aquela versatilidade. Como atriz, ela aparentemente se movia de um tipo de personagem para outro com a mesma habilidade que mais tarde ele se moveu de um gênero a outro como escritor. A produção de Poe como escritor é surpreendente em sua quantidade, qualidade e versatilidade. A indústria, disciplina e dedicação para realizar tudo isso é simplesmente surpreendente, e vemos essas mesmas qualidades em Eliza."

Cerca de dois anos antes de sua morte, Poe confidenciou a um amigo que devia "os dons de seu intelecto e de seu coração" à sua mãe. Uma das poucas coisas tangíveis que Eliza pôde deixar para o filho do meio foi sua aquarela do Porto de Boston. Ela escrevera no verso do quadro: "Para meu pequeno filho, Edgar, que sempre amará Boston, o lugar de seu nascimento, e onde sua mãe encontrou seus *melhores* e *mais simpáticos amigos*". Ele não a amou. Na verdade, teria uma relação muitas vezes problemática com a cidade de seu nascimento. Em troca, ele provavelmente reservou o tipo de afeição que a mãe descreveu nessa inscrição para a cidade onde ela morreu. "Richmond permaneceu muito cara a ele", considerou Hutchisson. "E não é como se as coisas sempre tivessem ido bem para ele lá. Não é como se não houvesse associações negativas à cidade. Mas acho que se tornou e permaneceu a cidade de seu coração."

Edgar também recebeu um retrato em miniatura de sua mãe e algumas de suas cartas. Ela foi a primeira das mulheres idealizadas em sua vida que perderia. Como foi comentado e discutido por muitos estudiosos e biógrafos de Poe, mulheres frágeis, mas obstinadas, que morrem jovens figuram em muitos de seus contos e poemas.

A questão mais premente após a morte de Eliza era o que seria de seus três filhos órfãos. Willian Henry Leonard foi levado pelos pais de David Poe em Baltimore. Rosalie, com cerca de 1 ano quando a mãe morreu, foi imediatamente levada pelo comerciante de Richmond, William Mackenzie e sua esposa, Jane. E Edgar se tornou o filho de criação de um casal de Richmond conhecido por sua benevolência, John e Frances "Fanny" Allan. Eles batizaram Edgar em 7 de janeiro de 1812, consigo como seus pais adotivos (razão pela qual Allan se tornou seu nome do meio). A seção de sua nota autobiográfica que lida com essa época foi outro exercício de falsificação e invenção: "O sr. John Allan, um cavalheiro muito rico de Richmond, VA, simpatizou comigo, e persuadiu meu avô, general Poe, a deixá-lo me adotar. Fui criado na família do sr. A., e considerado sempre seu filho e seu herdeiro".

Nem tanto. Primeiro, foi a esposa de Allan que genuinamente simpatizou com ele. Acredita-se que Fanny tenha sido uma das mulheres caridosas que cuidaram de Eliza em seus últimos dias, levando-lhe alimentos e iguarias. Segundo, os Allan não eram muito ricos pelos padrões da sociedade de Richmond, mas eram bem de vida, e prometeram aos avós de Edgar que lhe dariam uma boa educação liberal. O general, que não era bem de vida, estava disposto a ser persuadido. O quanto John Allan necessitou para ser persuadido a levar o jovem Edgar não é claro. Ele pode ter sido pressionado pelos Mackenzie e por sua esposa. Certamente o coração de Fanny, que não tinha filhos, foi para o menino que havia perdido os pais e estava sendo separado de seus dois irmãos. Os sentimentos de John Allan provavelmente foram mais ambíguos e complicados. Embora acreditasse em ajudar os pobres e famintos, Allan desprezava a dependência, o que ele via como fraqueza de caráter. Embora fosse um órfão que se beneficiou grandemente da ajuda e apoio de outros, via-se como alguém que tinha vencido sozinho e, como tal, gostava de citar provérbios e máximas sobre devoção, resistência e perseverança. Ele também era um homem cauteloso, e essa cautela parece evidente em sua decisão calculada de nunca formalmente adotar Edgar. Tampouco, era considerado seu filho e herdeiro.

Mesmo que o nome Allan tenha sido colocado entre Edgar e Poe, foi um nome dado com reservas pelo pai adotivo e que terminou sendo rejeitado por um jovem que fizeram se sentir jamais completamente aceito. Edgar, que possuía uma necessidade ardente de amor incondicional, foi levado ao lar de um homem incapaz de reconhecer essa necessidade ou de satisfazê-la. Como Kenneth Silverman , biógrafo de Poe, coloca: "Sendo dependente de John Allan, tornou-se dependente do cuidado e generosidade de alguém que desprezava a dependência e achava que fora privado de cuidado e generosidade". Era uma má combinação e uma garantia de que, quanto mais velho Edgar ficasse, mais o abismo emocional e ressentimento entre eles aumentaria.

John Allan nasceu em Irvine, uma cidade na costa oeste da Escócia, em 1779. Ele imigrou para Richmond em janeiro de 1795. Cinco anos depois, formou uma sociedade com Charles Ellis, exportando tabaco da Virgínia. Eles também comercializavam trigo, farinha de milho, tinta, vestuário, café, vinho e muitas outras mercadorias. Eles importavam lápides. Também contratavam ex-escravos para trabalhar nas minas de carvão – uma espécie de emprego em que eram enterrados vivos até morrerem.

Em 1803, Allan se casou com Frances Keeling Valentine, que tinha 18 anos, era delicada, bonita, de natureza doce e cheia de vida. As cartas de Fanny para seu esposo revelam uma jovialidade que é afetuosa, especialmente quando provocava o comerciante duro e temperamental ou brincava com ele. Ela também era nervosa, propensa a acidentes e a doenças. Eles viviam sobre a loja Ellis & Allan na esquina das ruas Main e Thirteenth, e foi nessa casa que Edgar fez 3 anos em janeiro de 1812. Os primeiros anos com os Allan deram pouca indicação dos tempos tempestuosos que seguiriam. Edgar era mimado e adorado por Fanny e sua irmã, Nancy. Fanny, também uma órfã, parece ter persuadido o esposo a participar nos mimos do menino descrito pelos vizinhos de Richmond como "um pequenino encantador, com cachos negros e olhos brilhantes, vestido como um jovem príncipe, e encantando todos com sua graça, vivacidade e esperteza infantis". Dada a afeição dispensada a ele por Fanny e os confortos materiais providos por John Allan, Edgar naturalmente teria acreditado que havia encontrado uma família e um lar onde fosse considerado um verdadeiro filho e herdeiro.

Edgar se tornou um "menino de face rosada" precoce com uma "imaginação maravilhosamente rica e esplêndida". Em sua pré-adolescência, muitas vezes se mostrou um encanto para os pais adotivos.

Já exibindo uma grande curiosidade e inclinação para o dramático, traços que nutriria ao longo de sua vida, não era dissuadido pelos Allan de se apresentar para visitantes entretidos e encantados. Ele recitaria passagens de poemas que havia memorizado, impressionando convidados com sua apresentação sincera e tocante. Ele ficaria de pé na mesa da sala de jantar só de meias, brindando junto às senhoras com vinho doce. E aos 5 anos podia ler o jornal.

Todavia, por todas as vantagens iniciais de que desfrutou, Edgar teve negada a estabilidade emocional de uma relação parental consistentemente próxima e confiável. Com a amável e dedicada Fanny, isso se deveu às suas frequentes doenças e períodos de confinamento. Com John Allan, foi em razão de seu distanciamento e personalidade exigente. Allan provavelmente se via mais como um benfeitor do que um pai, congratulando-se por ter adotado e então sustentado de maneira tão generosa uma criança órfã. Dificilmente um modelo de constância,

Allan deve ter deixado Edgar confuso com uma mistura de gestos contraditórios. Ele era agraciado com elogios e mimos num momento, e então humilhado com censura e reprimendas no outro.

Contudo, Allan cumpriu sua promessa de prover a Edgar uma formação. No dia após o menino completar 5 anos, Allan pagou quatro dólares para contratar uma professora chamada Clotilda Fisher. No ano seguinte, Edgar estava frequentando a escola de Richmond, administrada por William Ewing, que o descreveria como um "menino encantador".

A Guerra de 1812 ainda estava em curso quando Edgar começou sua educação formal, e uma Richmond nervosa, embora preocupada com ameaças de um possível ataque britânico, foi poupada de conflito armado. Mas a guerra prejudicou muito os negócios para comerciantes como Allan, e, em setembro de 1814, tropas britânicas foram bem-sucedidas em tentar tomar Baltimore. O antigo patriota David Poe, avô de Edgar, na época em seus 70 anos, estava pronto e disposto a ajudar a organizar as defesas da cidade. As hostilidades com a Grã-Bretanha cessaram oficialmente com a ratificação pelo Senado em fevereiro de 1815 do Tratado de Ghent, e Allan se moveu rapidamente para abrir um escritório da Ellis & Allan em Londres. Foi um passo ousado para aumentar consideravelmente o negócio e o prestígio da companhia. Em maio, pagou dois dólares por um novo traje para Edgar. Em junho, ele leiloou muitos dos móveis da casa e itens pessoais da família, incluindo tapetes, espelhos e uma luneta. Em 22 de junho, escreveu a Charles Ellis, instruindo-o a vender Scipio, um escravo, por seiscentos dólares e a contratar outros escravos por cinquenta dólares ao ano. No ano seguinte, ele partiu no navio a vapor *Lothiar* com Fanny, Nancy e Edgar que, com 6 anos, pediu que fosse registrado que ele "não estava com medo de atravessar o mar". Porém, Fanny estava apreensiva, e a viagem de 34 dias de Norfolk a Liverpool pouco fez para aplacar seus medos. Fanny, previsivelmente, estava muito doente. A água foi racionada de forma rígida. Sua cabine era apertada e desconfortável, com

Allan sendo forçado a dormir no chão. E refeições digeríveis eram de qualidade duvidosa. Allan reclamou que o mesquinho capitão Stone negou à sua esposa e cunhada "os privilégios do fogo para tostar uma fatia de bacon". Despediram-se aliviados do *Lothiar* em 28 de julho, e, após visitar parentes na Escócia, estabeleceram-se em Londres.

Em abril de 1816, matriculado como Edgar Allan e considerado por muitos como o filho adotado dos Allan, Edgar entrou no internato de Chelsea, administrado pela sra. Dubourg. Ele estudou ortografia, história e geografia. Adotou também o nome Dubourg, usando-o para uma das testemunhas em "Os Assassinatos da Rua Morgue". Em 1818, Edgar mudou para o internato Manor House, administrado pelo reverendo John Bransby. Ficava cerca de seis quilômetros de Londres, na aldeia de Stoke Newington. E foi lá que o talento para línguas de Edgar aflorou. Ele se sobressaía em latim e grego. Bransby o descreveria como "inteligente, obstinado e teimoso". O Poe adulto usaria tanto a escola quanto Bransby em um de seus melhores contos, "William Wilson". A escola é descrita como solene e soturno. O diretor, o reverendo dr. Bransby, tem "um ar azedo" e se veste com "indumentárias malcheirosas". Perguntado por um pupilo posterior sobre suas lembranças do aluno que conheceu como Edgar Allan, Bransby se distanciou de sua descrição desfavorável em "William Wilson", admitindo que "Edgar Allan era um menino esperto e inteligente e teria sido um bom menino se não tivesse sido mimado por seus pais, mas eles o mimaram, e lhe davam uma extravagante quantidade de trocados, o que lhe permitia incorrer em todo tipo de travessuras – mesmo assim, eu gostava do menino – mas, pobrezinho, seus pais o mimaram!".

Embora Bransby pudesse achar Edgar teimoso, Allan, nesse ponto, encontrava muitas coisas para elogiar em seu filho adotivo. Em uma carta de março de 1818, Allan escreveu: "Edgar é um bom menino e não tenho razão para reclamar de seu progresso". Um mês depois, ele escreveu: "Edgar é um bom menino, e lê em latim muito acuradamente".

O tom de aprovação e orgulho continuou nas cartas de Allan de casa para Richmond: "Edgar está crescendo maravilhosamente e desfruta de uma boa reputação e é tanto capaz quanto disposto a receber instrução... é um ótimo menino e um bom aluno".

Os cinco anos incrivelmente formadores que Edgar passou na Inglaterra tiveram um profundo efeito em sua imaginação, e ecos dessa época podem ser encontrados com frequência em sua ficção. Por exemplo, os Allan se mudaram para melhores acomodações na 39 Southampton Row em setembro de 1817, e ele usaria esse exato endereço para o narrador de seu conto de 1840 "Por Que o Pequeno Homem Francês Tem a Mão Numa Tipoia". Mas ele também teve sua parcela de mansões impressionantes e arruinadas, cemitérios, propriedades e abadias. O que ele experienciou dos 6 aos 11 anos lhe forneceram um maravilhoso estoque de nomes, endereços e ambientes que poderia utilizar em histórias de horror, humor, terror e mistério.

"Eles estão vivendo próximo ao Museu Britânico", disse J. Gerald Kennedy, estudioso de Poe. "Ele está cercado de antiguidades, múmias egípcias, da igreja com o cemitério onde Bransby levava os meninos para ouvirem o sermão semanal. É também durante esse tempo que há a primeira sensação de uma alienação jovem. Isso vai se aprofundar à medida que fica mais velho".

A grande curiosidade e imaginação de Edgar foram mais estimuladas por uma introdução aos trabalhos de Shakespeare e por uma fascinação pelo romance de 1719 de Daniel Defoe, *Robinson Crusoé*. O leitor precoce levou a influência de Defoe de volta à América, lançando suas próprias viagens fantásticas, tornando o fantástico completamente absorvente e aparentemente possível. Naufrágios estruturam as narrativas para histórias como "Manuscrito Encontrado numa Garrafa" e "Uma Descida ao Maelström", bem como o único romance de Poe, *A Narrativa de Arthur Gordon Pym*. O estudioso de Poe, Kennedy, acredita que é provável que, durante sua estada inglesa, Edgar também tenha lido *Sir* Walter Scott e publicações da *Blackwood's Magazine*, com sua popular mistura de ensaios, peças satíricas, crítica pungente e, com o tempo, contos de terror. Cada uma era uma forma que Poe iria abordar, e, no caso das histórias de terror, satirizar com a ficção cômica "Como Escrever um Artigo Blackwood".

A leitura também forneceu a Edgar os meios necessários para escapar quando as coisas ficaram cada vez mais difíceis para John e Fanny Allan em Londres. Infeliz na Inglaterra e sentindo a falta de seus amigos de Richmond, Fanny sucumbiu a uma doença depois da outra. Algumas podem ter sido imaginárias, mas quase todas resultaram em longos períodos em que ela ficava indisponível para Edgar. Enquanto isso, John Allan, distante, preferencialmente, estava trabalhando longas horas para firmar o escritório de Londres. No início, esse esforço parecia destinado ao sucesso. Condições turbulentas que estavam além de sua capacidade de controlar ou evitar, contudo, estavam precipitando-o para seu próprio desastroso naufrágio. O pânico financeiro de 1819 nos Estados Unidos, junto ao colapso do mercado de tabaco em Londres, tornaram o fracasso inevitável. Allan estava sobrecarregado com um estoque que não conseguia vender e com débitos crescentes que não podia pagar. Ainda assim, ele enfrentou a tempestade financeira com admirável estoicismo e determinação. Sua declarada convicção era: "Se estamos fadados a cair, vamos cair como homens". Ele manteve sua compostura, mas não pôde salvar seu negócio. Com a queda da casa de Allan sobre eles, Fanny se recompôs, respondendo com resitência e confiança incomuns. Allan observou com uma mistura de prazer e surpresa que ela permanecia calma e otimista, mesmo quando o colapso parecia iminente. Contudo, era hora de admitir a derrota e voltar para casa; a parte de Richmond do negócio poderia ainda ser salva. Eles partiram da Inglaterra em junho de 1820, embarcando no *Martha* em Liverpool para uma viagem de 31 dias até Nova York.

De volta a Richmond em 2 de agosto, a família se mudou para a casa do sócio de John Allan, Charles Ellis. Edgar, novamente usando o sobrenome de Poe, foi matriculado naquele outono na escola de Joseph H. Clarke, descrito pelo biógrafo de Poe, Jeffrey Meyers, como "um solteiro irlandês temperamental e pedante". Com 11 anos, Edgar chegou se sentindo um tanto orgulhoso sobre suas viagens e educação inglesa, as quais o faziam se sentir superior aos meninos ao seu redor. Clarke o examinou em seu latim e ficou imediatamente impressionado com a capacidade do novo aluno de declinar um adjetivo. Edgar também havia retornado da Inglaterra um poeta aspirante, e, aqui, também, Clarke ficou impressionado. Durante sua estada na escola de Clarke, ele leu Ovídio, César, Virgílio, Cícero e Horácio em latim, bem como Homero em grego. Clarke recordou que Edgar não tinha muito amor pela matemática, mas seus poemas eram amplamente considerados os melhores na escola. Enquanto muitos dos alunos "escreviam meros versos mecânicos, Poe fazia poesia genuína: o menino nascera poeta". Em uma carta de 1876 escrita a E. L. Didier, biógrafo de Poe, Clarke lhe fez um resumo da personalidade de Edgar:

> Quanto à disposição e caráter de Edgar como um menino, embora brincalhão como muitos meninos, seu comportamento diferia em alguns aspectos de outros. Ele era notável pelo autorrespeito sem arrogância, estritamente justo e correto em seu tratamento para com seus companheiros, o que o tornava um favorito mesmo entre os mais velhos. Sua paixão natural e predominante me parecia ser um ardor entusiástico em tudo que assumia; em sua diferença de opinião com seus colegas, era muito tenaz, e não desistiria até que seu juízo fosse convencido. Como aluno, ambicionava se destacar e, embora não conspicuamente estudioso, sempre desempenhava bem em suas aulas. Seus poderes imaginativos pareciam prevalecer sobre todas as suas outras faculdades [...].

Ele tinha um coração sensível e afável, e faria qualquer esforço para auxiliar um amigo.

Para Clarke, a natureza de Edgar "era inteiramente livre de egoísmo, a qualidade predominante das crianças". O reconhecimento do professor de um prodígio motivou Edgar a lhe mostrar uma coleção de poemas que gostaria de ter publicado. "Mesmo naqueles primeiros anos", o professor recordou, "Edgar Poe exibia os germes daquela maravilhosamente rica e esplêndida imaginação, que o colocou na linha de frente dos poetas puramente imaginativos do mundo." Todavia, Clarke aconselhou Allan a não publicá-los: "Eu lhe disse que Edgar tinha um temperamento bastante sensível, que possuía muita autoestima, e que seria muito prejudicial ao menino lhe permitir ser adulado e comentado como o autor de um livro impresso em sua idade". Allan seguiu seu conselho. Quando Clarke deixou Richmond em 1823, o Seminário para Meninos de William Burke acolheu muitos de seus alunos, incluindo Edgar, então com 14 anos.

Durante esses anos, Edgar não foi taciturno nem exageradamente solitário. Era atlético, brincalhão e popular. Um colega, John S. L. Preston, descreveu-o como "o corredor mais rápido, o melhor boxeador e o nadador mais ousado na escola de Clarke... um menino generoso e franco, amável com seus companheiros, e sempre pronto para ajudá-los com sua mão e cabeça". Mais de vinte e cinco anos depois da morte de Poe, outro colega, Andrew Johnston, recordou: "Na época, Poe tinha uma aparência frágil, mas era bem constituído, ativo, robusto e gracioso". Em exercícios atléticos, Johnston disse, Edgar era "o mais ousado", sua poesia era admirada por todos eles, e podia ter um lado satírico.

As histórias de suas proezas atléticas sugerem uma constituição mais forte do que atribuem a Poe com as imagens estereotipadas. Seu feito atlético mais notável, que lhe deu alguma notoriedade local, foi nadar cerca de nove quilômetros no rio James, parte do percurso contra uma forte correnteza, resultado de uma aposta feita sob um sol abrasador em um dia opressivamente quente de junho. O percurso iniciou no píer de Ludham, próximo à ponte de Mayo, e terminou em um local conhecido como Warwick Bar. Poe lembrava-se de isso ter acontecido em 1824, quando tinha 15 anos. Embora tenha emergido do rio James muito queimado pelo sol, com as costas, pescoço e rosto com bolhas, ele não pareceu de todo fatigado aos seus amigos que o acompanharam em barcos. De fato, ele caminhou de volta para casa em Richmond. O Poe adulto compararia o feito a Lord Byron nadando de Abydos até Sestos na Turquia, travessia na qual o poeta inglês disse ter sido inspirado pelo mito grego de Leandro.

Outra exibição de atletismo foi lembrada pelo colega da escola de Burke, Creed Thomas. Aparentemente, tem a ver com um colega de Poe na época, chamado Miles C. Selden, que teria dito que ele era um mentiroso e canalha. Provocações, com certeza. E uma briga foi arranjada. Miles, maior e mais pesado, golpeou seu adversário por um tempo, embarcando no que os espectadores acreditavam que seria uma vitória fácil. Edgar estava empregando uma tática que mais tarde Muhammad Ali apelidaria *rope-a-dope* [em que o lutador se encosta nas cordas e permite que sua elasticidade absorva os golpes], permitindo que seu oponente o fustigasse, exaurindo-se. Quando o confiante Miles ficou cansado, Edgar atacou, administrando uma boa surra e "mostrando-lhe algumas coisas na arte da luta".

Não admira que Edgar fosse tão respeitado por muitos de seus colegas e meninos do bairro. "Nenhum outro menino jamais me influenciou tanto quanto ele", Thomas Ellis, filho do sócio de John Allan, disse em uma declaração que apareceu no *Richmond Standard*. "Ele era, na verdade, um líder entre os meninos, mas minha admiração por ele dificilmente conhecia limites." Thomas ficou impressionado sobretudo quando Edgar, um assistente no Junior Morgan Riflemen, uma companhia voluntária de meninos, foi escolhido para participar da procissão para a visita do Marquês de Lafayette a Richmond em outubro de 1824. Edgar e seus colegas fuzileiros foram revistados por Lafayette, que, mais cedo naquele mês, havia visitado o túmulo de David Poe pai, em Baltimore. O avô de Edgar morreu em 1816. Recordando seu amigo no uniforme dos fuzileiros durante as cerimônias de Richmond em homenagem a Lafayette, Thomas diria: "Nunca me orgulhei tanto dele".

Contudo, entre vários de seus camaradas, a admiração e reconhecimento vinha com qualificações e reservas. Ele vivia em um mundo estratificado e seria aceito, mas até certo ponto, o que era a mesma atitude sugerida pelo tratamento que Allan lhe dispensava. E na adolescência é quando a alma sensível tende mais a se sentir – ou a fazerem-na se sentir – inadequada, alienada, excluída, marginalizada, insegura, desrespeitada, diferente. Por trás de todo elogio às proezas poéticas e atléticas, havia murmúrios e inferências que Edgar, cada vez menos, podia ignorar.

John S. L. Preston, o colega que aplaudia Edgar correndo, nadando, boxeando bem como sua generosidade, também explorou o lado negro daqueles anos:

> Na época de que falo, Richmond era uma das cidades mais aristocráticas deste lado do Atlântico [...]. Uma escola é, por sua natureza, democrática; mas, ainda assim, meninos, inconscientemente, exibirão por aí as noções de seus pais a respeito de boa ou má reputação. Sobre Edgar Poe, sabia-se que seus pais haviam sido atores, e que ele ficou dependente da generosidade que é concedida a um filho adotado. Tudo isso tinha o efeito de fazer os meninos declinarem sua liderança e, em retrospecto, imagino que isso lhe deu uma audácia que, de outro modo, não teria.

Diferindo de muitas descrições de Poe nessa época, Preston disse que achava seu colega intelectual "obstinado, caprichoso, inclinado a ser imperioso, e, embora de impulsos generosos, não constantemente amável, ou mesmo amigável". Habilidade, talento e inteligência não eram suficientes na Richmond que Preston descreveu, e a injustiça deve ter sido aceita com especial ressentimento para alguém com tamanha orientação para ser bem-sucedido, destacar-se, ser reconhecido.

"Tendo crescido em Richmond, Poe foi exposto à cultura daqui, e enormemente moldado por ela", disse Chris Semtner, curador do Museu Edgar Allan Poe, em Richmond. "A classe latifundiária, que nos deu muitos de nossos primeiros presidentes, ainda estava no topo em termos de *status* na Virgínia, e Poe aspirava a ser parte dessa classe. Durante essa época, ele escreveu um poema ridicularizando outro menino que tinha afeições pela mesma menina. Ele escreveu esse poema basicamente dizendo como esse menino da classe comerciante ousa ter esses sentimentos. É incrivelmente pretensioso uma vez que ele não é parte da classe latifundiária. Ele está vivendo com pais adotivos que não o adotaram legalmente, e seu pai adotivo é um imigrante escocês e comerciante. A classe latifundiária ainda olha para a classe comerciante com alguma suspeita e a subestima. Assim, aqui está Poe falando de maneira depreciativa sobre alguém ser basicamente o que ele é. Poe é de Richmond, mas não é. Ele é da classe comerciante, mas não é. Ele sempre parece estar cruzando mundos diferentes. Ele parece ter a habilidade de estar dentro ainda que permaneça de fora ao mesmo tempo."

O sentimento de alienação jovem evidente pela primeira vez em Londres foi ampliado em Richmond. O adolescente Edgar responde a isso com uma dualidade que põe em movimento um padrão que vemos repetidamente ao longo de sua vida. Ele começa a romantizar o papel do solitário, assumindo a postura imperiosa que Preston observou. O poeta dinâmico e livre-pensador Lord Byron cada vez mais se tornou um herói e exemplo para ele. Ele se via como separado das massas, não pela classe, mas pelo intelecto, sensibilidade e gênio. Todavia, ao mesmo tempo, anseia por um lugar nos círculos augustos nos quais é admitido, mas nunca completamente aceito. Isso é verdadeiro em Richmond. E será verdadeiro quando se sentir tanto superior aos principais guardiões de gostos literários mais tarde em sua vida quanto evitado por eles. Ele é, ao mesmo tempo, como Semtner observa, um integrante, com permissão de participar e observar até certo ponto, e um não integrante, que o fazem se sentir não verdadeiramente pertencente a esses mundos. É um lugar terrível de se estar para um órfão com a angústia e ansiedade da adolescência, assim como é para um escritor esforçado que entende completamente quão bom é. No entanto, a dinâmica integrante-não-integrante pode ser um lugar ideal para um escritor criativo. Se Shakespeare era um ator e poeta com permissão para frequentar os círculos internos de condes e duques, ele ocupou o mesmo tipo de papel de integrante-não-integrante. Depois de Poe, Mark Twain será o comediante com permissão suficiente para acessar e se transformar em um artista literário enganadoramente versátil como, todavia, outro tipo de integrante-não-integrante. Quase todas as barreiras que Poe viu como males para um aspirante aristocrata do sul eram benções não reconhecidas para um escritor emergente.

"Poe está se misturando com todas as diferentes classes em Richmond", disse Semtner, autor de *Edgar Allan Poe's Richmond: The Raven in the River City* [A Richmond de Edgar Allan Poe: o Corvo na Cidade Ribeirinha]. "Há seus colegas na escola; os meninos vizinhos. Ele está na companhia dos fuzileiros juniores. Há inclusive relatos de que estivesse em uma gangue de meninos. E há descrições dele atuando em produções teatrais amadoras, e isso aborreceria enormemente a classe emergente da qual John Allan é parte. Assim, é possível que Poe esteja tentando ocupar muitos mundos diferentes ao mesmo tempo. Isso lhe permite observar muito da natureza humana através de um espectro amplo."

Como parte dele imaginava um futuro na aristocracia de Virgínia, outra parte se agarrava tenazmente à orgulhosa percepção de que seu último nome era Poe e que era filho de atores. O camarada admirador de infância, Thomas Ellis, recordou Edgar orientando o colega Creed Thomas em uma atuação teatral encenada sob uma tenda em um terreno baldio – ingresso, um *cent*. Essa teria sido o tipo de iniciativa que certamente aumentaria muitos pontos da pressão sanguínea de John Allan, mas quanto mais Edgar progredia em sua adolescência, menos elogios seu pai adotivo tinha a fazer sobre ele. De fato, em suas cartas, Allan muitas vezes começa a reclamar de Edgar. Para Henry Poe, irmão de Edgar, Allan descreve o menino de 15 anos como "deprimido, petulante e temperamental para toda a família". Allan escreve que "Muito me surpreende que eu tenha tolerado por tanto tempo sua conduta". Ele, então, acrescenta: "O menino não possui uma centelha sequer de afeição por nós, nem uma partícula de gratidão por todo meu cuidado e bondade para com ele. Eu lhe dei uma educação muito superior à que eu próprio recebi." Ele encontra consolo na noção de que, apesar da ingratidão do menino, acha seu próprio comportamento irrepreensível. "Cumpri meu dever tão fielmente a meu Deus quanto a Edgar", Allan diz a Henry, então a morte "não me aterrorizaria".

Allan não foi o primeiro ou o último dos pais a ter observado perplexo uma criança amável ter-se transformado em um adolescente impertinente e temperamental. Todavia, mais do que estar completamente perplexo com os humores de Edgar, Allan se ressentia deles. Há uma frieza egocêntrica no que ele escreve a Henry, basicamente porque suas reclamações são as de alguém que ofereceu caridade, não o amor e compreensão de pais. O grande crime de Edgar, afinal, é não ser grato. Edgar é categorizado como um dever. Os pais podem ser pacientes e compreensivos com um adolescente aborrecido e melancólico, mas um benfeitor é capaz de perder a paciência com um dependente visto principalmente como o recipiente de generosidade. John Hamilton Mackenzie, filho do casal de Richmond que havia provido um lar para a irmã de Edgar, recordou que Allan nunca deixou Poe se esquecer de "sua dependência de sua caridade".

Também está claro que Edgar tinha significativamente mais afeição para com Fanny Allan. Embora seja evidente que as doenças crônicas dela o privassem da relação mais próxima de que necessitava, não há registro de coisa alguma como um estranhamento entre eles. Na verdade, sua dedicação genuína a Fanny aumentou enormemente sua antipatia para com seu esposo. Nessa época, o jovem com noções românticas de amor ideal provavelmente teria ouvido sobre as infidelidades de John Allan. A traição, talvez justificada pela mente de Allan em razão dos problemas de saúde de Fanny, começaram logo após seu casamento, e um filho ilegítimo, Edward Collier, nasceu antes de Edgar.

Foi durante esse período que Edgar sofreu outra perda que indubitavelmente disparou ataques de melancolia. Em abril de 1823, aos 14 anos, ele foi convidado para visitar a casa de seu amigo Robert Craig Stanard. Ele foi apresentado à mãe de Robert, Jane Stanard. Poe descreveu o momento para Sarah Helen Whitman, que o registrou em seu livro de 1860, *Edgar Poe and His Critics* [Edgar Poe e seus Críticos]: "Essa senhora, ao entrar na sala, pegou sua mão e emitiu algumas palavras gentis e graciosas de acolhimento, que então penetraram o coração sensível do menino órfão a ponto de privá-lo do poder da fala". Para o enamorado Edgar, ela foi "o primeiro amor puramente ideal de minha alma" e "o mais verdadeiro e meigo das almas belas mais femininas desse mundo, e um anjo pra minha natureza triste e sombria". Ela era a simpática figura materna que Fanny Allan não podia ser. Foi uma confidente, e sua casa se tornou um refúgio onde podia ser consolado e confortado. Em Jane, que sofria de depressão e ataques de melancolia, ele encontrou uma alma gêmea. Poe ficou devastado quando ela morreu aos 31 anos, cerca de um ano após terem se encontrado. Diagnosticada como mentalmente desequilibrada, caiu cada vez mais na insanidade durante os últimos meses de sua vida. A causa de sua doença mental é desconhecida, assim como a de sua morte. O que se sabe é que Poe sucumbiu à tristeza por perder outra mulher amada e idealizada. Após sua morte, ele começou a ter pesadelos nos quais uma mão gelada tocaria sua face em um quarto completamente escuro. Ou ele seria perseguido pelo medo de acordar para encontrar uma face assustadora muito próxima da sua. Ele passou a visitar o túmulo de Jane no cemitério Shockoe Hill, "onde o objeto de sua idolatria juvenil estava sepultado", Whitman escreveu. "O pensamento nela – dormindo lá em sua solidão – enchia seu coração de uma profunda tristeza incomunicável. Quando as noites eram assustadoras e frias, quando as chuvas outonais caíam e os ventos sibilavam tristemente sobre os túmulos, ele permanecia por mais tempo e partia com mais pesar." Sua memória inspirou o poema "Para Helena".

Embora seja um erro confundir Poe com seus narradores perturbados e muitas vezes não confiáveis, não há dúvida de que baseou na experiência e em profundas emoções alguns de seus melhores poemas e contos. É difícil não sentir o sentimento crescente de alienação nas estrofes de um poema escrito em 1829, com apenas 20 anos, intitulado "Sozinho":

Desde a infância não fui
Como eram outros – não vi
Como viam outros – não podia trazer
Minhas paixões de uma fonte comum –
Minha tristeza – não podia acordar
Meu coração alegrar no mesmo tom –
E tudo que amava – eu *amava sozinho –*

Allan não tinha tolerância para com esses sentimentos. Anime-se e se ponha a trabalhar – qualquer outra coisa era fraqueza de caráter.

Allan estava tentando enfrentar a adversidade desde que o escritório de sua companhia em Londres foi à falência. O débito da companhia era enorme, e Allan só conseguiu sair dessa situação com o apoio e ajuda de seu tio fabulosamente rico, William Galt. A sociedade com Ellis foi dissolvida, e, quando Galt morreu, em 26 de março de 1825, deixou ao sobrinho uma imensa fortuna. Três meses depois, Allan comprou Moldavia, uma mansão de tijolos na esquina das ruas Main e Fifth.

"Era o símbolo da ascensão dos comerciantes sobre a classe latifundiária", observou Semtner. "Quando uma das famílias mais antigas e prestigiosas na Virgínia, os Randolph, tiveram de vender uma de suas mansões em Richmond, Moldavia, ela foi comprada por um espanhol chamado Joseph Galego, que então a vendeu a John Allan. Há comerciantes em uma casa de latifundiários, e as cartas escritas na época expressavam quão escandalizados os latifundiários estão por essas pessoas estarem tomando sua propriedade e, na verdade, tomando seu mundo."

Edgar deixou a escola de Burke em março e então começou a frequentar uma escola administrada pelo dr. e pela sra. Ray Thomas. Naquele verão, com 16 anos, Edgar se apaixonou por Sarah Elmira Royster, uma vizinha de 15 anos. Ela o lembraria como "um belo menino", cuja "atitude geral era triste". Ela também recordou que ele "era dedicado à primeira sra. Allan [Fanny] e ela a ele". Elmira aparentemente também se enamorou por ele, e estavam noivos em segredo quando, em fevereiro de 1826, Edgar deixou Richmond para frequentar a Universidade da Virgínia em Charlottesville. Mas James Royster, pai de Elmira, desaprovou a relação. Sabendo do noivado e determinado a sabotá-lo, ele interceptou as cartas de Edgar a Elmira, levando sua filha a chegar à dolorosa conclusão de que havia sido duramente abandonada e esquecida. Acreditando ser esse o caso, ela se casou com um bem-sucedido empresário de Richmond, Alexander Shelton, em 1827. Ela tinha 17 anos. Edgar respondeu com um de seus primeiros poemas publicados, "Canção", que foi impresso no mesmo ano do casamento de Elmira:

Vi-te no dia do teu casamento –
Quando um intenso rubor te acometeu,

Um floreio romântico nascido da imaginação e do orgulho ferido? Talvez, mas Elmira mais tarde diria: "Casei-me com outro homem, mas o amor da minha vida foi Edgar Poe. Jamais amei outro".

Aberta no outubro anterior, a Universidade da Virgínia era um *campus* rudimentar e não acabado onde professores tinham boas razões para temer ataques de alunos indisciplinados e mimados das famílias aristocráticas. Bebida, jogo, brigas, duelos, trotes e a ocasional revolta estudantil à invenção de Thomas Jefferson uma perigosa reputação quando Poe, com 17 anos, apresentou-se para fixar residência no quarto 13 do dormitório da West Range. Provavelmente, há alguma justificação para acusações de Poe de que seu pai adotivo providenciou para que fracassasse. Se deliberado ou não, Allan, agora mais rico do que jamais sonhara, enviou Poe para Charlottesville com um orçamento apertado. Ele estava cercado por colegas de famílias afluentes, que não tinham problema em encontrar dinheiro extra para sustentar os detalhes e necessidades de um estilo de vida de aluno privilegiado. Poe, por outro lado, carecia de recursos suficientes para pagar suas taxas estudantis e despesas de vida. Ele também carecia do tipo de recursos necessários para acompanhar os filhos ricos e famosamente classistas de Virgínia. "Direi, de maneira ousada, que foi completa e inteiramente sua própria parcimônia equivocada que provocaram todas as dificuldades nas quais estive envolvido em Charlottesville", ele escreveu a Allan alguns anos mais tarde. "As despesas mais baixas da instituição eram 350 dólares por ano. Você me enviou para lá com 110 dólares". Perpetuamente com pouco dinheiro, ele cometeu o desastroso erro de começar a jogar, o que só resultou no aumento de débitos. Suas perdas em jogo de cartas foram relatadas em mais de 2 mil dólares, embora o número preciso fosse debatido. Ele também vivenciou seus primeiros encontros debilitantes com o álcool, e é aqui que obtemos os primeiros relatos de Poe ficando rapidamente embriagado após ingerir um copo de vinho.

Mas suas aulas lhe permitiam perseguir uma paixão e talento para a linguagem, antiga e moderna. "Ele ficou apenas nove meses na Universidade da Virgínia, porém todos os seus cursos foram de línguas: francês, alemão, espanhol, latim e grego, e também deve ter feito um pouco de italiano", disse Jerome McGann, professor emérito da Universidade da Virgínia e autor de *The Poet Edgar Allan Poe: Alien Angel* [O Poeta Edgar Allan Poe: Anjo Estranho]. "O jogo e a bebida dominam a discussão, mas sua vida intelectual na Universidade da Virgínia tem sido amplamente ignorada. Poe estava estudando com o primeiro professor de línguas modernas a ensinar em uma universidade nos Estados Unidos. George Wilhem Blaettermann era um estudioso alemão, e introduziu Poe à mais avançada escola teórica do romantismo alemão na época. Isso teve uma profunda influência na poesia bem como na ficção".

Descrições de colegas vão de "tempestuoso" a "sóbrio, quieto e ordeiro". Uma descrição dada por um desses colegas, Miles George, sugere que ambos os extremos podiam ser verdadeiros:

> Poe, diziam, gostava de citar autores poéticos e de ler suas próprias produções poéticas, com o que seus amigos se deleitavam e entretinham; então, repentinamente, uma mudança lhe sobreviria e com um pedaço de carvão revelaria seu gênio versátil desenhando, nas paredes de seu dormitório, figuras caprichosas, fantásticas e grotescas, com tanta habilidade artística, de modo a nos deixar em dúvida se Poe na vida futura seria pintor ou poeta; ele era muito excitável e irrequieto, por vezes obstinado, melancólico e impertinente, mas que – em seus bons dias – brincalhão, muito divertido e um companheiro mais atrativo e agradável.

Allan se recusou a pagar pelas dívidas de jogo de Poe e a continuar subsidiando uma educação universitária para um ingrato que ele considerava indigno dessa magnanimidade. Após os exames, em dezembro, Poe deveria retornar a Richmond e trabalhar de graça em um dos escritórios contábeis de Allan (os escritórios onde os livros de registros financeiros de um negócio são mantidos). Quando retornou, ele também ficou sabendo que Elmira estava noiva de outra pessoa. A relação com o pai adotivo, já ressentidamente tensa, rompeu-se em março. Poe estava determinado a deixar Moldavia ou ser expulso de lá por Allan. Ele despejou seus sentimentos exacerbados em uma carta listando seus ressentimentos para com Allan: "Minha determinação há muito foi tomada de deixar sua casa e tentar encontrar algum lugar neste vasto mundo, onde serei tratado não do modo como me tratou". Indubitavelmente, havia muita verdade em uma passagem posterior: "Uma vez mais, ouvi você dizer (quando não pensava que eu estivesse ouvindo e, portanto, deve ter falado com sinceridade) que não tinha afeição por mim". Típico de cartas zangadas enviadas a Allan e outros, ele consegue inserir um pedido de dinheiro. Ele levava jeito para, após insultos, acusações e recriminações, fazer um apelo por recursos dos quais necessitava muito. Talvez, não a mais sábia das estratégias. Ele também tinha o hábito de melodramaticamente acrescentar indicações obscuras sobre como, se a ajuda não fosse iminente, algo sombrio com certeza lhe ocorreria.

"MORREREI"

7-13 DE JULHO DE 1849

Poe parecia estar se restabelecendo após sua agitada aparição de segunda-feira no estúdio do artista John Sartain na Filadélfia. O paciente e atencioso Sartain continuou cuidando de Poe, aliviado que as divagações perturbadoras tivessem dado lugar a uma conversação racional. Alguns dias depois de sua incursão à escuridão, Sartain acreditava que seu amigo havia melhorado muito e estivesse se recuperando. Contudo, antes do fim da semana, Poe estava novamente em um estado lastimável, física e emocionalmente. Ele ainda estava na Filadélfia, e a morte estava muito presente à sua mente quando escreveu à sua sogra no sábado, 7 de julho de 1849: "Tenho estado *tão* doente – tive cólera, ou espasmos tão ruins quanto, e agora mal consigo segurar a caneta... Não adianta argumentar comigo *agora*; morrerei". Ele também relatou a Maria Clemm que "não tinha desejo de viver desde que escrevi 'Eureka'", uma ruminação de quarenta mil palavras sobre cosmologia que ele considerava seu feito supremo. Ele ainda estava sofrendo de *delirium tremens* ou de alguma outra condição provocada por outro encontro desastrosamente arranjado com o álcool? Teria contraído cólera? Ou havia algum problema de saúde subjacente que a bebida havia exacerbado?

"Certamente, parece que em algum momento ele foi tratado para cólera, estivesse ou não com a doença", disse Stephen Macko, professor da Universidade da Virgínia, cujas áreas de especialidade incluem biogeoquímica, química orgânica marinha, geoquímica isotópica estável, geometria isotópica e análise isotópica capilar. Conhecido como "o detetive do cabelo", Macko testou o cabelo de George Washington a Ötzi, o Homem do Gelo (a múmia preservada em geleira natural de um homem que viveu entre 3400 e 3100 a.C.). Em 2017, ele usou as técnicas científicas mais atuais para analisar uma amostra do cabelo de Poe cortado de sua cabeça imediatamente após sua morte.

"O costume era guardar mechas de cabelo quando alguém morria, e várias pessoas cortaram mechas do cabelo de Poe", disse Macko. "O mercúrio que lhe deram durante a epidemia de cólera [de 1849] estava lá. O mercúrio era um genérico para todos os tipos de doenças, de cólera a sífilis. E, na verdade, o mercúrio poderia matar você assim como a doença. Não era improvável que você pudesse morrer de envenenamento por mercúrio em vez de pela doença. Provavelmente, não só era inútil como perigoso. Mas apareceu no cabelo de Poe."

Surtos de cólera atingiram várias cidades dos Estados Unidos naquele ano, com milhares morrendo em Nova York, Nashville e Nova Orleans. Acreditava-se ter sido espalhado por imigrantes irlandeses que chegavam em navios. Poe teria recebido calomel, um cloreto de mercúrio mineral que era um medicamento amplamente prescrito durante a Era Vitoriana. Era usado para tratar não somente cólera e sífilis como também febre tifoide, caxumba, disenteria e constipação. Um teste anterior do cabelo de Poe, criado pelo engenheiro de saúde ambiental de Baltimore, Albert Donnay, foi realizado em 2002 pelo dr. John Ejnik e dr. Jose Centeno no Departamento de Patologia Ambiental e Toxicológica, no Instituto de Patologia das Forças Armadas dos Estados Unidos, em Washington, D.C. O teste mostrou que o nível de mercúrio em Poe havia aumentado durante os últimos meses de sua vida em 264%. Embora isso possa soar alarmante, era cerca de trinta vezes mais baixo do que o nível no qual sintomas de envenenamento por mercúrio tipicamente se manifestam. A amostra de cabelo de duas polegadas usada nesse teste de 2002 foi de um corte feito após sua morte. Contudo, há uma média importante de crescimento normal de cabelo, de modo que a estimativa é que o fio de duas polegadas representasse cerca de três a cinco meses de sua vida. Mas não podemos ter certeza de qual mês, uma vez que não há como saber quão próximo do couro cabeludo o corte foi feito. Ainda assim, dada a forte possibilidade de que ele tenha tomado calomel na Filadélfia cerca de três meses antes de sua morte, a razão para o aumento de mercúrio detectado em 2002 parece óbvia.

Aqueles que propuseram sífilis como uma possível causa da morte de Poe argumentam que a presença de mercúrio apoia sua hipótese. Mas, a despeito dos rumores maliciosos e acusações feitas por inimigos após sua morte, nunca houve evidência alguma de que Poe fosse sexualmente promíscuo. Também não há registro de Poe reclamando dos sintomas de sífilis em seus primeiros estágios, como feridas, erupções cutâneas, ulcerações e perda de cabelo. A cólera, ou o tratamento dessa doença feito por Poe na Filadélfia, permanece a razão mais provável para a presença de mercúrio em seu cabelo. Tipicamente espalhada pelo abastecimento de água, a doença bacterial do intestino delgado provoca vômito e diarreia severos. Se ele tivesse cólera, certamente saberia. Em razão tanto do calor do verão quanto da epidemia, as ruas da cidade pelas quais Poe vagou não estavam cheias. Embora não fosse, de modo algum, uma cidade fantasma, era uma cidade tensa. Perambulando, no calor do verão, por ruas parcamente povoadas, Poe encontraria uma janela após outra com avisos, notificações e boletins de cólera. Quando a epidemia terminou, o número de mortes na Filadélfia era relativamente pequeno comparado ao de outras cidades. Isso foi devido à expansão do sistema de águas no Distrito Fairmount que Poe e Sartain haviam visitado. Assim, embora seja inteiramente possível que Poe tenha contraído cólera, os testes de 2002 descartam que tenha morrido em razão do envenenamento por mercúrio.

Quanto tempo Poe permaneceu com Sartain é incerto, de modo que não há como saber onde ele estava quando a carta desesperadora de 7 de julho foi escrita. Por volta de 10 de julho, ele se recuperou mais completamente do estado de pesadelo, o qual agora estava disposto a admitir ter sido alimentado pelo álcool. "Foi tudo alucinação, oriunda de um ataque que jamais experienciei – um ataque de *mania-á-potu*", ele escreveu a Muddy, usando a frase latina para loucura pela bebida (em geral, utilizada com o significado de *delirium tremens*). "Que os céus concedam que isso se mostre um aviso para mim durante o resto de meus dias. Se for, não me arrependerei dos horríveis tormentos indizíveis pelos quais passei."

Sua valise perdida apareceu no terminal do trem. Mas as duas palestras que ele havia colocado nela para a apresentação em Richmond desapareceram. "Oh, mãe, imagine o golpe para mim esta noite, quando examinando a valise, essas palestras haviam desaparecido", ele lamentou para a sempre simpática Muddy. "Todo o meu objetivo aqui está acabado a menos que possa recuperá-las ou reescrever uma delas."

Poe sofreu um ataque de *delirium tremens*? Essa foi uma suposição tão fácil para muitos biógrafos quanto teria sido para Poe. Não há como saber se Poe teve sintomas clássicos como temperatura alta, tremores, aceleração cardíaca, sudorese e sensibilidade à luz. Ele teve confusão severa, agitação e alucinações muitas vezes provocadas pela abrupta abstinência de álcool em um sistema fisicamente dependente de sua presença. Ainda assim, muitos dos estudiosos sugeriram que a morte de Poe tenha um efeito similar no sistema nervoso central. "Penso que os sintomas sugerem algum tipo de infecção neurológica", disse Scott Peeples, professor do College of Charleston, que coeditou *The Oxford Handbook of Edgar Allan Poe* [O Manual Oxford de Edgar Allan Poe]. "Há as alucinações, às quais Poe não era propenso ao longo da vida."

Não há dúvida de que o álcool foi um problema contínuo para Poe ao longo de sua existência. Todavia, não temos ideia de se, durante esse período de sua vida ou qualquer outro, ele estivesse bebendo o bastante para provocar o tipo de dependência física que resulta nos *delirium tremens*. Outro problema com essa suposição é que sintomas de abstinência começam tipicamente dois a quatro dias após o consumo de álcool iniciar. Se Poe estivesse bebendo quando chegou à Filadélfia, e as visões fantásticas que descreveu tivessem começado na prisão Moyamensing, então, o *delirium* e as alucinações seriam imediatos. O sistema nervoso de Poe poderia muito bem estar sob ataque antes que tivesse começado a beber. A incerteza da linha do tempo torna qualquer dedução dupiniana algo complicado.

O que parece muito certo é que vimos mais de Sartain durante sua estada inesperadamente prolongada na Filadélfia. Henry Graham Ashmead, com 11 anos na época, lembrou de estar no escritório da *Sartain's Union Magazine* naquele julho. Ele estava olhando para uma das impressões de aço importadas reproduzidas no periódico, estabelecido em um prédio na esquina noroeste das ruas Walnut e Third. Ele observou um camarada que parecia exausto e doente conversando com o editor literário da revista, John S. Hart.

> [Um] cavalheiro de ar distinto, mas um tanto desgrenhado, que estava conversando com o prof. John S. Hart, aproximou-se de mim e, observando a impressão que eu segurava, explicou-me agradavelmente sua história. Agradeci-lhe e lhe disse que tinha de ir. Ele me perguntou onde vivia; quando lhe disse, respondeu: "Estou indo nessa direção e caminharei com você, meu rapaz" [...]. Eu estava encantado com a conversa com estranhos e lisonjeado, como uma criança ficaria, por sua atenção simpática [...].

> Naquela tarde, uma senhora, visitando minha mãe, comentou por acaso que havia me visto conversando com uma pessoa evidentemente em circunstâncias de necessidade pela sua vestimenta. Minha mãe me perguntou com quem estive; não pude dar qualquer informação, senão que o encontrara no escritório da revista [...]. Naquela mesma noite, o sr. Sartain ligou e minha mãe lhe perguntou quem era o estranho, e ele lhe disse que era ninguém menos que Edgar Allan Poe.

Esquálido e talvez um pouco instável, Poe estava suficientemente recuperado para lançar um novo poema a Sartain para sua revista, "Annabel Lee", bem como uma terceira versão de "Os Sinos". Após a morte de Poe, a edição de janeiro de 1850 de *Sartain's* apresentava a primeira aparição autorizada de "Annabel Lee" (embora já tivesse sido impressa no *New-York Tribune*, com seu obituário, e no *Southern Literary Messenger*). A condição física de Poe se deteriorou visivelmente nos dois últimos anos de sua vida, mas foi durante esse tempo que escreveu muitos de seus melhores poemas, entre eles, "Ulalume", "Para Helena", "Um Sonho Dentro de um Sonho", "Eldorado", "Para Annie" e, é claro, mais majestosamente, "Os Sinos" e "Annabel Lee".

"Ele está rejuvenescido como poeta no fim", observou Peeples. "Sua carreira começa e termina com a poesia, de modo que o fim encontra-o retornando ao seu primeiro amor, a poesia."

O desalinho da aparência de Poe descrito pelo jovem Henry Ashmead provavelmente não é exagero. Ele havia estado bebendo e fora preso. Havia estado alucinando e paranoide. Havia estado doente e desapontado. Em 12 de julho, poderíamos acrescentar, sem teto e faminto. Foi nessa condição miserável que se dirigiu ao escritório do jornal de George Lippard, o editor de 27 anos do semanal *Quaker City*. Romancista e grande admirador de Poe, foi um dos grandes conhecidos seus que notou que, "Quando bebia, a primeira gota o enlouquecia;

por isso seus desvios ocasionais do estrito decoro". Nessa quente terça-feira, Poe subiu os quatro lances de escadas até o escritório de impressão, na direção de Lippard, que recordou que Poe estava usando apenas um sapato. "Ele subiu furtivamente as escadas, como se consciente de que o mundo lhe abandonara, e que era um intruso em toda parte." Lippard também notou que estava "malvestido". Poe sentou-se cansado próximo à mesa onde seu jovem amigo estava trabalhando. Ele disse a Lippard que nada tinha para comer, nenhum lugar para dormir e "nenhum amigo no mundo de Deus".

"Você é minha última esperança", disse Poe. "Se você não me ajudar, nada posso fazer senão morrer."

O coração de Lippard "se abalou dentro dele, de ver um homem como esse necessitando de pão, de uma cama na qual dormir". Um escritor que apreciava o gênio de Poe embora tendo pouca consideração pelas classes altas, Lippard ficou profundamente ofendido com o fato de anos de um brilhante trabalho como poeta, autor de contos e crítico houvesse trazido a um verdadeiro artista tão pouco em termos financeiros. Para ele, a mais triste de todas as visões foi "um grande homem cujo gênio havia enriquecido editoras, mendigando seu pão na Filadélfia, em um dia quente de verão". Lippard, contudo, havia acabado de entregar seu último centavo para pagar o aluguel e não estava em posição de ajudar Poe com um empréstimo. Em vez disso, ele saiu para o calor, sentindo-se mal, em busca de editoras que pudessem conceder alguns dólares. "Diga-lhes que estou doente", Poe pediu. "Que quero apenas o bastante para me tirar da Filadélfia." Com o "sol quente aplacando as ruas quase desertas", Lippard partiu no que se mostrou uma tarefa inútil. A combinação de cólera e calor devastador havia tirado os proprietários de editoras da cidade. Muito fatigado para prosseguir, ele teve força o suficiente para chegar à sua casa. Na manhã seguinte, logo cedo, correu ao escritório de impressão e encontrou Poe sentado em uma mesa de canto, com a cabeça entre as mãos. "Pensei que *você* houvesse me abandonado", ele disse, com lágrimas nos olhos.

O destino permanecia Richmond. Lá, ele encontraria audiências receptivas para suas palestras. Lá haveria assinantes para sua revista. Lá ele encontraria o caminho que finalmente o afastaria da pobreza e das dificuldades. Filadélfia deveria ser uma parada rápida, provavelmente para realizar um pequeno negócio. Tornou-se um desvio que estava começando a parecer uma armadilha.

"Tire-me da Filadélfia", Poe lhe implorou, esperando por um pouco de sorte naquela sexta-feira 13. "Estou com saudades da Virgínia. Lá sou mais livre do que em qualquer outro lugar. Se eu conseguir apenas sentir minha bota no solo de Virgínia, serei um novo homem."

Lippard saiu novamente, dessa vez localizando cinco homens dispostos a ajudar Poe: os proprietários de revistas Louis A. Godey e Samuel D. Patterson; Sartain; o editor e autor reverendo Charles Chauncey Burr; e o secretário de Sartain, William F. Miskey, que lhe deu tudo o que tinha: um dólar. Lippard voltou para o *Quaker City* com as boas notícias. Extremamente emocionado, Poe agarrou sua mão, com o olhar em sua face dizendo "muito mais que palavras". Lippard, cujos contos incluíam terror e ficção, viveria apenas cinco anos e quatro meses a mais que Poe, morrendo de tuberculose aos 31 anos em 9 de fevereiro de 1854. As últimas palavras do escritor e reformador social, ditas a seu médico, foram: "Isso é a morte?". Quando a morte chegou a Poe, Lippard respondeu com um obituário simpático para o *Quaker City*, que incluía uma passagem que poderia ser vista como um questionamento e uma acusação a Griswold e todos aqueles voltados a torcer a memória de Poe. "Como autor, seu nome viverá", Lippard previu corretamente, "enquanto três quartos dos críticos bastardos e autores falsos de nossos dias degenerarão no nada e na noite. E aqueles que agora cospem em seu túmulo; em retaliação a alguma injúria que imaginam ter recebido de Poe em vida, fariam melhor lembrando que somente um idiota ou um covarde é capaz de golpear a fria fronte de um cadáver."

Aquele último dia com Poe estava muito presente à mente de Lippard em outubro de 1849, e ele compartilhou essas lembranças no obituário. O amável reverendo Burr insistiu que Poe o acompanhasse à sua casa na rua Seventh, e ele lhe entregou uma passagem de trem que o levaria a Baltimore, onde poderia comprar uma passagem de navio para Richmond por sete dólares. Poe, com parte de seu otimismo restaurado, falou-lhes bastante sobre seus planos para o futuro. Ele falou sobre a importância de "Eureka", que havia sido publicada em março de 1849. E recordou a primeira vez que encontrou Lippard, acolhendo o reverente jovem escritor em sua casa na Filadélfia nas ruas Seventh e Spring Garden. Naquela noite, Burr e Lippard foram com ele até o terminal de trem nas ruas Eleventh e Market. Lippard comentou no obituário: "Ele segurou nossa mão por um longo tempo, e parecia odiar ter de nos deixar – havia em sua voz, olhar e comportamento, algo de um pressentimento de que essa estranha e tempestuosa vida estava próxima de seu encerramento".

Poe embarcou no trem das dez horas para Baltimore. Eles ouviram suas últimas palavras, Lippard recordou. Eles o observaram partir. "Eles nunca mais o veriam."

"SALVE-ME DA DESTRUIÇÃO"

MARÇO DE 1827 - MAIO DE 1836

Após deixar a casa de John Allan e Richmond em março de 1827, Poe se dirigiu a Boston, onde pode ter obtido alguns trabalhos jornalísticos e trabalhado como balconista de loja. Ele também conseguiu a publicação de seu primeiro livro, *Tamerlane e Outros Poemas*. No fim de maio, ele se alistou para um período de serviço de cinco anos no exército, como soldado raso sob o codinome Edgar A. Perry. Ele foi designado à Bateria H da Primeira Artilharia em Fort Independence, Boston Harbor. O livro apareceu em julho, creditado a "um bostoniano" (talvez, porque estivesse evitando credores ou porque não queria que Allan soubesse de sua localização). O herói do poema-título é o conquistador turco-mongol nascido em 1226, mas a inspiração pode ter sido o romance com Elmira Royster. O biógrafo Arthur Hobson Quinn identificou no poema quatro grandes temas que Poe continuou a explorar: orgulho, amor, beleza e morte. Cerca de cinquenta cópias do livro de quarenta páginas foram impressas por Calvin S. F. Thomas, apenas um ano mais velho que Poe. O livro chamou pouca atenção. Seu autor tinha 18 anos.

Também importantes na frente literária, várias obras de Poe apareceram em edições de 1827 da publicação de Baltimore *North American or, Weekly Journal of Politics, Science and Literature*. Mas essas seriam de William Henry Leonard Poe, não de Edgar. Quando Edgar se juntou ao exército, seu irmão mais velho já havia visto um pouco do mundo, viajando em uma fragata americana e desembarcando em lugares como as Índias Ocidentais, América do Sul, Montevidéu, Mediterrâneo e Rússia. Ele foi o primeiro dos irmãos de Poe a ter um conto publicado. Um deles, impresso naquele ano, "O Pirata", é baseado no romance de seu irmão com Elmira Royster. O herói dessa história chamava-se Edgar Leonard, em homenagem aos dois irmãos. Henry provavelmente também contou os detalhes dessa atração adolescente ao editor e escritor de Baltimore, Lamber A. Wilmer, que usou o caso de amor Edgar-Elmira como inspiração para seu drama poético em três atos de 1827, *Merlin*.

Henry Poe também teve poemas aceitos para publicação, dois dos quais praticamente idênticos a versos do primeiro livro de seu irmão, *Tamerlane*. Embora tivessem se visto muito pouco após a morte da mãe, Henry e Edgar tinham um forte vínculo de irmandade. Edgar mais tarde se apropriaria de algumas das experiências do irmão para o esboço autobiográfico escrito em 1841. Edgar contou ao mundo que, após deixar a Universidade da Virgínia com "alguns débitos de *honra*" que John Allan se recusou a pagar, "fugiu de casa" em uma "expedição quixotesca para se juntar aos gregos, que lutavam pela liberdade". De acordo com essa peça de ficção romantizada, ele não conseguiu chegar à Grécia e terminou em São Petersburgo, na Rússia, onde foi resgatado com dificuldades por um cônsul americano. Certamente, é um conto melhor que a verdade, e todo esse assunto de Grécia e Rússia entrou em muitas das primeiras biografias de Poe.

Poe nunca deixou o país durante esse período de sua vida... ou mesmo depois. Do fim de maio a início de novembro de 1827, ele ficou estacionado no Fort Independence, em Boston. Sua companhia recebeu ordens de se dirigir ao Fort Moultrie, localizado na ilha de Sullivan, perto de Charleston, Carolina do Sul. Ele passou treze meses nesse local, usando-o mais tarde como cenário para seu conto de mistério imensamente popular "O Escaravelho de Ouro". Ele também usou-o em "A Caixa Retangular" e "A Farsa do Balão". Ele descreveu a ilha em "O Escaravelho de Ouro", o conto que atingiu o maior público leitor durante sua vida:

> Esta ilha é muito singular. Consiste em pouco mais do que mar e areia, e tem cerca de cinco quilômetros de comprimento. Sua largura, em nenhum ponto excede quatrocentos metros. É separada do continente por um córrego quase imperceptível, desembocando em uma vastidão de juncos e lodo, o refúgio preferido da galinha do pântano. A vegetação, como se pode supor, é esparsa, ou ao menos baixa. Nenhuma árvore de qualquer magnitude para ser vista. Próximo à extremidade oeste, onde se encontra o Fort Moultrie, e onde há algumas edificações mal-estruturadas, ocupadas, durante o verão, por fugitivos da poeira e febre de Charleston, pode ser encontrada, na verdade, a palmeira anã de cordas, mas a ilha inteira, com exceção desse ponto oeste e uma linha de praia firme e branca na costa marítima, é coberta por uma forração rasteira de murta doce...

"Muito pouco se sabe sobre seu tempo aqui", disse James M. Hutchisson, autor da biografia *Poe* (2005), e professor de literatura americana e estudos sulistas na Citadel, em Charleston. "Sabemos que esteve estacionado em Fort Moultrie e situou 'O Escaravelho de Ouro' lá, e, afora isso, é um período para o qual há muito pouca informação ou documentação."

Embora Poe achasse o exército excruciantemente tedioso, mostrou-se um bom soldado. Seus superiores o elogiavam por executar "pronta e dedicadamente" seus deveres, bem como seu comportamento exemplar, que incluía abstinência de álcool. Ele recebia as incumbências de secretário da companhia, então, após sua companhia se mudar do Fort Moultrie para a Fortress Monroe em Old Point Comfort, Virgínia, foi promovido ao posto mais elevado para um suboficial, o de sargento major. "O que muitas pessoas não entendem é que Poe teve uma saúde robusta durante grande parte de sua vida", disse Patrick Hansma, patologista forense, estudioso de Poe e escritor. "Quando adolescente, era conhecido por suas habilidades como nadador, boxeador e saltador de distância. O sargento major Poe era magro, em forma e tinha um passo de soldado. E mais tarde, quando estava vivendo na Filadélfia e em Nova York, caminhava o tempo inteiro por toda a parte. Ele estava em boa forma e era atlético, o que, obviamente, não é como muitas pessoas o veem."

Contudo, em dezembro de 1828, ele estava cansado da rotina e arregimentação militares e começou a pressionar para ser dispensado. Um receptor simpático a seus pedidos foi o oficial superior da companhia, o tenente J. Howard, a quem provavelmente contaram tudo sobre Poe, inclusive seu nome e idade reais, que havia ficado órfão, que sua experiência universitária não terminara bem, e que havia rompido com o pai adotivo sob condições acrimoniosas. O paterno e compassivo Howard concordou em apoiar a dispensa, contanto que se reconciliasse com Allan. Howard tentou atuar como intermediário, enviando uma carta a Allan, que, claramente, não estava com qualquer disposição de perdoar ou esquecer os sentimentos amargos expressados por um caso de caridade que também via como um ingrato e perdulário. Com todo o poder na mão e sabendo que Poe ficaria preso em uma ocupação na qual não poderia prejudicar muito um comerciante de Richmond, Allan redigiu um decreto devastador. Seria melhor se Poe permanecesse "como está até o término de seu alistamento". Embora fosse uma tarefa absurda, Poe tentou influenciar Allan com uma carta de reconciliação, enviada em 1º de dezembro de 1828, do Fort Moultrie. Encabeçada com "Caro senhor", foi uma missiva temperada e cuidadosamente escrita. Seu objetivo era persuadir Allan de que seu coração não estava na vida militar e que "o auge de minha vida seria desperdiçado" após mais três anos de serviço militar. Ele temia que Allan "me considerasse degradado e desacreditado, e que qualquer coisa fosse preferível a meu retorno ao lar e seu envolvimento em uma porção de minha infâmia". Ele também esperava que os elogios de seus superiores provassem que "Sou diferente daquele que você conhecia, não mais um menino correndo para lá e para cá no mundo, sem objetivo ou consistência". Ele finaliza com "muito afeto para Mãe", assinando-a "Respeitosa e afetuosamente". Era o tipo de carta que teria persuadido muitos homens, mas não John Allan, que provavelmente achasse que sua resposta já havia sido dada, e, em sua visão, fosse inteiramente correta. Ele não respondeu à carta. Poe estava lidando com alguém que, como o biógrafo Kenneth Silverman observou com perspicácia, "encorajava independência, mas se ressentia da individualidade".

Poe tentou novamente da Fortress Monroe em 22 de dezembro, dessa vez com uma leve mudança de tática. "Escrevo-lhe brevemente antes de deixar Fort Moultrie e estou muito magoado por não ter recebido resposta alguma", ele começou. "Talvez minha carta não tenha chegado a você e, sob essa suposição, recapitulo seu conteúdo." Ele estava dando a Allan a saída, enquanto, ao mesmo tempo, dava a si mesmo outra chance para defender seu caso. Ele também aumentou um pouco o fator culpa e a manipulação emocional. Poe mencionou a bondade do tenente Howard e do coronel James House para com ele. "Foi um motivo de pesar para mim que, quando aqueles que eram estranhos se interessassem tanto pelo meu bem-estar, você que me chamou de filho me recusasse até mesmo a civilidade comum de responder a uma carta", ele escreveu. "Meu pai, não me rejeite como *degradado*[.] Serei uma honra ao seu nome... Se você decidir me abandonar – aqui receba minha despedida – negligenciado – serei duplamente ambicioso, e o mundo ouvirá sobre o filho a quem você considerou indigno de sua atenção. Mas se permitir que o amor que você me mostra prevaleça sobre a ofensa que fiz, então, escreva-me, meu pai, rapidamente." Dessa vez, ele assinou a carta "Seu afetuoso filho".

O "filho" não subiu na estima de Allan. Ele, mais uma vez, foi impassível. Novamente, escolheu não responder. Allan, afinal, não o via de fato como um filho. E qualquer afeição que pudesse ter expressado pelo jovem Edgar provavelmente não levou a quaisquer sentimentos de genuíno amor parental.

Tendo sido promovido a sargento major com 20 anos, Poe tentou de novo em 4 de fevereiro de 1829. Agora, ele estava assumindo a culpa por sua conduta na Universidade da Virgínia, oferecendo a juventude e a inexperiência como razões para ter se extraviado. Ele também ofereceu uma nova razão para buscar uma dispensa. Ele desejava entrar na Academia Militar de West Point dos Estados Unidos. Nada parecia capaz de amolecer a resolução de ferro de Allan, mas, então, algo o fez – Fanny Allan morreu de tuberculose em 28 de fevereiro, aos 44 anos. Embora tivesse repetidamente perguntado pela "mãe" em suas cartas a Allan, Poe ao que parece não sabia que ela estava tão seriamente doente. Ela havia expressado vontade de vê-lo, mas isso não ocorreria. Concedida a licença, correu para Richmond, chegando na noite após o funeral. Ele soube que fora enterrada no cemitério Shockoe Hill, o mesmo lugar de repouso final da idolatrada e condenada Jane Stanard, que morrera cinco anos antes. Primeiro, Eliza Poe, depois, Jane Stanard, e, agora, Fanny Allan... três amáveis figuras maternas, três mortes em Richmond, três túmulos onde seu grande sentimento de perda e abandono não poderia ser enterrado e deixado para trás.

Talvez, como muitos sugeriram, o último desejo de Fanny Allan fosse que John Allan se reconciliasse com Edgar. Por enquanto, havia algo semelhante a uma reaproximação. Allan comprou um conjunto de roupas pretas, um chapéu e uma faca para Poe. Ele também concordou em apoiar sua dispensa do exército e o plano de ir para West Point. Em 10 de março, de volta a Fortress Monroe, Poe estava começando cartas com "Meu querido pai". Um último obstáculo necessitava ser esclarecido para que deixasse o exército. Esperava-se que um soldado buscando uma dispensa antes de seu alistamento finalizar pagasse por um substituto. Bastante ansioso para deixar o serviço, Poe tolamente concordou em pagar a um ex-soldado a quantia excessiva de 75 dólares para assumir seu lugar, dando-lhe 25 dólares e uma nota para o restante. Ele foi oficialmente liberado em 15 de abril de 1829, e voltou a Richmond. De posse de cartas de recomendação do tenente Howard, dois outros oficiais e Allan, partiu no começo de maio para Washington, D.C., e depois para Baltimore, onde foi recebido por vários membros da família, incluindo sua avó, a viúva do general; sua tia Maria Clemm com a filha de 6 anos, Virgínia; e seu irmão Henry, de 22 anos. Em 20 de maio, ele agradeceu a Allan por lhe enviar 100 dólares. Contudo, ingressar em West Point se mostrou mais difícil do que supunha, e Poe enviou a Allan explicações pela demora, junto a pedidos por mais dinheiro. A era de bons sentimentos entre eles não podia sobreviver. Começou a ruir com comentários sarcásticos e reclamações aqui e ali, degenerando em discussões cada vez mais intensas e enfurecidas. Em agosto, Allan expressou seu descontentamento. "Receava que estivesse ofendido, embora soubesse que nada fizera para merecer sua fúria", Poe respondeu. "Eu estava em uma situação muito desconfortável – sem um centavo... Minha avó é extremamente pobre e doente (paralítica). Minha tia Maria, se é que é possível, ainda pior e Henry inteiramente entregue à bebida e incapaz de se ajudar, o que dizer então de mim."

Em outubro, as frustrações de Allan com demoras concernentes a West Point, acompanhadas dos usuais pedidos por dinheiro, instigaram seu temperamento. Poe lhe escreveu: "Lamento que suas cartas para mim ainda tenham um tom de raiva como se meus erros anteriores não fossem perdoáveis – se eu soubesse como reconquistar sua afeição, Deus sabe que faria qualquer coisa que pudesse". Porém, Allan continuou a lhe enviar dinheiro, e, em dezembro, Hatch & Dunning publicou um segundo volume de poesias do escritor que havia se declarado "irrevogavelmente poeta". Cerca de 250 cópias de *Al Aaraaf, Tamerlane, e Poemas Menores* foram impressas. Mesmo alguns anos antes de escrever o primeiro conto que pudesse ser categorizado como terror, dois poemas escritos em 1829 indicam para onde Poe iria – para onde seria atraído como narrador. Havia "Sozinho", com sua conclusão sombria, sinistra:

Do relâmpago no céu
Quando voando por mim –
Do trovão, e da tempestade –
E a nuvem que assumiu a forma
(Quando o resto do Céu era azul)
De um demônio em minha visão –

O outro, que apareceu nas 71 páginas de *Al Aaraaf, Tamerlane, e Poemas Menores,* é "Espíritos dos Mortos", com sua abertura:

Tua alma se encontrará sozinha
Em meio a pensamentos sombrios sobre a cinza lápide –
Ninguém, da multidão inteira, para espreitar
Em tua hora de segredo.
Sê silente nessa solitude,
Que não é solidão – pois então
Os espíritos dos mortos que se erguem
  Na vida diante de ti estão novamente
Na morte ao teu redor, – e eles
Vão pairar sobre ti: aquieta-te

Ele também estava se comprazendo em um retrabalho romântico de sua biografia, alegando que era um descendente de Benedict Arnold, que seu avô havia sido o quartel-mestre para todo o exército de Washington durante a Revolução, e que seus pais haviam morrido no trágico incêndio do Teatro Richmond. Nada era verdadeiro. O incêndio do Teatro Richmond, que tomou 72 vidas, ocorreu em 26 de dezembro de 1811. Eliza Poe havia morrido no dia 8 daquele mês.

A aceitação para West Point finalmente chegou, e, em 20 de junho de 1830, Poe chegava à academia situada no planalto acima do rio Hudson. Embora se destacasse em francês e matemática, o poeta de 21 anos com duas publicações em breve se aperceberia de que pouco sobre a vida em West Point tinha a ver com ele. Sua carreira como cadete começou com um acampamento de dois meses no verão. Isso significava viver em uma barraca com três outros cadetes. Significava instrução e treinamento militar constantes no calor de julho e agosto das 5h30 até o início da noite. Foi numa barraca que ele escreveu uma carta a John Allan, negando a acusação de que teria removido livros de Moldavia que não lhe pertenciam. "Nada peguei exceto o que considerava meu", Poe manteve em sua resposta a Allan. Porém, a acusação foi o sinal da tempestade que em breve obliteraria quaisquer sentimentos positivos remanescentes entre eles.

Poe se mudou para 28 South Barracks antes do começo das aulas em 1º de setembro. Se Edgar Perry havia achado a vida militar regular frustrante, Edgar A. Poe deve ter visto a dura disciplina e arregimentação rígida de West Point como positivamente draconianas. Agora, a rotina começava com aulas antes do café da manhã, que era servido às 7 horas, seguido por mais aulas até as 16 horas, seguidas por exercícios militares até o pôr do sol, seguido por jantar, seguido por mais aulas até as 21h30, e apagar das luzes às 22 horas. Os cadetes recebiam 304 regulações para seguir, e as restrições eram muitas e bem rígidas: havia proibição para bebida, apostas, jogo de cartas, tabaco, cozinhar nos quartos, instrumentos musicais, leitura de romances ou peças, jogos de xadrez ou gamão, abandonar o posto e banhar-se no rio. As regras, famosamente contornadas por alguns dos graduados famosos de Point, foram idealizadas para encorajar a dedicação completa ao estudo acadêmico e treinamento militar. Poe obviamente jamais resistiria em tais condições espartanas, lidando com essas expectativas exigentes e padrões precisos de conduta. Era o inverso educacional da Universidade da Virgínia, onde a disciplina era pisoteada pelas botas dos jovens aristocratas do Sul e a leitura de romances era uma das formas mais brandas de diversão.

Contudo, como vários de seus colegas da Universidade da Virgínia, os cadetes de West Point muitas vezes achavam Poe divertido e intrigante. Ele os divertia com a versão ficcional de sua história de vida, incluindo as aventuras românticas e as tolices sobre Benedict Arnold. Eles não tinham razão para duvidar de sua veracidade. Ele os deleitava com versos ridicularizando seus instrutores. E ele os impressionava com um item autobiográfico inteiramente verdadeiro – que sua poesia havia sido publicada. A necessidade de impressionar estava lá, assim como a sensibilidade para insultos, ambos oriundos do fato de ser um órfão buscando um lugar onde fosse completamente aceito, respeitado e apreciado – ao qual soubesse que pertencia. Thomas W. Gibson e Timothy Pickering Jones eram seus colegas de quarto em 28 South Barracks (uma estrutura que foi demolida no mesmo ano em que Poe morreu). Gibson recordaria que havia uma zombaria sobre Poe ser mais velho que o resto deles: "Poe se afligia facilmente por qualquer piada a seu respeito, e se incomodou com uma história que alguém da classe inventou, segundo a qual ele havia inscrito seu filho para a posição de cadete, e, tendo o menino morrido, o próprio pai o substituiu". Poe, que gostava de divertir os outros cadetes, não se divertia em ser o objeto da piada.

Gibson também lembrava que Poe, com 21 anos, "tinha a aparência de ser muito mais velho". Ele descrevia Poe como tendo "um aspecto desgastado, cansado, descontente, difícil de esquecer para aqueles de quem era íntimo". Também difícil de esquecer era o lado alegre de Poe. "Muito cedo em sua breve carreira em Point ele estabeleceu uma alta reputação como genial", Gibson escreveu sobre ele, "e poemas e sátiras de interesse local saíam diariamente do número 28 e circulavam nas aulas."

Era inevitável que Poe encontraria seu caminho para a taverna aberta em 1824 por Benny Havens. A sra. Havens fornecia jantares com peru e frango assado e tortas de trigo sarraceno, e o gregário Velho Benny fornecia intermináveis conversas regadas à bebida proibida aos cadetes. Poe desfrutava dessa companhia congenial, assim como do álcool. Sim, Poe estava bebendo novamente, embora não tanto que não pudesse dar conta de seus estudos e deveres. Ele terminou em terceiro lugar em francês e em décimo sétimo em matemática. Ele e Gibson se tornaram especialistas em escapar para ir à taverna buscar "suprimentos". Um ficava vigiando enquanto o outro corria até o estabelecimento de Benny. O corredor retornava com uma garrafa para ser mantida no quarto, e, Gibson relatou, "muitas almas sedentas, sem muita coragem para fazer o percurso, entravam em nosso quarto entre os toques de recolher para experimentar os méritos da última importação".

Numa "noite nos últimos dias de novembro, escura, fria, em que chuviscava", verificou-se que a garrafa de conhaque estava vazia havia dois dias e uma corrida à taverna era necessária. Poe e Gibson tiraram a sorte no palito para ver que iria "repor o estoque". Gibson pegou o palito curto. Benny lhe deu uma garrafa cheia de conhaque e um ganso, cortando sua cabeça para ele. Carregando o pássaro sobre o ombro, Gibson chegou a Point coberto de sangue. Poe estava vigiando, é claro, e o encontrou fora do quartel. Observando a aparência de Gibson, ele imediatamente fez uma brincadeira, dando mais provas de que, por trás da pose de poeta, espreitava um escritor de terror e um humorista com uma queda para piadas. Os dois rapidamente combinaram os detalhes de sua "grande farsa". Poe pegou a garrafa de sua mão e voltou para seu quarto. Seu colega, Jones, estava lá estudando, e um visitante da North Barracks estava esperando para ver se uma dose ou duas seria possível naquela noite. Poe entrou, sentou-se, e fingiu estar absorto nas lições de francês. Colocando o corpo do ganso do lado de fora da porta, Gibson entrou cambaleando pela porta do quarto, um espetáculo sangrento. "Meu Deus! O que houve?", gritou Poe, o filho de atores, desempenhando seu papel com o que Gibson descreveu como "horror bem atuado". Gibson, parecendo bêbado, vociferou algo sobre ter matado "o velho K...".

"Ele não vai mais me parar na estrada!", gritou Gibson, apresentando uma faca ensanguentada. "Eu o matei!"

"Bobagem", disse Poe. "Você só está aplicando uma de suas brincadeiras."

"Não achei que acreditariam em mim", disse Gibson. "Por isso, cortei fora sua cabeça e trouxe ao quartel. Aqui, está!"

E, com essas palavras, Gibson pegou o ganso e o jogou na única vela do quarto, deixando todos na escuridão. O visitante pulou pela janela, "chegando rápido ao seu quarto em North Barracks". Jones estava sentado em um canto, "com sua face branca de horror".

Por trás dessas alegres diversões, havia rumores distantes da direção de Virgínia, avisos de que Allan em breve encontraria razões para romper com o filho adotivo. O começo de outubro trouxe um estrondo que deve ter abalado o chão sob Poe – notícias de que o velho Allan, com 51 anos, havia se casado novamente. Sua segunda esposa era Louisa Gabriella Patterson, de Elizabethtown, Nova Jersey. Ela era vinte anos mais jovem e de uma família rica. O casamento foi realizado em Nova York, apenas três meses após a amante de Allan em Richmond ter dado à luz a gêmeos. Sua nova esposa teria três filhos, mas, mesmo antes que o primeiro chegasse, Poe percebeu que a dinâmica havia mudado radicalmente, e não a seu favor. As chances de uma herança estavam se reduzindo a nada. Havia muitas indicações, nenhuma boa. Allan havia enviado Poe para West Point com recursos insuficientes, assim como o enviara para a Universidade da Virgínia. Embora o casamento tivesse ocorrido cerca de cem quilômetros de West Point, Allan e sua noiva não fizeram qualquer esforço para visitá-lo. Então, o relâmpago, na forma da fúria indignada de John Allan, chegou no fim de dezembro. Ele escreveu a Poe uma carta enfurecida declarando seu rompimento definitivo com o menino órfão levado para sua casa vinte anos atrás. Allan escreveu que jamais queria saber de Poe novamente.

Embora pudesse estar apenas tentando aproveitar um momento oportuno para fazer o rompimento final, o orgulhoso Allan tinha uma reclamação legítima. Ele havia tido notícias do sargento "Bully" Graves, o substituto a quem Poe havia intempestivamente concordado em pagar 75 dólares para que assumisse seu lugar no exército. Graves havia abordado Poe pelos 55 dólares que ele ainda lhe devia. Poe o dissuadiu dizendo que o dinheiro viria de Allan, mas o rico comerciante "não muito frequentemente estava sóbrio". A acusação de embriaguez habitual chegou a Allan, que ficou compreensivelmente furioso. Mais uma invenção caiu sobre Poe, mas ele também tinha suas próprias reclamações legítimas, e as despejou em uma carta escrita em 3 de janeiro de 1831. "Suponho que, embora não deseje mais comunicação alguma da minha parte, sua restrição não se estenda à minha resposta à sua carta final", ele começa. "Quando criança, alguma vez pedi sua caridade e proteção, ou foi por sua livre vontade que voluntariou seus serviços em meu benefício?" Ele abre com a acusação mais forte a ser feita contra Allan: que ele considerava um menino adotado um caso de caridade a ser sustentado em vez de um filho a ser amado. Ele, então, resumiu seus problemas na Universidade da Virgínia, culpando, não sem alguma justificação, a mesquinhez de Allan por eles. Ele escreveu sobre

Fanny, dizendo que acreditava que "ela o amasse como seu próprio filho". Após sua morte: "Você prometeu me perdoar por tudo, mas logo se esqueceu de sua promessa. Você me enviou a W. Point como um mendigo. As mesmas dificuldades que me ameaçaram antes em Charlottesville me ameaçam agora, e eu devo me resignar".

Ele admitiu ter escrito a carta ao sargento Graves, mas "O momento em que a escrevi foi na meia hora após você ter amargado todo sentimento de meu coração contra você por seu abuso de minha *família*, e de mim, sob seu próprio teto, e no momento em que você sabia que meu coração estava quase partindo". Ele acrescenta um artifício favorito em cartas: uma indicação de que a morte em breve o encontrará. Ele escreve que sua "vida futura (que, graças a Deus, não durará muito) deverá se passar na indigência e na doença". Ele fecha com sua resolução de tentar a dispensa de West Point negligenciando seus estudos e deveres. Poe cumpre sua resolução, e Allan desconsidera sua carta como "a declaração unilateral mais descarada". Seu veredito foi duro: "Não acho que o menino tenha sequer uma boa qualidade... não posso acreditar em uma palavra do que escreve".

Uma corte marcial geral se reuniu, e Poe partiu de West Point para Nova York, a fim de viver na área de Madison Square, em 19 de fevereiro (embora sua dispensa da academia só tivesse se efetivado em 6 de março). Poe rapidamente ficou doente com uma gripe violenta, dores de cabeça e um sangramento no ouvido. Ele escreveu a Allan implorando por dinheiro, uma carta que aparentemente foi ignorada. Poe se recuperou e começou a organizar um terceiro volume de poemas para ser publicado. Ele considerou brevemente ir para a Europa e se juntar ao exército polonês na batalha contra a Rússia, mas a França ter abandonado a Polônia como aliada pôs fim a esse sonho byronesco.

Acreditando que *Poemas de Edgar A. Poe* mostraria os versos satíricos que haviam sido escritos em West Point, mais da metade dos cadetes apoiaram a publicação com uma subscrição de 75 centavos, e o volume de 124 páginas foi dedicado ao Corpo de Cadetes dos Estados Unidos. Aqueles cadetes ficaram perplexos e desapontados com o livro. Os poemas eram sérios e, para eles, confusos. A impressão foi barata. "Foi recebida com uma expressão geral de desgosto" em West Point, recordou Gibson.

Naquela primavera, Poe se mudou para Baltimore e novamente se juntou à família, que incluía a irmã viúva de seu pai, Maria Clemm, e sua filha, agora com 8 anos. A família mal conseguia viver com a pensão de sua avó paralítica e a mísera quantia de dinheiro que Maria obtinha costurando. Sofrendo de tuberculose avançada e bebendo pesadamente, o irmão de Poe, Henry, morreu em 1º de agosto de 1831, aos 24 anos. É provável que a mesma combinação levou seu pai à morte aos 27 anos. Foi outra perda cruel que Poe sentiu profundamente. Embora tivessem vivido a maior parte de suas vidas em cidades diferentes, os irmãos Poe compartilhavam um vínculo que ia além da ancestralidade comum. Eles também compartilhavam um interesse mútuo por poesia. E eles emprestavam um do outro experiências e escrita, talvez vendo isso como uma propriedade familiar comum. Os dois passaram apenas seis meses vivendo no mesmo lugar – a cidade onde seu avô havia se estabelecido cerca de setenta e seis anos antes. Poe chegara em tempo para testemunhar seu fim. Tendo morrido com a mesma idade que sua mãe, Henry foi enterrado no cemitério da Primeira Igreja Presbiteriana.

Com o restante da família em grandes dificuldades, Poe tentou se reconciliar com Allan em meados de outubro, indo ao ponto de adotar um tom apologético e obsequioso. Ele elogiou a tolerância e generosidade de Allan, condenando sua própria e "mais flagrante ingratidão". Ele tentou novamente um mês mais tarde. Duas outras cartas seguiram em dezembro. Allan parece ter-lhe enviado algum dinheiro, mas nada em termos emocionais. Parece ter havido um ano e vários meses de ausência de comunicação entre eles.

Foi durante esse tempo em Baltimore que Poe parece ter visto muitas vezes Mary Starr, então com 17 anos. O que sabemos sobre o romance é por uma descrição que ela deu ao escritor Augustus Van Cleef, quando tinha 71 anos. Ela era vizinha de Poe e de suas relações em Baltimore. "Eles eram muito pobres, mas tudo era limpo e encerado", ela recordava. Mary estava caminhando com uma companhia quando Poe se aproximou dela, buscando se apresentar. O jovem caminhando em sua direção tinha 1,76 metro, fronte alta, grandes olhos expressivos e cabelo castanho-escuro. Mesmo em termos capilares, Poe foi vítima de estereótipo. A suposição comum é que seu cabelo fosse preto, principalmente em razão das imagens mais populares dele serem daguerreótipos, que, é claro, eram fotografias em preto e branco. Na fotografia parecia preto, mas há várias amostras sobreviventes do cabelo de Poe, e, sim, é castanho. Há menos certeza sobre a cor de seus olhos. Alguns diziam que eram cor de avelã.Outros, cinza. Alguns afirmavam que eram cinza-azulados. Uma testemunha escolheu violeta.

Mas Starr acrescenta mais detalhes reveladores e perspicazes, dando-nos um retrato charmoso do escritor aspirante em seus vinte e poucos anos:

> Ele era atraente intelectualmente, não um homem bonito. Possuía a forma e o poder de atrair qualquer um. Era muito fascinante, e qualquer garota se apaixonaria por ele [...]. O sr. Poe imediatamente pulou sobre as balaustradas que separavam os pórticos e se sentou perto de mim. Ele me disse que eu tinha o cabelo mais lindo que jamais vira, o cabelo que sempre extasia poetas. Era castanho-avermelhado, com cachos laterais, como se usava na época. A partir de então, ele me visitou toda noite por um ano e, durante esse tempo, até a noite de nossa briga de namorados, ele jamais bebera uma gota, até onde sei. O sr. Poe... tinha um cabelo escuro, quase preto, longo e penteado para trás,

ao estilo estudantil sobre suas orelhas. Era fino como seda [...]. A expressão de sua boca era bonita. Ele era pálido... Tinha uma aparência trise, melancólica. Era muito magro quando o encontrei pela primeira vez, mas tinha uma figura delicada, uma postura militar ereta, e um passo rápido. Mas eram seus modos que mais encantavam. Ele era elegante. Quando ele olhava para você, parecia que podia ler seus pensamentos. Sua voz era agradável e musical, mas não profunda.

Ela recordou que ele sempre usava uma gravata preta com um nó frouxo e uma sobrecasaca com um colarinho militar, desprezava a ignorância e conversa à toa, se enraivecia e se enciumava rápido, era extremamente orgulhoso e sensível, zombava de todas as coisas sagradas e nunca foi à igreja, bem como falava de casamento, ao que seu irmão se opunha em razão de sua incapacidade de se sustentar, quanto mais sustentar uma esposa e família.

Ela mencionou que a briga final de namorados ocorreu quando Poe chegou tarde em sua casa uma noite e admitiu ter bebido. Ele lhe contou que havia encontrado alguns cadetes de West Point, que o levaram ao Barnum's Hotel para jantar e beber champanhe. "Um copo o deixava ligeiramente embriagado", ela disse. "Ele havia tomado mais de um copo naquela noite. Quanto a ele ser um bebedor habitual, nunca, enquanto o conheci." Eles discutiram, e ela retornou a sua casa. Poe a seguiu e foi impedido de entrar pela mãe de Mary. Embora o romance tenha terminado, eles se reconectariam anos mais tarde, permanecendo amigos.

Enquanto isso, o Poe poeta havia voltado sua atenção a uma nova forma: o conto. Quando se mudou para Baltimore naquela primavera, estava com 22 anos. Havia vivido mais da metade de sua vida e escrevera metade de seus poemas. Financeiramente, nada tinha como resultado disso. A pobreza o estava levando a outra direção e, embora não fosse um caminho que tivesse escolhido para si, era um que o levaria para o tipo de imortalidade literária que buscava. O destino se manifestou sob a forma de um concurso ao qual Poe não pôde resistir. O *Saturday Courier*, uma publicação da Filadélfia, anunciou no fim de maio que estava recebendo submissões para um concurso "na promoção da Causa da LITERATURA". A submissão vencedora seria nomeada a melhor história americana e seu autor, premiado com cem dólares. Embora ele só tivesse escrito alguns contos, Poe estava confiante em seu talento. Ele submeteu cinco contos. O comitê anunciou no fim de dezembro que o melhor conto americano era "fortemente caracterizado por gosto, talento e sensibilidade". Foi "Mártir do Amor", de Delia S. Bacon, autora de *Tales of Puritans* [Histórias dos Puritanos], uma coleção recentemente publicada de três longas histórias sobre a vida colonial. A história de Bacon era baseada no assassinato de Jane McCrea em julho de 1777 por dois acompanhantes iroqueses enquanto se dirigia para encontrar seu noivo legalista em Ticonderoga. Se Bacon é lembrada, de algum modo, é pelos anos que passou tentando provar que Shakespeare não escrevera as peças atribuídas a ele. Ela alegava terem sido escritas por vários autores, incluindo Francis Bacon (não relacionado a ela), Walter Raleigh e Edmund Spenser. Dois anos mais jovem que Poe, morreu dez anos depois dele.

Embora tivessem escolhido a história de Bacon, os seis juízes para o *Saturday Courier* acrescentaram que muitas outras submissões se destacavam "por grande mérito". Eles certamente se referiam às submissões de Poe porque o *Courier* publicou as cinco ao longo de 1832: "Metzengerstein", "O Duque de L'Omelette", "Uma História de Jerusalém", "Uma Perda Evidente" e "Bon-Bon" ("A Barganha Perdida").

Quando Poe se aproximava de seu aniversário de 23 anos, em janeiro de 1832, houve desdobramentos em West Point que, sem dúvidas, teriam-no alegrado imensamente. Em 12 de janeiro, seu colega de alojamento e parceiro de brincadeiras, Thomas W. Gibson, foi dispensado da Academia Militar dos Estados Unidos após sua segunda corte marcial. As acusações contra ele foram expressas de maneira técnica, mas, essencialmente, ele foi expulso por colocar fogo em uma edificação muito próxima do quartel para o conforto da faculdade. Dois dias depois, o *Saturday Courier* publicou o primeiro conto de Poe, "Metzengerstein", uma história de fantasia gótica que, em disposição e tema, indicava grande parte do que viria em sua ficção. Uma história de terror na tradição germânica, ou, talvez, uma paródia da história de terror germânica, o conto apavorante de Poe segue o jovem barão Frederick Metzengerstein, cujas vergonhosas dissipações e traições "foram mais Herodes que Herodes" (uma frase predileta que ele usou novamente em dois de seus melhores contos, "William Wilson" e "A Máscara da Morte Rubra"). Quando os estábulos dos rivais de sua família, os Berlifitzing, incendiaram, provocando a morte do conde ancião, o impiedoso barão passa a ser assombrado pela aparição de "um cavalo gigante e intensamente colorido". Ao mesmo tempo, a cabeça de um cavalo gigante parece ter se movido em uma tapeçaria que descreve uma batalha entre os Metzengerstein e os Berlifitzing. Sua publicação é um momento importante na literatura americana e na história da ficção de terror e horror: Poe começou sua carreira como um fornecedor de medos e arrepios. Ele havia encontrado uma forma de narrativa que o levaria a alturas extraordinárias.

A tradição gótica já estava bem estabelecida na Europa, tendo florescido na segunda metade do século XVIII graças ao sucesso de romances como *O Castelo de Otranto* (1764), de Horace Walpole; *Os Mistérios de Udolpho* (1794), de Ann Radcliffe; e *O Monge* (1796), de Matthew Gregory Lewis. Na América, histórias assustadoras e sobrenaturais estavam entre as mais populares de Washington Irving. Poe, nessa época, também estava familiarizado com a lúrida narrativa gótica que aparecia em *Blackwood's* e outras revistas.

"Há muitas pessoas escrevendo esse tipo de coisas quando Poe tenta pela primeira vez algo assim", disse Scott Peeples, o estudioso de Poe. "É um campo bastante abarrotado, e continua assim, com muitas revistas buscando esse tipo de material. Desse modo, Poe estava andando em um território familiar e batido. Só que ele estava fazendo isso muito melhor que qualquer outro. Vemos contos similares aos que escreve, e não há comparação. Ele é muito bom. Os outros não podem alcançá-lo."

Peter Ackroyd, um biógrafo de William Shakespeare e Charles Dickens, assim como Poe, acreditava que, com a publicação de "Metzengerstein", "ele havia encontrado sua verdadeira vocação".

Ao mesmo tempo que Poe encontrava uma forma de narrativa que lhe servia muito bem, encontrava a família pela qual tão desesperadamente ansiava e necessitava. Sua tia, Maria Clemm, fornecia a figura materna constante e dedicada que lhe havia sido negada vezes sem conta pela morte e doença. Na primavera de 1833, ela se mudou para uma pequena casa de tijolos de dois andares e meio na rua Amity, agora aberta ao público como um museu. Poe se juntou à família que incluía sua avó, tia e dois primos. A pensão da avó doente era crucial para dar conta do aluguel por essa nova morada. Uma paralítica que, de acordo com Poe, nunca deixava o leito, a viúva do general, Elizabeth Cairnes Poe, era cuidada por Maria de forma paciente e gentil, com uma dedicação que impressionava vizinhos e parentes. Essa era uma das muitas razões pelas quais Poe prezava seu caráter. A seu modo, ele também estava se tornando dependente de seus cuidados.

"A ideia de família escolhida é mais moderna, mas você a vê com Poe", disse Enrica Jang, diretora executiva da Poe Baltimore e da Edgar Allan Poe House & Museum. "Em Richmond, ele terminou encontrando rejeição. A mensagem é: 'Você não pertence a este lugar'. Então, ele vai para Baltimore e encontra a família que diz: 'Você é um de nós'. Ali, ele encontra sua família escolhida. Esta é a casa onde Poe buscou refúgio. Maria, familiarizada com a pobreza, acolheu-o em sua família. Ele fica sombrio aqui, e começa a escrever aqueles contos.

Essa minúscula casa é onde uma enorme carreira literária começa de verdade. Coisas tremendamente grandes podem vir de lugares humildes, e essa casa é prova disso."

Poe também ficara sombrio no modo de vestir, com o preto permanecendo uma cor favorita para roupas (embora isso possa ter sido, igualmente, uma escolha provinda da praticidade). Ainda assim, com certeza teve um papel na visão de si que ele levou a Baltimore – a de um poeta romântico condenado a uma vida de sofrimento e tristeza. E, certamente, era adequada à sua emulação de Byron, um dos poucos poetas por quem ele, com frequência, expressava admiração (os outros incluíam Samuel Taylor Coleridge e Alfred Tennyson). Sugeriu-se que sua disposição nessa época combinava com sua escolha de vestimenta, mas é difícil afirmar isso com alguma segurança. Com certeza, era uma época difícil quanto às perspectivas financeiras, e Poe estava tentando se reconciliar com uma exasperante coleção de desapontamentos: a esperança que tinha de se juntar à aristocracia da Virgínia e agora estar enfrentando uma vida de pobreza; ter ingressado na Universidade da Virgínia e em West Point, mas ter fracassado em permanecer mais que alguns meses em ambas, o que dizer de se graduar; ter publicado três volumes de poesia e esses nada lhe trazerem em termos de fama ou fortuna; ter falado em casamento duas vezes para mulheres que se casariam com outros. Contudo, esses anos em Baltimore estão entre os menos documentados da vida de Poe. Como era sua vida cotidiana cai basicamente naquele reino muito familiar de especulação. Sabemos que estava voltando sua atenção cada vez mais para contos, tanto de horror e terror quanto de humor. Depois de "Metzengerstein", ele publicou "O Duque de L'Omelette" no *Saturday Courier*, em 3 de março de 1832. Com essa mudança, Poe deu aos leitores uma história abertamente cômica sobre um aristocrata arrogante que se envolve com o diabo em um jogo de cartas. É como se, desde o início de sua carreira como autor de contos, estivesse voltado a provar sua versatilidade. Em junho, o *Saturday Courier* publicou "Uma História de Jerusalém", um trabalho de humor sobre soldados romanos tentando pregar uma peça nos fariseus e gizbarins de Jerusalém.

Determinado a ganhar a vida como escritor, ele continuou a produzir contos, que trouxeram pouco dinheiro. Ele continuou numa via de humor com os contos "Bon-Bon" (publicado pela primeira vez sob o título "A Barganha Perdida") e "Falta de Ar" (originalmente publicado como "Uma Perda Evidente"), uma sátira exagerada sobre um conto de *Blacwood*. Embora, obviamente, de modo algum com intenção de ser levado a sério, muitos desses esforços cômicos compartilham um elemento de fantasia com as histórias de terror.

Poe busca, em vão, trabalhos como assistente editorial e como professor no outono de 1832. Que tipo de emprego ele poderia de fato encontrar não se sabe, embora se especule que tenha trabalhado por um tempo como trabalhador de forno em uma fábrica de tijolos. Em abril de 1833, estava desesperado a ponto de fazer um apelo a John Allan. "Agora, faz mais de dois anos desde a última vez que me ajudou, e mais de três desde a última vez que você falou comigo", ele escreveu. "Estou perecendo – absolutamente perecendo por necessidade de ajuda. E, todavia, não estou inativo – nem ligado a vício algum... salve-me da destruição."

Como ocorria geralmente com os pedidos de dinheiro de Poe, ele tentou sua dupla combinação favorita de piedade e culpa. Essas eram zonas mortas em Allan, ao menos como fatores motivadores para ajudar seu outrora dependente. Allan havia chegado à irreversível conclusão de que Poe era um ingrato "destituído de honra e princípio". Todavia, no verso de uma carta a Poe, Allan fez uma observação com uma espécie de piedade pelo jovem que se considerava um poeta, e ela carregava a sugestão assombrosa de uma revelação: "Seus talentos são de uma ordem que nunca conseguirão prover conforto ao seu possuidor".

Aqueles que estudam a vida de Poe tendem a descrever o escritor como carente. Era um traço que a citação proverbial e estoica de Allan teria visto como fraqueza. Todavia, era uma carência que o próprio Poe reconhecia em si, muito consciente de sua origem. Quando Nathaniel Beverly Tucker, autor e professor de direito no William and Mary College, mencionou ter encontrado sua mãe, Poe lhe escreveu: "Ao falar de minha mãe, você tocou uma corda à qual meu coração responde inteiramente. Tê-la conhecido deve ser um objeto de grande interesse a meu ver. Eu mesmo nunca a conheci – nem a afeição de um pai. Um morreu (como você deve se lembrar) poucas semanas depois do outro. Tenho muitas transações ocasionais com a adversidade, mas a necessidade de afeição parental tem sido a mais pesada de minhas atribulações."

Após as mortes de seus pais, bem como as de Jane Stanard e Fanny Allan, junto à inabilidade de John Allan em ser o "pai amado", admiraria que Poe estivesse se apegando àqueles que habitavam a casa da rua Amity, onde Maria e sua filha de 10 anos, Virgínia, cada vez mais o adoravam?

Um mês depois de enviar o que poderia ser sua carta final a Allan, Poe encontrou um canal local para sua escrita, o *Baltimore Saturday Visiter*. Seu editor era Lambert A. Wilmer, o autor, poeta e jornalista que fizera amizade com o irmão de Poe. Em junho de 1833, a publicação semanal anunciou seu próprio concurso para encorajar a literatura, oferecendo um prêmio de 50 dólares para o melhor conto e 25 dólares para o melhor poema. Poe atribuiu a si mesmo a tarefa de ficar em primeiro lugar em ambas as categorias. Ele submeteu um poema, "O Coliseu", e então demonstrou quão impressionantemente havia se dedicado à tarefa de dominar a técnica do conto. Ele enviou aos juízes seis contos agrupados sob o título de "As Histórias do Clube Folio". Elas incluíam a primeira de suas histórias cativantes sobre viagens aterrorizantes, "Manuscrito Encontrado numa Garrafa", na qual Poe remonta às lições aprendidas com a leitura de Dafoe. Aqui, encontramos o incrível transformado em uma narrativa que era tão convincente quanto poderosamente envolvente.

Os juízes eram John H. B. Latrobe, James H. Miller e, muito significativamente para Poe, o advogado e romancista de Baltimore, John Pendleton Kennedy, que se tornaria seu amigo e conselheiro dedicado. O comitê se reuniu em 7 de outubro, após o jantar, na casa de Latrobe na rua Mulberry. Latrobe recordou em 1852 que os juízes "estavam completamente despreparados" para o que Poe lhes havia enviado. Seus contos eram "muito, demasiadamente, superiores a qualquer coisa diante de nós e não tivemos dificuldade em conceder o primeiro prêmio ao autor", recordou Latrobe. "Nossa única dificuldade foi selecionar um dos ricos conteúdos do volume. Escolhemos 'Manuscrito Encontrado numa Garrafa'. Sua seleção foi marcada pela influência não apenas de *Robinson Crusoé*, mas também de *A Balada do Velho Marinheiro,* de Coleridge." Kennedy chamou Poe imediatamente. Os juízes ficaram tão impressionados com o escritor quanto com sua escrita. Sobre sua aparência, Latrobe disse: "O mundo estava sendo duro com ele então", mas quando "aquecia, era muito eloquente", e "sua aparência era esquecida". Latrobe ficou particularmente surpreso com a descrição fantástica, embora séria, de Poe a respeito de uma viagem à Lua. Ele os deixou com a impressão de "que ele próprio recém retornara da jornada que existia somente em sua imaginação".

O registro oficial do comitê aos proprietários do *Saturday Visiter* foi extravagante em sua exaltação de uma excitante descoberta literária. Segundo eles, foi "a força e beleza singular" de "As Histórias do Clube Folio" que "não nos deixou base para dúvida". Essas histórias, eles continuaram, "são eminentemente distinguidas por uma imaginação fantástica, vigorosa e poética, um estilo rico, uma invenção fértil e aprendizado variado e curioso". Mais tarde, Poe afirmou que, de fato, venceu o primeiro prêmio tanto pelos contos como pela poesia, mas, tendo recebido os 50 dólares por seu conto, recebeu segundo lugar em poesia. Embora soe, sim, como outro daqueles exageros típicos de Poe, esse foi confirmado por Latrobe. O poema que recebeu o prêmio de vinte e 25 foi submetido sob um nome assumido pelo novo editor do *Visiter*, John Hill Hewitt. Poe, de acordo com Hewitt, parou-o na rua, acusando-o de usar meios dissimulados para lhe tirar o prêmio de poesia. A resposta de Hewitt foi "um golpe que o surpreendeu, pois eu era fisicamente superior a ele". Com Poe prestes a revidar, amigos intervieram e separaram os ganhadores dos prêmios. Anos mais tarde, eles toparam um com o outro em Washington, D.C., e Poe propôs deixar o passado no passado.

"Manuscrito Encontrado Numa Garrafa" foi publicado no *Visiter* em 19 de outubro. Dois dias depois, Poe chamou Latrobe, que recordou o encontro em uma inscrição no Memorial de Poe em 1877:

> Sua figura era notavelmente boa, e ele se conduzia ereto e bem, como alguém que fora treinado para isso. Ele estava vestido de preto, e sua sobrecasaca estava abotoada até a garganta [...]. Nem uma partícula de branco era visível. Casaco, chapéu, botas e luvas já haviam, evidentemente, visto dias melhores, mas, então, no que concerne a reparo e escovação, tudo fora feito, aparentemente, para torná-lo apresentável. Em muitos homens, suas roupas teriam parecido deterioradas e surradas, mas havia algo sobre esse homem que impedia alguém de criticar sua vestimenta [...]. Contudo, a impressão era de que o prêmio em nome do sr. Poe não era inoportuno.

O comitê aconselhou fortemente Poe a publicar "As Histórias do Clube Folio" sob a forma de livro. Na biografia de muitos escritores, esse seria um momento de ascensão social, ou, ao menos, o momento em que a sombra da pobreza teria cessado um pouco. O prêmio de reconhecimento foi um acolhimento e um endosso estimulante à sua decisão de escrever contos, e o *Visiter* estava disposto a publicar a coleção "Clube Folio" como um livro. Mas a privação continuou sendo a ordem do dia para Poe, que rejeitou esse plano. No início de novembro, Kennedy enviou os contos para uma editora na Filadélfia, Carey & Lea, por consideração. Henry C. Carey se debruçou sobre o manuscrito por alguns dias e decidiu não publicá-lo. Ainda assim, por mais frustrante que o resultado final fosse, Poe havia ganhado um amigo, mentor e patrono leal. Kennedy se mostrou tudo isso e muito mais.

Poe estava se destacando como escritor em Baltimore, mas em Richmond, John Allan não percebeu nem se importava. Agora, completamente grisalho, Allan vinha em rápida deterioração de saúde havia um ano. Ele e Louisa Allan tiveram um filho, Patterson, em 26 de janeiro de 1834. Em meados de fevereiro, ficou claro que John Allan estava morrendo. Exercitava-se apoiando-se em uma bengala e caminhando em uma sala, auxiliado pela esposa e um criado. Há uma descrição dramática de Poe aparecendo na casa de Richmond por essa época, perguntando se poderia ver Allan. Quando Louisa lhe disse que não era possível, ele supostamente a empurrou para o lado e subiu rapidamente as escadas. Adentrou o quarto de Allan, somente para ver o moribundo erguer uma bengala e ameaçar golpeá-lo caso se aproximasse. Não há evidência de que Poe tenha feito essa viagem, e muitos biógrafos do escritor duvidam de que essa cena melodramática tenha ocorrido. Todavia, poderia muito bem ter sido a resposta de Allan ao ver Poe, e Louisa Allan certamente desenvolvera uma aversão por alguém então considerado em tão baixa estima por seu esposo. Allan morreu em 27 de março e foi enterrado no cemitério Shockoe Hill. Ele deixou uma imensa fortuna e um patrimônio que incluía oito casas, ações em bancos e ferrovias, posse de terras, uma casa de madeira e mais de duzentos escravos. Sua viúva e três filhos foram os principais beneficiários, e mesmo os filhos ilegítimos receberam heranças. Poe não foi mencionado no testamento.

Coerentemente, Poe brincou com os fatos. Reescreveu a história, afirmando que Allan havia se casado novamente quando estava com quase 65 anos. A discussão, ele disse, foi com a nova sra. Allan. Na falsa descrição de Poe, John Allan tomou o partido de Louisa, escrevendo-lhe uma carta raivosa que ele respondeu à altura. Certamente, isso mostra que os voos de fantasia não estavam confinados aos seus contos. Allan tinha apenas 54 anos quando morreu, e, embora Louisa Allan nada de elogioso tivesse a dizer sobre Poe e provavelmente falasse contra ele, não houve de fato discussões entre eles. A invenção visava colocá-lo no papel de um herdeiro legítimo excluído de sua herança de uma forma melodramática pela presença manipuladora de uma segunda esposa. A única coisa correta na fantasiosa recontagem de Poe é que Allan "nada me deixou", e, sim, é certamente possível que Louisa tenha influenciado nisso.

Herdar apenas uma porção dessa vasta riqueza teria patrocinado o sonho do jovem Poe de se juntar à aristocracia de Virgínia. A verdade é que esse sonho morrera muito antes da morte de Allan, e Poe começara a criar histórias atemorizadoras como uma forma de se "jogar na literatura como um recurso". Embora John Allan não tivesse feito a Poe qualquer favor em cortá-lo tão friamente de qualquer chance de riqueza e *status*, para a literatura de terror, fãs de mistérios e gerações de leitores ele prestou um enorme favor ao deixar um escritor maduro fora de seu testamento. Se Allan tivesse dado a Edgar Poe tudo que ele queria, é dubitável que tivéssemos o Edgar Allan Poe que exerceu tanta influência em tantos gêneros. Allan consignou Poe a uma existência de dificuldades, mas, inadvertidamente, também a uma vida de grandeza.

"Acho que a dinâmica com John Allan estava condenada desde o início", disse James M. Hutchisson, biógrafo de Poe. "Poe se iludiu ao pensar que herdaria algum dinheiro e posição quando John Allan morresse. Ele se via se tornando um homem de letras tranquilo e rico. E, se isso tivesse ocorrido, acho que ele teria basicamente sido um cavalheiro poeta. Acho que teria escrito ensaios e cartas, mas é inteiramente possível e muito provável que não tivesse escrito os contos de mistério e terror. Não teria havido necessidade alguma de explorar um gênero popular. Não teria havido incentivo financeiro para escrever contos que o mantivessem vivo."

A dificuldade é essencial para a produtividade de Poe e seu desenvolvimento como escritor, disse o autor Daniel Stashower: "Grande parte do que escreveu foi forjado na adversidade, incluindo os contos de terror e mistério. Ele está sendo moldado pela dificuldade. Se a retirarmos, não sabemos o que teria acontecido, mas, definitivamente, não seria o Poe que conhecemos".

Em março de 1835, Poe novamente esperava obter trabalho como professor, e pediu ajuda para John Pendleton Kennedy. Kennedy, que vinte anos mais tarde seria mencionado como um possível concorrente de Abraham Lincoln, convidou Poe para jantar. A resposta de Poe reflete seu desalento e sua situação financeira precária. Ele não pôde aceitar o "gentil convite" por "razões da mais humilhante natureza". Suas roupas haviam se tornado muito deterioradas para convocações sociais. "Você pode conceber minha profunda mortificação ao fazer essa revelação a você – mas era necessário", escreveu Poe. "Se você for meu amigo a ponto de me emprestar 20 dólares, visitarei você amanhã – caso contrário, será impossível, e devo me submeter ao meu destino."

Poe podia combinar pedidos por dinheiro com comentários autodepreciativos e indicações lúgubres de consequências extremas. Ainda assim, dessa vez ele parecia não estar exagerando. Kennedy recordou que o encontrou "em um estado de fome". Seria ele um amigo? Kennedy tinha um dom para a amizade, e entre os escritores que o consideravam um amigo estavam Washington Irving, James Fenimore Cooper, Charles Dickens e William Makepeace Thackeray. Ele foi mais que um amigo para Poe naquela primavera. Foi um salva-vidas. "Dei-lhe roupas, acesso livre à minha mesa e o uso de um cavalo para exercícios sempre que quisesse; de fato, retirei-o da beira do desespero", recordou Kennedy, e ele, também, provavelmente não estava exagerando.

Kennedy se assegurou também de que Maria Clemm e sua filha fossem amplamente abastecidas de alimentos. Ele havia se correspondido com Thomas Willis White, o impressor de Richmond que havia fundado o *Southern Literary Messenger* em agosto de 1834, e indicado Poe para uma posição editorial. Poe já estava submetendo críticas e contos para a nova publicação. Sua primeira aparição no *Southern Literary Messenger* foi em janeiro em uma crítica de uma coleção de poemas de William Cullen Bryant. Foi seguida em março por um de seus contos assustadores mais lúridos, "Berenice", que, por sua vez, foi seguida pela publicação em abril de "Morella". Ambos os contos de terror apresentavam os elementos favoritos de Poe: narradores assombrados e belas jovens condenadas à cripta. White, um homem agradável, baixo e de rosto avermelhado, não ficou completamente confortável com "Berenice" ou com algumas das respostas indignadas que o conto recebeu. A história ultrapassava muito as noções de adequação do proprietário da revista, com uma noiva doente sepultada viva, um narrador monomaníaco cuja obsessão o leva à profanação de túmulos, e uma hórrida cobrança de dívida na qual sabemos que instrumentos dentários foram usados para extrair 32 dentes da boca da desafortunada jovem. Poe explicou que havia um método para sua morbidez, e que sua abordagem seria em benefício do *Messenger*:

> Uma palavra ou duas em relação a "Berenice". Sua opinião é muito justa. O tema é deveras horrível, e confesso que hesitei em enviá-lo a você... A história de todas as revistas mostra claramente que aquelas que atingiram celebridade a deveram a artigos *de natureza similar a* "Berenice"... Você me pergunta em que consiste essa natureza? No absurdo elevado ao grotesco: o assustador colorido no horrível; o espirituoso exagerado no burlesco; o singular que ocorre no estranho e místico. Você pode dizer que tudo isso é de mau gosto. Tenho minhas dúvidas sobre isso... Mas se

> os artigos dos quais falo são, ou não, de mau gosto pouco interessa ao propósito. Para ser apreciado, você deve ser *lido*, e essas coisas são invariavelmente buscadas com avidez. Esses são, se você observar, os artigos que encontram seu caminho em outros periódicos, e nos jornais, e, desse modo, apropriando-se da mente pública, aumentam a reputação da fonte da qual se originaram... Com certeza, originalidade é crucial nessas coisas – grande atenção deve ser dada ao estilo, e muito trabalho dispendido em sua composição, ou denegrirão na turgidez ou no absurdo.

Desde o começo de sua carreira como um criador de histórias de terror, Poe é o artesão cuidadoso com uma visão clara do que a forma deveria ser. "Manuscrito Encontrado Numa Garrafa" assim como "Berenice" e "Morella" são promessas dos maiores deleites horríficos que virão. Mas Poe também submeteu "Celebrando", um conto de humor; e "Hans Pfall" (mais tarde publicado como "A Incomparável Aventura de um Hans Pfall"), a história de um balão falso considerada um primeiro esforço de ficção científica. Junto à crítica, elas demonstravam quão versátil era Poe como escritor, algo que White não poderia ter perdido. O endosso de Kennedy também pesou muito, assim como a disposição de Poe em aceitar cerca de cinco dólares por cada contribuição. White lhe ofereceu uma posição no *Southern Literary Messenger*, e Poe respondeu em 22 de junho: "Você me pergunta se estaria disposto a ir a Richmond se você tivesse ocasião para meus serviços durante o próximo inverno. Respondo que nada me daria mais prazer... Na verdade, estou ansioso para me estabelecer nessa cidade".

Os prospectos financeiros de Poe em Richmond pareceram ter morrido com John Allan em março de 1834, mas ele foi levado de volta à cidade de sua juventude pelo *Southern Literary Messenger* em agosto de 1835.

"Richmond sempre desempenhou um papel-chave na vida de Poe", considerou Peeples. "Mas há sempre o qualificador. Os Allan não eram bem sua família e Richmond não era bem sua cidade natal. É quase, mas não inteiramente, no entanto Richmond é o que mais se aproxima para ele de uma cidade natal."

Separar-se de Maria e Virgínia seria difícil para Poe, mas a oferta de White de um salário de quinze dólares por semana rapidamente se tornou ainda mais atrativa. A avó de Poe, a esposa do general, morreu em 7 de julho, aos 79 anos. Isso significou a perda de sua pensão anual de 240 dólares, que, por pouco que pudesse ser, era essencial à economia da família. Poe era ainda mais extravagante em seu elogio ao cuidado que Maria dispensava à viúva do general, que ficara confinada ao seu leito por oito anos: "jamais, em circunstância alguma, deixando-o durante aquele tempo. Ela ficara paralisada e sofria de muitas outras doenças – sua filha, Maria, cuidou dela durante sua longa e tediosa doença com a resignação cristã de uma mártir, e com a constância de atenção, e perseverante afeição, que deve exaltar seu caráter aos olhos de todos que a conhecem".

Talvez, receoso, após ser alertado de que a presença de Poe pudesse prejudicar sua publicação, White não lhe deu um título oficial. Poe estava sendo trazido como um escritor da equipe, crítico literário e assistente editorial geral. Além de escrever críticas e contos, seus deveres incluíam planejar e revisar, assim como supervisionar qualquer correspondência que chegasse. Para Kennedy, registrou acuradamente que fora contratado por White e estava "auxiliando-o em tarefas editoriais". Para seu primo, William Poe, ele se comprazia na necessidade de invenção autoenaltecedora escrevendo: "Recentemente, recebi o cargo de editor do *Southern Messenger*".

Assim, Poe é quase, mas não inteiramente, o editor do *Messenger*. Ele se mudou para uma pensão na rua Bank, e o retorno ao lar deve ter incitado muitas emoções conflitantes. Ele estava cercado por lembretes de sua vida na casa de Allan e de uma época em que seus prospectos pareciam muito grandiosos. Os escritórios do *Messenger* ficavam acima de uma loja de sapatos na esquina da Main e Fifteenth, ao lado de onde a companhia de Ellis & Allan se localizava. Mas ele tinha esperanças – esperanças de que sua associação com a revista de White melhorasse suas circunstâncias, esperanças de que pudesse enviar regularmente dinheiro tão necessitado para a casa da rua Amity em Baltimore, esperanças de que pudesse obter trabalho ensinando inglês na Richmond Academy.

Embora tenha novamente fracassado em garantir uma posição como professor, Poe aplicou sua grande dedicação para aprender sobre o modelo de negócio de uma revista. Embora não tivesse qualquer experiência prática como editor, era um rápido aprendiz, um dom herdado de sua mãe. Em termos teatrais, Eliza Poe era o que se chamava uma ávida aprendiz: ela tinha a habilidade de absorver rapidamente papéis e mantê-los em seu banco de memórias. Seu filho tinha uma habilidade similar de ler extensamente sobre uma surpreendente variedade de temas e reter o que lia.

Ainda assim, por mais ocupado que estivesse no *Messenger*, Poe estava sozinho, sentindo falta da segurança e do apoio amoroso provido por Maria e Virgínia, que fizera 13 anos em 22 de agosto. Richmond pode ter sido a coisa mais próxima que tinha de uma cidade natal, mas ele passara a pensar em lar como sendo onde Maria e Virgínia estavam. White, um homem amável de meia-idade, ficou impressionado com a inteligência, talento e atividade de Poe. Contudo, já emocionalmente vulnerável, Poe mergulhou em um estado de desespero por causa de uma carta de Maria Clemm recebida no fim de agosto. Ela buscava seu conselho. Seu primo, o advogado e editor jornalístico de Baltimore, Neilson Poe, havia oferecido levar Virgínia para sua casa, visando ao seu bem-estar e educação. Financeira e socialmente, o que ele poderia oferecer a Virgínia e sua mãe era bastante atrativo. Poe viu a oferta do primo como um ato de traição. Ele leu a carta de Maria com uma sensação crescente de pânico. Isso significaria a perda do lar que havia encontrado em Baltimore. Significaria, ele percebeu, a perda da tia como mãe substituta. E significaria a perda de Virgínia, a quem estava mais do que profundamente vinculado. Ele estava apaixonado por ela.

Talvez, nenhum aspecto da biografia de Poe nos erga mais as sombrancelhas do que sua declaração de amor por uma prima em primeiro grau que acabara de completar 13 anos. Na época, o episódio não levantou a objeção que levantaria no século XX, mas, mesmo em uma era em que noivas muito jovens e casamentos entre primos não eram assuntos de muito escândalo, a idade de Virgínia pode ter feito alguns observadores preocupados pararem para pensar, e com razão. É inteiramente possível que Poe visse Virgínia como uma alma gêmea casta e idealizada. Paixão não significa amor físico. Era algo mais excepcional, mais verdadeiro, muito além do amor físico. O que é indubitável é a sinceridade e profundidade de seus sentimentos por Virgínia, com sua doce natureza, e que ela também o adorava. Ele verteu esses sentimentos na angustiada carta que escreveu a Maria em 29 de agosto:

> *Minha querida Titia,*
>
> *Estou cegado pelas lágrimas enquanto escrevo esta carta. Não tenho desejo de viver outra hora. Em meio à tristeza e à profunda ansiedade sua carta chegou a [mim] – e você bem sabe quão pouco sou capaz de tolerar a pressão da tristeza. Meu pior inimigo se apiedaria de mim caso pudesse agora ler meu coração. Meu último, último, meu único vínculo à vida é cruelmente removido. Não tenho desejo de viver e não viverei. Mas que meu dever seja cumprido. Eu amo, você sabe que amo Virgínia apaixonada e dedicadamente. Não posso expressar em palavras a dedicação fervente para com minha pequena prima, minha querida... Todos os [meus] pensamentos*

estão ocupados com a suposição de que você e ela preferirão ir com N. Poe; eu, sinceramente, acredito que o conforto de vocês será garantido no presente – não posso falar com relação à sua paz, sua felicidade. Vocês duas têm corações ternos, e sempre terão a reflexão de que minha agonia é mais do que posso suportar, que vocês me levaram ao túmulo, porque amor como o meu jamais pode ser superado. É inútil disfarçar a verdade de que quando Virgínia for com N. P. eu nunca mais a verei, isso é absolutamente certo. Apiede-se de mim, minha querida titia, apiede-se de mim. Não tenho a quem correr agora. Estou entre estranhos, e minha infelicidade é mais do que posso suportar. É inútil esperar conselho de mim – o que posso dizer? Posso, honrada e verdadeiramente dizer: Virgínia! Não vá! Não vá para onde pode estar confortável e talvez feliz; e, por outro lado, posso calmamente renunciar à minha própria vida... Pelo que viverei?

Ele acrescentou uma sentença para Virgínia: "Meu amor, minha mais doce maninha, minha querida esposinha, pense bem antes de partir o coração de seu primo Eddy". Tendo apresentado seu caso de uma maneira com que esperava tocar os corações das duas pessoas mais próximas dele, Poe começou a beber a um ponto que alarmou o tranquilo White. Seu estado "muito dissipado" chocou a confiança de White nele. Poe pode ter sido despedido ou pode ter abandonado o trabalho a ponto de ser despedido. O que sabemos com certeza é que não pôde tolerar a incerteza por mais tempo. Ele correu a Baltimore, onde seu ardor, e, talvez, sua vulnerabilidade, persuadiram titia e maninha. Uma licença de casamento foi obtida em 22 de setembro, e pode ter havido uma cerimônia secreta. Uma semana depois, Poe escreveu a White, pedindo para ser reintegrado ao *Messenger*. A resposta de White mostra um grau tocante de afeição e preocupação para com o jovem talentoso escritor, combinada à sua versão de amor ardente e vigoroso. Poe poderia ter seu trabalho de volta sob uma condição: deveria parar de beber. "Você possui talentos excelentes, Edgar – e você tem de respeitá-los, assim como a você", escreveu-lhe White. "Aprenda a se respeitar e, em breve, você descobrirá que é respeitado. Separe-se da garrafa, e de companhias da garrafa, para sempre! Diga-me se você pode e fará isso – e me mostre que seu propósito determinado jamais cederá à tentação. Se você retornar a Richmond, e voltar a ser assistente em meu escritório, deve estar expressamente entendido por nós que todos os compromissos da minha parte estariam dissolvidos no momento que você se embebedasse." Ele, então, acrescentou duas sentenças que mostravam exatamente quão alarmado ficara ao ver os efeitos do álcool em Poe: "Nenhum homem que bebe antes do café da manhã é livre! Nenhum homem pode fazer isso e se apresentar no trabalho propriamente". White finaliza a carta com as palavras: "Sou seu amigo verdadeiro".

Poe concordou inteiramente com a exigência compreensível de White. Ele retornou de Baltimore, com Virgínia e Maria, em 3 de outubro. Virgínia seria para sempre sua amada maninha. Maria, contudo, não era mais titia. Era Muddy ou mãe. E Poe, Maria disse, "era, na verdade, um filho para mim". Na companhia de sua família, Poe retornou ao trabalho no *Messenger* com cada vez mais vigor e espírito renovado. White estava satisfeito, não somente com a mudança total, mas com quão alta a voz de Poe estava reverberando pelo país como um poderoso crítico literário. Poe republicava contos e poemas no *Messenger* e cuidava de uma ampla variedade de tarefas editoriais, mas suas críticas estavam ganhando a atenção que ele esperava ter recebido, primeiro, com sua poesia e, depois, com seus contos. Embora não houvesse tempo para muitos novos contos ou poemas, a crítica estava propiciando um novo canal dinâmico para sua voz literária. Em 9 de fevereiro, Kennedy pôde comentar com satisfação "que você superou inteiramente seu desalento anterior". Poe respondeu observando que

White, que lhe aumentara o salário, era "excessivamente bom sob todos os aspectos".

Poe estava assumindo sua posição como crítico, exigindo que a literatura americana fosse nutrida e encorajada ao ser direcionada aos padrões mais elevados possíveis. Outra publicação observava na época que as críticas de Poe "ensinarão escritores a valorizar o elogio e temer as censuras da crítica". Poe, na verdade, estava se tornando o editor de fato do *Southern Literary Messenger*. Na segunda-feira, 16 de maio de 1836, Poe e Virgínia tiveram seu casamento firmado por um clérigo presbiteriano na presença de White, sua filha Eliza, Maria Clemm e outros. Virgínia ainda tinha 13 anos, mas sua idade foi dada como 21, pois Poe não arriscaria que isso se tornasse tema para rumores ou escândalo. Pouco tempo depois, Elmira Royster Shelton encontrou seu outrora noivo e "sua adorável esposa" em Richmond. Eles pareciam a imagem da felicidade, e sua reação foi dizer: "Eu nunca esquecerei meus sentimentos à época". "Eles eram indescritíveis, quase agonizantes." Contudo, em um instante, ela pôs aqueles sofrimentos de lado. "Lembrei que era uma mulher casada, e os afastei de mim", ela recordou em uma carta escrita a Muddy em 22 de setembro de 1849, "como o faria com um réptil venenoso".

"FEBRE CONSIDERÁVEL"

14 DE JULHO - 27 DE SETEMBRO DE 1849

Antes de deixar a Filadélfia na sexta-feira, 13 de julho de 1849, Poe havia previsto que sua saúde e estado mental melhorariam quando colocasse seus pés no solo da Virgínia. Não foi uma profecia tão ruim, ao menos no curto prazo. Ele chegou a Richmond em 14 de julho, pegando um quarto no recentemente aberto American Hotel, localizado na esquina sudoeste das ruas Eleventh e Main. Foi uma escolha cara, dados seus recentes infortúnios financeiros na Filadélfia, e ele se mudou para acomodações mais acessíveis na antiga taverna Swam, que se mantinha na rua Broad, entre a Eighth e a Ninth, desde a década de 1780. Uma carta de Maria Clemm ajudou muito a elevar seu ânimo: "Oh, se você soubesse como sua querida carta me confortou! Foi como mágica". Ele estava ansioso por começar a solicitar apoio para sua revista, *The Stylus*. E uma descrição dele visitando a poeta de 27 anos Susan Archer Talley se apresenta em claro contraste com seu estado assustador na Filadélfia.

Poe estava acompanhado de sua irmã, Rosalie, que permanecera em Richmond sob os cuidados da família Mackenzie. Embora caracterizada como "pouco desenvolvida", ela conseguiu trabalhar como professora de redação por nove anos em uma escola administrada pelos Mackenzie. Seu desenvolvimento mental era como o de uma criança de 12 anos, mas ela se orgulhava das realizações do irmão e o adorava. A visita à fazenda Talavera, da família Talley, foi apenas um "dia ou dois" após sua chegada em Richmond. Talley recordou que a "atitude de Poe foi tranquila e graciosa". Sua impressão dele foi a de um "cavalheiro refinado, bem-educado e cortês". Seus olhos brilharam quando ela lhe ofereceu sua mão, e ela "sentiu que não eram mais estranhos".

Seu otimismo revivificado recebeu um novo estímulo quando descobriu que seu apoiador financeiro na revista, Edward Patterson, lhe havia encaminhado 50 dólares pelo editor John Reuben Thompson no *Southern Literary Messenger*. Ele também ou encontrou uma de suas palestras perdidas, "O Princípio Poético", ou conseguiu reescrevê-la, de modo que a apresentação pôde ser anunciada para meados de agosto. Em uma troca de cartas com Patterson sobre planos para *The Stylus*, ele expressou a esperança de que uma palestra em Richmond levantasse alguns fundos em apoio à revista. Artigos de jornais notaram sua presença na cidade e a futura palestra deve ter sido imensamente gratificante para Poe. Eles o acolheram e o celebraram como um filho que retorna – seu próprio filho, que lhes pertencia. Em Richmond, o tratamento que recebeu da imprensa foi o mais laudatório. Ele havia se tornado um órfão na cidade. Foi exilado por John Allan, que o deserdou emocional e financeiramente. E, agora, ele estava lendo *The Richmond Whig* se gabar sobre como "esse cavalheiro", Edgar A. Poe, "que é um nativo desta cidade" estava ganhando reconhecimento literário na França. Anunciando sua palestra, o *Daily Republican* da cidade declarou que Poe, "que está agora em Richmond, o lugar de sua natividade, em uma visita, está prestes a prover a nossos cidadãos um banquete intelectual, sob a forma de uma palestra; e como todos, que conhecem o gênio do homem, podem prontamente imaginar será de uma ordem elevada".

Ele não era um nativo da cidade, é claro, mas a avidez para o declará-lo assim diz muito. Poe também estava renovando contatos com a mulher com quem esperava se casar quando eram ambos adolescentes. Elmira Royster Shelton era agora uma viúva consideravelmente rica. Seu esposo, Alexander Shelton, morrera aos 37 anos, deixando-lhe um patrimônio no valor de 100 mil dólares. Seu testamento estipulava que, caso se casasse novamente, perderia três quartos do patrimônio. Seu objetivo parecia ser manter a fortuna basicamente intacta para seus filhos. Ainda assim, quando Poe a visitou na casa dela em Church Hill e lhe propôs casamento, provavelmente no fim de julho, ela não frustrou suas esperanças. Ela lhe pediu tempo para considerar. Ele resolveu visitá-la com frequência e, aparentemente, foi o que fez.

Nesse ponto, Poe quase sabotou todas as suas esperanças bebendo. Ele ficava inebriado rápido e se recuperava lentamente, permanecendo com frequência indisposto por muitos dias. Acredita-se que dois incidentes de embriaguez, que aconteceram no começo de agosto, tenham sido devastadores para seu já enfraquecido sistema. Após o primeiro, ele foi tratado nos quartos da taverna Swan. Susan Archer Talley o viu alguns dias depois parecendo trêmulo e pálido. Ela não tinha dúvida "de que estivera seriamente doente". O segundo episódio, ainda mais debilitante, tocou os sinos de alarme de dois amigos, dr. Gibbon Carter e o companheiro de infância de Poe, John Mackenzie, filho do casal que havia acolhido Rosalie. Mackenzie levou Poe de seu quarto na taverna Swan para a residência de sua família, a Casa de Duncan. Os amigos acreditavam que "sua vida estivesse em iminente perigo". Poe melhorou sob seus cuidados, mas Carter o avisou que "outro ataque como esse se mostraria fatal". Ele precisava parar de beber. Levado às lágrimas enquanto recontava suas várias tentativas para abandonar a bebida, Poe resolveu "resistir a qualquer tentação". Ele mostrou essa determinação fazendo o juramento de abstemia. Na noite de 27 de agosto, ele foi iniciado na Divisão Shockoe Hill dos Filhos da Temperança. De acordo com vários amigos, ninguém o viu beber durante o resto de sua estada, cerca de cinco semanas, em Richmond.

Esse foi seu último registro de embriaguez, mas o álcool fora um problema frequente para Poe durante vinte e dois anos, começando em seus dias na Universidade da Virgínia no outono de 1827. "Ele tinha problema com a bebida, sem dúvida, e conhecia bem o demônio da perversidade", disse Dennis Eddings, estudioso de Poe. Mas quanto e com que frequência bebia? No reino dos estudiosos de Poe, tem havido os contestadores do álcool, que dizem que os incidentes de embriaguez são exagerados e magnificados. Há também aqueles que argumentam que o álcool é claramente a maldição que paira sobre a vida adulta de Poe, tornando-o o suspeito principal da causa de sua morte. A verdade provavelmente reside em algum lugar entre esses dois pontos de vista.

"Há anos de sobriedade para Poe, e há também evidências muito fortes de que o álcool era um problema", disse Enrica Jang, a diretora executiva de Poe Baltimore. "E, ao longo dos anos, isso cobra seu preço. O álcool é um problema subjacente de Poe, e nunca pode ser descartado ou desconsiderado. Acho que havia uma tentação de minimizar a bebida para qualquer um que buscava afastar a ideia de que Poe era alcoólatra, porque era algo vergonhoso para as pessoas antes de nos tornarmos cada vez mais conscientes da necessidade de tratamento e da compreensão do que significa uma personalidade dependente."

Todavia, a imagem de um Poe constantemente embriagado, vendo grande parte da vida através do fundo de um copo de vinho, não somente é errônea como também impede nossa compreensão do escritor, da escrita e de como a escrita, que assumiu muitas formas, foi realizada. O romancista Matthew Pearl, autor de *A Sombra de Poe*, acredita que romantizar o problema de Poe com o álcool tem sido tão imprudente quanto negá-lo. "O que me incomoda muito é o modo como trataram seu hábito de beber", ele disse. "Tem havido uma tendência para glamourizar sua relação com o álcool. As evidências sugerem que Poe tinha uma constituição que não reagia bem mesmo às menores quantidades de álcool. Isso é apoiado repetidamente por muitas testemunhas contemporâneas. E essa era uma época em que as expectativas sociais levariam você a beber. Mas o hábito de beber se tornou parte do estereótipo romantizado de Poe. Parece uma caricatura, porque o é. E é uma caricatura que obscurece o escritor real."

Dessa caricatura, é apenas um salto à noção absurda de que ele escrevia sob influência do álcool – de que os contos de terror eram, como as visões de pesadelo que ele sofreu na cela da prisão na Filadélfia, alimentadas pela bebida.

"Está claro que Poe bebia, mas também está claro que ele não bebia enquanto estava escrevendo", registrou o romancista e biógrafo Daniel Stashower. "Ele necessitava convocar poderes enormes de concentração e força de vontade para escrever o quanto escreveu em um nível tão elevado. Nós, constantemente, perguntamo-nos: 'Onde ele encontrava tempo? Onde ele encontrava o tempo para fazer todo esse trabalho sensacional em gêneros tão diferentes quando tudo era tão difícil e ele estava sempre lutando para manter corpo e alma unidos?'. E ele produziu essa vasta quantidade de escrita em um período muito curto de tempo. Ele era um verdadeiro profissional. Nunca parece estar perseguindo isso. É tudo realmente bom. Não se pode produzir esse tipo de trabalho sob a influência de álcool, o que, uma vez mais, não quer dizer que não tivesse um problema."

Sem dúvida, muitos amigos e conhecidos encontraram Poe quando havia bebido. Os relatos de testemunhas são muito numerosos e detalhados para serem desconsiderados. Mas é também verdadeiro que muitos que o conheciam durante um longo período nunca o viram bêbado. Um desses colegas foi o autor e jornalista Lambert A. Wilmer, que conhecia Henry Poe e testemunhou a queda do irmão mais velho no alcoolismo. Quando um biógrafo anterior afirmou que a intemperança era a paixão principal do irmão de Poe, Wilmer perguntou: "Como, então, aconteceu que, durante um contato íntimo com ele, que continuou por mais de doze anos, eu nunca o vi embriagado em uma única ocasião[?]". Wilmer acrescentou: "o propósito dessas declarações é meramente contradizer a afirmação de que Poe era, *em cada período de sua vida*, um beberrão habitual".

Manter seu juramento de temperança teria sido difícil durante suas semanas restantes em Richmond. Havia muitos compromissos sociais, e o álcool teria sido uma constante. Esse também era um tempo e lugar em que recusar um drinque poderia inclusive ser considerado um insulto. Em 7 de agosto, ele escreveu a Patterson reconhecendo que estava apenas evitando responder à carta de 7 de junho. "A culpa, o céu sabe, não foi minha", ele escreveu. "Sofri mais que a morte – não tanto pela cólera como de suas prolongadas consequências em debilidade e congestão cerebral." Essa é uma confirmação de que ele de fato contraiu cólera na Filadélfia? Há uma indicação de uma condição latente, considerando que, precisamente dois meses depois, seu delírio de morte será atribuído à "congestão cerebral"?

O que sabemos é que, cerca de duas semanas após médicos e amigos temerem por sua vida, ele estava em plena forma para a palestra apresentada a uma plateia lotada no salão de concerto do Hotel Exchange. A despeito da grande audiência, ele não levantou muito dinheiro para a revista. Os ingressos custavam apenas 25 centavos. Ainda assim, a resposta da plateia foi extremamente positiva, assim como os comentários nos jornais locais. "A palestra desse cavalheiro talentoso... foi uma das surpresas intelectuais mais ricas que tivemos a fortuna de ouvir", mencionou entusiasticamente o *Daily Republican*. "A clareza e melodia de sua voz, e a entoação harmoniosa de suas palavras, foram inspirações para a alma [...]. O efeito sobre a audiência foi perceptível [...]. O sr. Poe, em suma, agraciou a audiência com sua bela produção, 'O Corvo'." *The Richmond Whig* declarou: "Devemos dizer que jamais ficamos mais deleitados em nossas vidas". Houve uma voz discordante no *Semi-Weekly Examiner*, que expressou desapontamento com suas recitações e com a natureza monótona de sua apresentação. Deveria ser notado, como Poe fez em uma carta a Muddy, que a crítica do *Semi-Weekly Examiner*, que incluía palavras de elogio por suas teorias sobre poesia, foi escrita por John M. Daniel, um editor que Poe havia desafiado a um duelo durante sua visita a Richmond no ano anterior. De modo geral, Poe não poderia estar mais satisfeito. "*Jamais* fui recebido com tanto entusiasmo", disse a Muddy. "Os jornais só me elogiaram, antes da palestra e depois."

Relatos de que Poe e Elmira se casariam começaram a circular em Richmond no fim de agosto, embora nenhum anúncio ou acordo tivesse sido feito. Certamente, sua sobriedade contínua só poderia melhorar suas chances com Elmira. Contudo, Ann e Southall, os filhos de Elmira, mal escondiam que desaprovavam o pretendente de sua mãe. Quando Poe visitava a casa na rua Grace, Southall, com 10 anos, arremedava Poe pelas suas costas, o que fazia Ann rir prazerosamente. Nove anos mais velha que o irmão, Ann mais tarde admitiu que eles não perderam uma chance de depreciar Poe aos olhos de sua mãe. Ambos se ressentiam da ideia de seu falecido pai ser substituído.

No começo de setembro, Poe viajou para Norfolk e palestrou sobre "O Princípio Poético". Ele passou alguns dias com os amigos no *resort* marítimo de Old Point Comfort. Uma noite, sentado com um pequeno grupo na varanda do Hotel Hygeia, uma das pessoas disse: "Esse parece ser o tempo e o lugar certos para poesia, sr. Poe". Ele concordou, recitando-lhes "O Corvo", "Annabel Lee" e "Ulalume". De volta a Richmond, escreveu a Muddy em 18 de setembro que havia ganhado o bastante em Norfolk para saldar sua dívida na taverna Swan e se mudar para Madison House, outro estabelecimento de hospedagem de baixo custo. Foi por essa época que Elmira, persuadida de sua sinceridade e a despeito das objeções de seus filhos e família, chegou a um entendimento com ele. Seus filhos choraram e imploraram a ela que não se casasse com o escritor. Se Poe estava ciente dos sentimentos deles, nunca confessou. "Acho que ela me ama mais dedicadamente que qualquer pessoa que conheci e não posso evitar amá-la também", ele escreveu a Muddy. "Se *possível*, vou me casar antes de começar – mas não se sabe."

Poe encorajou Elmira a enviar a Muddy uma carta tranquilizadora, em 22 de setembro. "Estou inteiramente preparada para *amar* você, e sinceramente espero que nossas almas possam ser compatíveis. Nada faltará de minha parte para que assim o seja", ela escreveu. "Há pouco, passei uma noite muito feliz com o seu Edgar, e sei que será gratificante para você saber que ele é tudo que você poderia desejar que ele fosse, sóbrio, temperado, moral e muito amado. Ele me mostrou uma carta sua, na qual você falava afetuosamente de mim, pelo que me senti muito gratificada e lisonjeada... Edgar fala com frequência e muito afetuosamente de sua filha Virgínia, pelo que o amo ainda mais".

Fazendo sua parte para alentar a solitária e isolada Muddy, Poe escreveu a ela: "Mostrei sua carta a Elmira e ela disse: 'é uma carta tão querida e preciosa que, por ela, já a amo'".

Cerca de vinte e cinco anos após esses sentimentos terem sido expressos, Elmira afirmou que ela e Poe não estavam noivos quando ele deixou Richmond, mas que havia o que ela chamou "um entendimento parcial". Ela confundiu ainda mais as coisas acrescentando: "Não acho que deveria ter me casado com ele sob quaisquer circunstâncias". Foi sugerido que, em 1875, ela estivesse se esquivando em razão da oposição de seus filhos ao casamento. Todavia, a partir das cartas de Poe e Elmira em setembro de 1849, fica claro que eles estavam fazendo planos. Essas conversas sobre o futuro incluíam alguma discussão a respeito de onde viveriam. Poe estava excluindo retornar a Nova York. Richmond pode ter parecido a escolha lógica, dado quão calorosamente ele fora recebido. Ela já possuía uma casa adorável lá.

E, como certa vez escreveu a seu primo, George Poe: "Richmond é meu lar, e uma carta para aquela cidade sempre me encontrará em qualquer parte do mundo em que eu possa estar". Ainda assim, Poe se perguntou se eles – ou, mais especificamente, ele – seria feliz em Richmond. Por mais ardentemente que tivesse buscado e persuadido Elmira, ele reconhecia agora a sombra da dúvida que pairava sobre si. A sombra se estendia desde a Nova Inglaterra e assumia a forma de uma mulher para a qual ele provavelmente correria caso ela estivesse livre. Assim, mesmo fazendo planos para uma vida de casado com Elmira, ele estava pensando na inatingível Annie Richmond, de Lowell, Massachusetts. Ele havia estado enamorado de Annie desde que a encontrara em outubro de 1947. Onze anos mais jovem que ele e casada, ela era idealizada e idolatrada por Poe, que sabia que não poderia tê-la e, todavia, não conseguia se imaginar vivendo sem ela. "Poderíamos ser mais felizes em Richmond ou em Lowell?", ele perguntava a Muddy. "*Devo* estar em algum lugar onde possa ver Annie... Quero viver *próximo a Annie*." Por dois anos, ele havia glorificado sua amizade com Annie, mesmo quando outras mulheres entravam e saíam de sua vida. Era uma amizade platônica, mas ele ansiava por mais, mesmo que não houvesse possibilidade de ela deixar seu esposo, Charles. Ele era profundamente apaixonado por Annie. Poe se dirigia a ela em cartas como: "Minha doce amiga e irmã", mas os sentimentos que expressava por Elmira, embora genuínos, esmaeciam em comparação com aqueles inspirados por Annie. Embora houvesse obviamente grande afeição mútua entre Poe e Elmira, ele por vezes parecia estar vendo a iminente união em termos distintamente práticos. E, então, há a ominosa linha em uma carta a Muddy: "Confesso que meu coração sucumbe diante da ideia desse casamento". E se Annie repentinamente ficasse livre? Temos um vislumbre de seus pensamentos em uma carta escrita a Muddy no fim de agosto, quando, presumivelmente, Elmira ainda não havia decidido quanto a um entendimento. "Nada me diga sobre Annie", ele lhe implorava. "Não posso suportar ouvi-lo agora – a menos que possa me dizer que o sr. R. está morto."

Na verdade, ele havia idealizado Annie do mesmo modo que Virgínia. Não há algo assim com Elmira. A profundidade de seus sentimentos é revelada nas linhas finais de seu tributo a Annie, o poema de 1849 "Para Annie":

Mas meu coração está mais iluminado
Do que todas as inúmeras
Estrelas no céu,
Pois cintila com Annie –
Brilha com a luz
Do amor de minha Annie –
Com o pensamento da luz
Dos olhos de minha Annie.

Contudo, o sr. Richmond continuava bem de saúde, e o melhor que Poe poderia esperar seria viver próximo a Annie e manter uma amizade estreita. Abençoadamente inconsciente dos assustadores desejos de Poe para com ele, é provável que Charles Richmond continuasse apoiando de modo animador a amizade entre os dois. Também inconsciente dos pensamentos sombrios e angustiados confidenciados a Muddy, Elmira sugeriu que começassem a viver em sua casa. Eles trariam Muddy para se juntar a eles e fariam planos a partir de lá. Em certo ponto, Elmira sugeriu uma viagem a Nova York e ao chalé Fordham, mas Poe escreveu a Muddy que provavelmente seria melhor para ela "abandonar tudo lá" e se juntar a eles em Richmond.

Durante suas últimas semanas em Richmond, Poe, por acaso, passou pela Galeria Daguerreana de William A. Pratt no número 145 da Main. Defronte à porta da rua, Pratt começou a conversar com o escritor, lembrando-o de que muitas vezes lhe havia prometido posar para uma foto. Quando Poe protestou que não estava vestido para isso, Pratt disse-lhe que ficaria feliz em fotografá-lo exatamente como estava. Assim, Poe concordou em posar para o que seriam suas últimas fotografias. Thompson, do *Southern Literary Messenger,* datou essa ocasião em duas semanas antes da morte de Poe.

Por volta da mesma época, em 24 de setembro, Poe apresentou novamente a palestra "Os Princípios da Poética" na sala de concertos do Hotel Exchange. Dessa vez, os ingressos custavam 50 centavos e a audiência era menor. E dessa vez, Elmira estava presente. Assim como Susan Archer Talley, com sua mãe e irmã, e Rosalie Poe. Mais de meio século depois, a poeta e autora então conhecida como Susan Archer Weiss recordou: "Notei que Poe não tinha um manuscrito e que, embora permanecesse como uma estátua, ele mantinha sua audiência tão imóvel quanto ele – fascinada por sua voz e expressão. Rose me mostrou a sra. Shelton, sentada conspicuamente diante da plataforma". Após a palestra, Poe desceu da plataforma e foi até a irmã. Weiss recordou a cena: "Rose, radiantemente feliz, se levantou e, da sua altura, observou: 'Edgar, vê só como as pessoas estão olhando para a poeta e sua irmã'. Acredito ter sido o momento de maior orgulho de sua vida, o qual sempre gostava de recordar".

Se essa descrição é confiável, então, Elmira, aparentemente esteve presente nas duas palestras de Richmond. A carta a Muddy foi escrita em 22 de setembro, dois dias antes da segunda palestra, e contém a passagem: "A palestra de Edgar há algumas semanas, sobre o Princípio da Poética, foi muito bonita, ele teve uma audiência bem grande e muito popular. Ele repetirá essa palestra na próxima segunda, quando, sinceramente, espero que seja apoiado por uma audiência muito maior".

Na noite seguinte, ele visitou Talavera e fez uma longa caminhada com Susan Archer Talley. Em alguns dias, ele partiria para Nova York. A razão que deu foi negócios para *The Stylus*. Ele disse que voltaria em menos de duas semanas. "Ele declarou que as últimas semanas na sociedade de seus antigos e novos amigos haviam sido as mais felizes que teve em muitos anos", ela recordou, "e que, quando deixasse novamente Nova York, deveria deixar para trás todos os problemas e irritações de sua vida pregressa. Em nenhuma ocasião eu o vi tão feliz e esperançoso quanto nessa noite."

Poe visitou Thompson nos escritórios do *Southern Literary Messenger* em 26 de setembro, entregando-lhe um manuscrito de "Annabel Lee". Thompson lhe deu cinco dólares para despesas de viagem. Ele disse a Thompson que seu plano era parar na Filadélfia, onde ganharia cem dólares para editar um volume de uma poeta local.

Poe estava em má forma quando deixou Richmond? O testemunho mais forte para isso foi fornecido por Elmira Shelton: "Ele chegou à minha casa na noite de 26 de setembro para se despedir de mim. Estava muito triste e reclamou de estar doente; tomei seu pulso e constatei que tinha uma febre considerável, e não achei que fosse provável que estivesse apto para começar a viagem na manhã seguinte, como ele antecipou. Fiquei tão aflita por ele durante aquela noite que me levantei cedo na manhã seguinte para perguntar por ele, quando, lamentavelmente, soube que partira no barco para Baltimore". Mais tarde naquela noite, por volta de 21h30, ele visitou o escritório de John F. Carter, um jovem médico. Os dois conversaram agradavelmente, Poe examinando os papéis e brincando com a bengala-espada de Malaca com que um amigo havia presenteado o médico. Poe abruptamente se levantou e anunciou que estava indo ao Sadler's Restaurant para jantar. Ele, distraidamente, levou a bengala de Carter com ele, deixando a sua para trás, com uma cópia de *Irish Melodies,* de Thomas Moore. Se Poe esteva lá para pedir medicamentos ou se pareceu febril, Carter não o mencionou em suas recordações da noite. Sadler mais tarde contou a Carter que Poe havia deixado o restaurante por volta da meia-noite, indo em direção ao Rockett's Landing e ao "barco de Baltimore" com alguns companheiros. Novamente, nenhuma menção de doença. E apenas alguns dias após a morte de Poe, Thompson escreveu: "Na noite anterior à sua partida de Richmond, ele estava comigo e falou com muita animação sobre suas resoluções e perspectivas para o futuro". Portanto, é impossível dizer em que condição estava Poe, física ou psicologicamente, quando embarcou em um vapor para Baltimore às quatro da manhã. Ele estava com febre, triste e confuso quando a embarcação começou seu trajeto para o norte? Estava feliz, otimista e sóbrio, como Thompson e outros o descreveram?

Certamente, durante os últimos dias em Richmond, muitos amigos e conhecidos descreveram seu ânimo como otimista. Esse parecia ser o caso quando se despediu da família Talley em 25 de setembro. Ele foi o último a deixar o grupo em Talavera naquela noite. A imagem da partida foi, para Susan Archer Talley, tanto simbólica de sua vida como profética de sua morte: "Estávamos de pé no pórtico, e, depois de darmos alguns passos, ele pausou, retornou, e uma vez mais levantou seu chapéu, em um último adeus. Naquele momento, um meteoro brilhante apareceu no céu diretamente sobre sua cabeça".

"EXTREMIDADE DO TERROR"

MAIO DE 1836 – 20 DE JANEIRO DE 1842

Estabelecido em Richmond com sua amada "Mãe", Maria Clemm, e sua adorada "Maninha", Virgínia, o recém-casado Poe produziu uma feroz quantidade de matérias em sua posição como editor no *Southern Literary Messenger*. Uma porção substancial desses trabalhos consistia em críticas. Primeiro um poeta e depois o promissor autor de contos de humor com um toque de terror, ele havia entrado na fase de sua carreira pela qual ficou conhecido a maior parte de sua vida. Dado que seus deveres também incluíam avaliar artigos submetidos para publicação, editar e revisar matérias, solicitar contribuições e escrever complementos em cada edição, não admira que tivesse pouco tempo para contos e poesias. É admirável que tivesse conseguido produzir tanta crítica penetrante e finamente acabada como produziu. Seu empenho, vigor e dedicação foram tão admiráveis quanto suas tentativas para sustentar a família.

Segundo muitas descrições, era uma família feliz. "Ele era inquestionavelmente de uma disposição afetuosa, da qual dava o melhor tipo de prova quando trabalhava alegremente pelo sustento" de Muddy e Maninha, escreveu seu amigo Lamber Wilmer. "Enquanto foi editor do *Southern Literary Messenger*, dedicava grande parte de seu salário à educação de Virgínia, e ela foi instruída em cada habilidade elegante às suas custas. Ele se tornou seu tutor em outro momento, quando sua renda não era suficiente para sustentar um curso mais regular de educação. Lembro certa vez de encontrá-lo envolvido, em um domingo, em dar a Virgínia lições de álgebra."

Wilmer ficou indignado com a acusação de que Poe era exclusivamente dedicado, solícito e cuidadoso apenas em relação a Virgínia. De todas as acusações maliciosas feitas a Poe após sua morte, essa pareceu a Wilmer particularmente desprezível:

> Um de seus cronistas severos diz: "Alguns acreditam que tenha realmente amado sua esposa; se amava, tinha um modo estranho de mostrar sua afeição". Agora, parece-me que ele mostrava sua afeição do modo *correto*, esforçando-se para fazer sua companheira feliz. Conforme as oportunidades que possuía, ele lhe provia dos confortos e luxos da vida. Mantinha um piano para gratificar seu gosto por música, em uma época em que sua renda mal dava para bancar uma extravagância dessas. Nunca soube de ele ter dirigido a ela uma palavra indelicada, e duvido que algumas vez tenham tido algum desacordo. Que Virgínia o amasse, estou muito certo, pois era, sem dúvida, natural demais para fingir uma afeição que não sentisse.

Se e quando o casamento foi consumado não se sabe. A sexualidade de Poe é também outro mistério e, assim, outra fonte de especulação interminável. Teorizou-se que Poe pode ter sido impotente e amor para ele significasse um tipo puro de adoração. Havia algo revelador em seu apelido para ela, Maninha? Ela era mais uma irmã dedicada e mimada do que uma esposa? Há testemunhos de que tenham iniciado uma verdadeira vida marital quando Virgínia completou 16 anos.

Portanto, tudo é teoria, é claro, e nunca pode ser mais que isso. Aqueles tentando especular sobre o estado de coisas no quarto de Eddy e Maninha devem fazê-lo do lado de fora de uma porta fechada. Contudo, sua afeição e dedicação foram confirmadas por muitas testemunhas.

Wilmer ficou igualmente impressionado com a ética de trabalho de Poe. "Ele me parecia um dos homens mais trabalhadores do mundo", escreveu em uma memória publicada em 1866. "Eu o visitava para vê-lo a qualquer hora, e o encontrava sempre ocupado."

Prolífico com sua caneta, Poe também era um leitor voraz, perseguindo constantemente uma variedade surpreendente de temas. Vincent Price, que estrelou em vários filmes inspirados ou baseados em contos e poemas de Poe, certa vez declarou: "um homem que limita seus interesses limita sua vida". O ator não estava falando especificamente sobre Poe na época, mas estava por certo expressando um sentimento que o escritor que tanto admirava teria sinceramente endossado. O corolário de Poe poderia ter sido: "O artista que limita seus interesses limita sua arte". Price, como ator – da mesma forma que Poe como escritor – foi rotulado como um especialista do terror, mas – como Poe – tinha muitos interesses e um excêntrico senso de humor.

"Você quer saber o que fez de Poe um mestre de contos de terror e horror?", Price perguntou certa vez. "Além de ser um grande observador da natureza humana, tinha uma grande curiosidade, interessava-se intensamente por tudo, e, assim, tudo permeava sua arte: história, ciências, línguas, criminologia, flora, qualquer coisa, tudo, e, principalmente, a psique humana. Tudo isso permeava seu trabalho, e é isso que você necessita caso pretenda escrever bem nessa área enganadoramente complexa que chamamos terror. Você deve ter essa curiosidade orientadora e senso de questionamento sobre as grandes coisas das quais somos capazes... e, igualmente, sobre o mal. Você não pode apenas estar interessado em assustar as pessoas ou provocar arrepios em sua espinha.

É isso que separa os melhores contos de terror e os torna literatura. Você deve saber isso sobre Poe, o homem, a fim de apreciar Poe, o escritor."

Ou, você poderia dizer, a pessoa que limita seu interesse em Poe limita a vida de Poe, e nossa compreensão dessa vida. Poe se destacava no departamento de arrepios, mas não porque passasse todo seu tempo disponível visitando túmulos, lastimando amores perdidos e se comunicando com corvos esquálidos e assustadores.

"Esse não é um escritor diferente trabalhando gêneros diversos", disse Paul Lewis, professor de inglês no Boston College e ex-presidente da Associação de Estudos Poe. "Não há diferença entre Poe, o examinador e crítico de livros, e Poe, o escritor e poeta criativo. Você tem de derrubar esse muro. O mesmo impulso intelectual e emocional está operando nesses tipos muito diferentes de trabalhos."

Essa grande curiosidade à qual Price se referia servia igualmente a Poe como crítico. Durante seu período no *Southern Literary Messenger*, ele examinou romances, poesia e biografias, assim como trabalhos sobre história naval, frenologia, botânica, filosofia, religião, navegação, geografia, história natural, música e pesquisa. Poe estava fazendo seu nome como crítico, sem economizar inimigos com os elevados padrões e apreciações abrasadoras que levou à sua crítica literária. Aqueles buscando por provas das habilidades humorísticas de Poe logicamente se dirigem aos seus trabalhos e farsas cômicas, mas sua sagacidade perpassa muitos dos contos de terror e também a crítica. Na verdade, muitas das suas linhas mais engraçadas podem ser encontradas nas críticas.

"O livro é uma imposição pública", escreveu Poe em 1836 sobre um volume intitulado *Ups and downs in the life of a distressed gentleman* [Altos e Baixos na Vida de um Cavalheiro Aflito]. "A 'introdução'... é em muito a melhor parte do trabalho – tanto é assim, na verdade, que imaginamos que tenha sido escrita por algum bom e generoso amigo do autor... [O livro] foi escrito, acreditamos, pelo coronel Stone, do anunciante New York Commercial, e deveria ter sido impresso entre os anúncios falsos no canto disponível de seu jornal". No mesmo ano, ele escreveu sobre *The Swiss Heiress; or the Bride of Destiny* [A Herdeira Suíça; ou a Noiva do Destino], de Joseph Robinson: "*A Herdeira Suíça* deveria ser lido por todos que nada melhor tenham para fazer. Somos pacientes e, tendo percorrido o livro inteiro com a determinação mais resoluta, somos agora capazes de pronunciá-lo uma das mais solenes farsas. Vamos ver se não é possível dar alguma ideia da trama".

Embora causasse feridas abertas com golpes de florete, suas críticas mais duras lhe conferiram o apelido de "o Homem Tacape". Resumindo sua abordagem em uma carta de 1841, Poe escreveu: "Na crítica, serei intrépido e severo, absolutamente justo, com amigos e inimigos. Nada me desviará desse propósito. Visarei à *originalidade* no corpo do trabalho, mais do que qualquer outra qualidade especial".

"O nível de detalhe e especificidade em algumas dessas críticas antecipa a crítica literária moderna", disse James M. Hutchisson, biógrafo de Poe. "Ele merece mais crédito por seus surpreendentes talentos como crítico."

Poe tem sido declarado uma figura icônica por escritores de terror, mistério, ficção científica e fantasia, ou como Scott Peeples, estudioso de Poe, disse: "Todo mundo quer Poe no seu time". No entanto, isso não é tão verdadeiro com os críticos, talvez porque um século após sua morte, sua reputação como crítico tenha caído na obscuridade. Um escritor ganhador do Prêmio Nobel, que celebrava todos os talentos de Poe, incluindo a crítica, foi George Bernard Shaw, um influente crítico, ensaísta e dramaturgo. "Ele foi o maior crítico jornalístico de sua época, expondo bons trabalhos europeus quando os críticos europeus estavam esperando que alguém lhes mostrasse o que dizer", escreveu Shaw em um tributo de janeiro de 1909, marcando o centenário do aniversário de Poe. Como Shaw, e o herói de Shaw, Mark Twain, Poe era capaz de dirigir para si sua sagacidade incisiva e zombar de si. "Tenho grande fé nos tolos – autoconfiança, como meus amigos a chamam", Poe escreveu. É o tipo de autodepreciação brincalhona que, para observadores casuais, soará mais como Twain do que como Poe.

Aqueles que também buscam as influências literárias de Poe poderão encontrá-las celebradas em sua crítica. Ele usou uma crítica de janeiro de 1836 para graciosamente saldar uma dívida de infância para com Daniel Defoe e *Robinson Crusoé*. A crítica positiva de Poe de uma biografia de Defoe argumenta que, embora o autor inglês fosse um escritor versátil e talentoso que permanecia um nome familiar, sua imensa fama repousava na massiva popularidade de um livro. E esse livro, *Robinson Crusoé*, havia ofuscado por completo suas várias outras realizações. "Embora Defoe tivesse o justo direito à imortalidade sem jamais ter escrito *Robinson Crusoé*, seus vários outros excelentes trabalhos praticamente desapareceram de nossa atenção". Ele escreveu no *Southern Literary Messenger*. Ele também argumenta que, mesmo *Robinson Crusoé* não fora inteiramente apreciado porque os leitores, capturados pelas maravilhas do livro, fracassaram em compreender a arte e elaboração cuidadosa envolvidos: "Nenhuma pessoa em dez – não, em quinhentas – tem, durante o exame de *Robinson Crusoé*, a mais remota concepção de que alguma partícula de genialidade, ou mesmo de talento comum, foi empregada em sua criação... Os poderes que criaram a maravilha foram jogados na obscuridade pela estupendiosidade da maravilha que criaram!". Ao discutir a percepção de Defoe e o efeito de *Robinson Crusoé* sobre essa percepção, Poe, o crítico, sob muitos aspectos, está antecipando o que acontecerá à sua própria reputação literária. A maior parte do seu trabalho será ofuscada por um grupo relativamente pequeno de contos, e o poder que criou essas maravilhas será jogado na obscuridade.

Mas a crítica mostra Poe olhando não para o futuro, num sentido profético, mas para o passado, comprazendo-se em um enlevo de nostalgia pela excitação de naufragar com o herói de Defoe. O Poe adulto está alegremente recordando aquele primeiro encontro da juventude com *Robinson Crusoé* na Inglaterra e do monumental efeito que teve sobre si: "Quão afetuosamente recorremos, em memória, àqueles dias encantados de nossa infância quando aprendemos pela primeira vez a levar *Robinson Crusoé* a sério! – quando, pela primeira vez, encontramos o espírito da aventura fantástica acendendo dentro de nós, enquanto, na luz tênue, elaborávamos, linha por linha, a maravilhosa magnitude daquelas páginas, e nos detemos, ofegantes e trêmulos, com avidez, diante de seu interesse estimulante e encantador!".

Muitos dos poemas e contos de Poe publicados no *Southern Literary Messenger* durante seu tempo como editor eram trabalhos reimpressos, como "Para Helena", "Perda do Fôlego" e "Bon-Bon". Excertos de sua obra inacabada em verso branco, *Politian*, baseada no assassinato do procurador-geral de Kentucky, Solomon P. Sharp, em 1825, foram publicados nas edições de dezembro de 1835 e de janeiro de 1836, mas a maioria desse trabalho foi completada antes que se estabelecesse como editor em Richmond. Quando Poe pediu a opinião de John Pendleton Kennedy sobre *Politian*, sua resposta foi que Poe deveria continuar a colocar seus esforços em contos e poemas.

Enquanto mantinha seus deveres editoriais, Poe dedicava uma enorme quantidade de tempo lendo e depois escrevendo sobre o que havia lido. Argumentou-se que, compensando por ter completado apenas um semestre da faculdade, Poe lia extensamente, mas nem tudo de maneira muito profunda – que alegava uma erudição a qual não era verdadeiramente merecida, que, sob a imensa pressão de escrever tantas matérias, por vezes, inventava citações e nem sempre lia todos os trabalhos que criticava. Há evidências para algumas dessas acusações, com certeza; todavia, a maior parte de sua crítica confirma a avaliação que Shaw fez dele. Como Shaw, Poe sabia o valor de um ponto crítico bem expresso e extremamente incisivo. Como com os contos, ele queria ser divertido, ele queria ser lido.

Como de costume, Poe não estava facilitando as coisas para si. Ele dirigiu acusações de plágio e de gramática descuidada contra vários escritores, mesmo algumas das figuras literárias mais amadas e famosas do país. Ele também condenava a prática de "promoção indiscriminada", na qual escritores elogiariam profusamente os trabalhos uns dos outros, esperando o mesmo tratamento em retorno. Também conhecida como troca de favores, essa forma de camaradagem nunca desapareceu do cenário literário.

Certamente, sendo uma criatura de contradições, dualidades e ambiguidades, Poe se deixou atingir por essas mesmas acusações. Rápido em atacar erros gramaticais, ele os cometeu mais do que podia. Isso é compreensível, dada a velocidade que o trabalho da revista exigia. E, embora Poe pudesse ter pedido essa compreensão, não estava inclinado a oferecê-la a outros. Ele também violou sua regra antipromoção em uma ocasião. Em relação ao modo como Poe definiu plágio, que incluía o empréstimo de tons e técnicas, ele, por vezes, colocou-se em uma base instável nesse território também. Ainda assim, embora nem sempre puro nos detalhes, suas intenções gerais eram tão sólidas quanto seus julgamentos pontuais.

"Ele também tinha muitos inimigos por ser um crítico tão penetrante e brilhante", observou Harry Lee "Hal" Poe. "Ele podia ser cruel, mas usualmente seus alvos o mereciam. Grande parte do que estava criticando era completo lixo. E suas avaliações resistiram à prova do tempo. O material que ele criticava como lixo desapareceu e foi abençoadamente esquecido. Os escritores que enalteceu, como Dickens e Hawthorne, merecerem ser lembrados. Ele se mostrou certo em todas as suas avaliações literárias."

Isso não passou despercebido por completo enquanto Poe estava ganhando proeminência como crítico no *Southern Literary Messenger*. *The Richmond Whig* enaltecia suas críticas por "fustigar a letargia, que sempre merece ser fustigada, com um gato de nove caudas". O

National Intelligencer declarou: "Em grande medida, o tom das críticas difere da promoção e é perfeitamente independente". E o *Philadelphia Saturday Evening Post* comentou que "as críticas e análises editoriais parecem ser escritas em um espírito de candura muito extraordinária para a imprensa americana".

Outras publicações viam o estilo de crítica de Poe com alarme, denunciando-o como um autopromotor impiedoso, mais interessado em elevar sua própria fama do que os padrões literários do país. Os críticos do crítico também franziram o cenho quando Poe se tornou pessoal em suas críticas, que questionavam o caráter ou a educação dos autores.

Poe respondia a seus detratores apontando o tipo de orgulho nacional que enaltecia um trabalho inferior simplesmente porque era escrito por uma pessoa americana – "forçando nossos leitores a considerarem um livro estúpido o melhor porque com muita certeza sua estupidez era americana". Quanto à sua abordagem à crítica, "é tolice afirmar, como alguns atualmente gostam de fazer, que a literatura de qualquer nação ou época foi alguma vez prejudicada pela fala franca dos críticos. Quanto às letras americanas, a fala franca sobre *elas* é, simplesmente, o que é necessário. Elas estão em uma condição de absoluta confusão".

Foi uma posição que lhe trouxe notoriedade, mas não popularidade. "Poe foi um grande crítico do nacionalismo americano", disse J. Gerald Kennedy, estudioso do escritor. "Ele resistia à noção de uma dominação predeterminada sobre o continente norte-americano. Isso também não foi muito bem recebido. Poe também tinha uma absoluta obsessão por ser o árbitro dos gostos e julgamentos literários. Ele queria ser o crítico proeminente e o organizador."

Para George Rex Graham, proprietário de uma editora que ofereceu um fórum para sua crítica: "A literatura com ele era religião; e ele, seu sumo sacerdote, com um chicote de escorpiões açoitava os cambistas do templo. Em tudo o mais, ele tinha a docilidade e a benevolência de uma criança. Ninguém era mais rapidamente tocado por uma bondade – ninguém mais rápido para devolver uma injúria".

O proprietário do *Southern Literary Messenger*, Thomas Willis White, pode ter se sentido desconfortável com um editor que regularmente buscava controvérsia, mas Poe estava obtendo resultados. Sob sua orientação, a revista desfrutou de um salto considerável na circulação e no reconhecimento. Em junho de 1836, Poe escreveu a Kennedy: "Nosso *Messenger* está crescendo além das expectativas, e eu mesmo tenho todas as possibilidades de sucesso". Contudo, no outono, a relação entre proprietário e editor estava exibindo uma clara tensão. Eles se encaminhavam para um rompimento, embora a razão para isso permaneça incerta. White estava ficando impaciente e depressivo, preocupado com dívidas e devastado por saber que sua esposa estava morrendo de câncer uterino. Foi sugerido que Poe estivesse bebendo de novo, embora White jamais tenha citado de forma explícita isso como a razão para que cada um buscasse seguir seu caminho. White confidenciou em uma carta no fim de dezembro: "Por mais elevados que considere os talentos do sr. Poe, serei forçado a notificá-lo, em uma semana ou mais no máximo, que não posso mais reconhecê-lo como editor de meu *Messenger*". A suposição é que ele estivesse cumprindo sua promessa de demitir Poe caso este começasse a beber novamente. Não é um cenário improvável. Todavia, é evidente também que White estivesse ficando pessoalmente desencantado com Poe e desejasse retomar o controle da publicação. Ambas as razões podem ser verdadeiras. A edição de janeiro do *Messenger* trazia a notícia de que Poe estava se retirando como editor. O bondoso White tentou amenizar a situação com dinheiro e a promessa de publicar capítulos do romance de Poe, *A Narrativa de Arthur Gordon Pym*. Qualquer que fosse a culpa que estivesse sentindo, estava claramente aliviado de se livrar de um editor que dava muito trabalho. Havia também, provavelmente, alguma verdade nas recordações de Poe sobre o ocorrido:

"A situação era desagradável para mim sob todos os aspectos. O trabalho penoso era excessivo, o salário era indigno. De fato, logo descobri que, independentemente da reputação que eu mesmo pudesse ganhar, essa reputação seria tudo. Não tinha chance alguma de melhorar minha situação pecuniária".

Poe permaneceu em Richmond até o fim de janeiro, e então se mudou para Nova York, onde vivera brevemente em 1831 após sua partida de West Point. Dessa vez, ele necessitava encontrar uma moradia que também pudesse acomodar sua esposa e sua sogra. Ele a encontrou na Avenida Sixth e Waverly Place, onde compartilhavam o andar com seu inquilino, um livreiro chamado William Gowans. As responsabilidades editoriais de Poe no *Messenger* o haviam impedido de produzir muita coisa em termos de poesia e contos, mas após Harper & Brothers terem rejeitado sua coleção "As Histórias do Clube Folio" no início de 1836, ele encontrou tempo para trabalhar em *A Narrativa de Arthur Gordon Pym*. Em Nova York, começou procurar trabalho e uma editora para seu romance.

Se Poe estava bebendo durante seus últimos meses em Richmond, ele parece ter entrado em um grande período de sobriedade em Nova York. Gowans deixou para trás um registro dessa época, declarando: "Por oito meses ou mais, 'uma casa nos abrigou, uma mesa nos alimentou!'. Durante esse tempo, eu o via muito, e tinha oportunidade de conversar com ele de maneira frequente e, devo confessar, nunca o vi minimamente afetado pela bebida, nem mesmo cair em qualquer vício conhecido, pelo contrário, foi uma das companhias mais corteses, gentis e inteligentes que encontrei durante minha jornada e minhas paradas pelas diversas partes do globo".

Em maio, Harper & Brothers concordaram em publicar *A Narrativa de Arthur Gordon Pym* (embora só tenha sido impresso no fim de julho de 1838). A família pode ter vivido brevemente à rua Carmine 113½, mas, no começo de 1838, mudaram-se para a Filadélfia, esperando por alguma melhora no que havia se tornado uma situação cada vez mais desesperadora.

Baltimore e Richmond eram duas cidades onde Poe encontrara um grau de aceitação e, mais importante, um clima familiar. Na América da década de 1830, elas eram consideradas cidades do Sul. E, embora nascido em Boston, Poe certamente via-se como um sulista. Contudo, no tempo restante de sua vida, suas residências seriam em cidades do Norte, Filadélfia e Nova York. Mas a profundidade da identidade sulista de Poe é um dos tópicos que estudiosos e biógrafos seus consideram mais intrigantes.

"Ele sempre teve o ar de um cavalheiro da Virgínia", disse Chris Semtner, o curador do Poe Museum. "E ele provavelmente manteve um sotaque de Tidewater sua vida inteira. De fato, alguns de seus poemas só rimam corretamente quando os escandimos no sotaque sulista de Tidewater."

"É preciso considerar a sulinidade de Poe", constatou Hutchisson, biógrafo do escritor. "Ele era sulista. Cresceu um sulista. Falava e pensava como um sulista. Considerava-se sulista. Ora, isso também significa que aceitava algumas das melhores e piores visões sociais e posições dos sulistas. Ele possuía noções extremamente elitistas, segregacionistas e excludentes sobre classe e raça. Alguns acham que assumia e abandonava a identidade sulista. Argumentou-se que era um sulista quando desejava ser. Mas acho difícil acreditar que tenha deixado isso tudo para trás quando partiu de Richmond."

Tendo outrora aspirado à aristocracia da Virgínia, Poe certamente atacou o movimento abolicionista. Como muitos americanos de sua época, do Norte e do Sul, ele acreditava na superioridade da raça branca. E, em geral, suas descrições de personagens negros tendem a ser estereotípicas. Mas, embora tivesse absorvido essas posições e visões de sua criação sulista, Hutchisson disse, ele não era, necessariamente, racista, ao menos não na compreensão que temos desse termo no século XXI. Qualquer defesa ou acusação feita a Poe nessas bases, ele alertou, corre o risco de ser exagerada.

Embora os modos e o sotaque de Poe o identificassem como um sulista, é possível que nunca tenha se sentido inteiramente aceito em lugar algum. Seja em Richmond ou na Filadélfia, ele ainda era um forasteiro recebido nos círculos internos por meio de seu talento.

"Tenho sentimentos um tanto conflitantes sobre tudo o que se relaciona à identidade sulista de Poe", ponderou Peeple, um estudioso de Poe, "Por um lado, Richmond tende a passar despercebida quanto a seu efeito sobre ele. Mas, se olharmos para a trajetória de vida e carreira de Poe, acho que era alguém que podia se adaptar quando necessário. Ele era muito cosmopolita, e não compro essa ideia de um Poe sulista deslocado e exilado em uma terra nortista hostil. Ele não cresceu no Sul profundo. Para ser sincero, não acho que se identificasse muito fortemente com qualquer região. A ideia de Poe como um refugiado sulista pegou. Não é completamente falsa, mas é com frequência exagerada."

Poe, de fato, olhava para além das fronteiras secionais e nacionais, vendo-se, muito provavelmente, como um cidadão do mundo. Há diversas questões "e se" intrigantes em torno de sua breve vida. E se Poe tivesse vivido mais doze anos e testemunhado o começo da Guerra Civil? Suas lealdades teriam sido com o Velho Domínio e, portanto, com a Confederação? Contudo, uma questão ainda maior é para onde teria ido como escritor.

"Fala-se muito que Poe se considerava um cavalheiro sulista, mas o tema maior, eu acho, é que se via como um gênio não reconhecido", disse Amy Branam Armiento, ex-presidente da Poe Studies Association. "Ele sabia que era bom de verdade em algo e que tinha algo especial a oferecer, e que estava sendo constantemente frustrado. Teria permanecido no Norte? Você deve estar curioso, mas nunca saberemos.

O que sabemos é que nunca ficou parado, geográfica e artisticamente. Ele estava sempre em movimento, assim, quem poderia dizer para onde teria ido?"

Em apoio à ideia de que se sentia isolado por uma consciência de seus dons literários, perto do fim de sua vida, o próprio Poe escreveu:

> Por vezes, divirto-me me esforçando para imaginar qual seria o destino de qualquer indivíduo talentoso, ou, ao contrário, maldito, com um intelecto *muito* superior ao de sua raça. É claro, seria consciente de sua superioridade; tampouco, poderia... evitar manifestar sua consciência. Assim, faria inimigos em todos os níveis. E, como suas opiniões e especulações difeririam amplamente daquelas da humanidade *inteira*, seria considerado um louco, é evidente. Que condição horrivelmente dolorosa! O inferno não poderia inventar tortura maior...

Para Kennedy, o caminho que Poe teria seguido nas décadas de 1850 e 1860 é mais um mistério insolúvel:

> Poe morre bem no início do inevitável movimento na direção da Guerra Civil. E para onde Poe teria ido nesse processo? Inevitavelmente, um simpatizante sulista? O partido com o qual Poe mais se identificava, os Whigs, tornou-se o Partido Republicano. Suas políticas tendiam a ser conservadoras. Assim, é tudo muito difícil de prever. Poe era obcecado pelos problemas espirituais e intelectuais que consumiam muitas pessoas naquela época, mas também estava vinculado às complicações de sua própria existência atormentada. Esse é o inconcebível Poe. É praticamente impossível imaginar o que e quem Poe teria se tornado. Ele sempre esteve fadado a morrer aos 40 anos.

Embora um Whig, Poe não via muita lógica ou sentido nos domínios da política e do governo. Ele acreditava que muitas crenças políticas fossem "puramente pessoais, em vez de considerações de princípio". A maioria das pessoas, ele escreveu, "não se preocupa muito mais com o caráter de seus governantes do que os súditos do sultão". Assim como o escritor e crítico posterior associado a Baltimore, H. L. Mencken, Poe tinha pouca coisa boa para dizer a respeito dos méritos da república. "Poe era dúbio sobre a noção de democracia radical", disse Kennedy. "E reconhecia a grande suscetibilidade da democracia à corrupção."

Política, porém, não estava muito na mente de Poe quando se mudou de Nova York para uma pensão na rua Mulberry, na Filadélfia. Ele estava pensando em melhorar as circunstâncias para si, Maninha e Muddy. Isso não produziu imediatamente o esperado alívio econômico. O escritor James Pedder vivia por perto e encontrou a família sofrendo por ter tão pouco para comer. Ele recordou que estavam vivendo de pão e melado durante semanas. Em julho, as coisas estavam tão ruins que Poe escreveu a seu amigo James Kirke Paulding buscando ajuda. Escritor satírico, dramaturgo, romancista e amigo de longa data de Washington Irving, Paulding havia recentemente sido nomeado secretário da Marinha pelo presidente Martin Van Buren. Convencido de que possivelmente não conseguiria sustentar Virgínia e Maria, o que dizer de si mesmo, apenas com trabalho literário, Poe perguntou se Paulding poderia lhe conseguir uma posição como secretário em seu departamento ("*qualquer coisa, no mar ou em terra*"). Embora Paulding reconhecesse o gênio de Poe e o considerasse o principal talento literário do país, a posição não veio. Onze dias depois de Poe escrever essa carta a Paulding, a editora Harper & Brothers finalmente publicou *A Narrativa de Arthur Gordon Pym*, que confundiu e até enfureceu muitos críticos. A despeito de um subtítulo enorme, que prometia carnificina atroz, rebelião, sofrimento horrível, fome, naufrágio, massacre e calamidade, foi, todavia, outro livro de Poe que fracassou em vender muitas cópias.

Ainda assim, nem todas as críticas foram negativas, e algumas compreenderam o que Poe estava tentando com *Pym*, que é a descrição de cinco viagens fantásticas do personagem do título. Uma das críticas apreciativas apareceu no *Morning Courier*: "Há, certamente, uma série de horrores mencionados no título; mas o volume é altamente interessante no conto, bem escrito, e para amantes de ficção fantástica será um tesouro". Poe voltou a refinar sua abordagem do conto.

"Poe parecia não entender o que faz um grande romance", disse Edward G. Pettit, o estudioso do escritor. "E ele não consegue escrever um romance. Sua obra, *A Narrativa de Arthur Gordon Pym* é uma gloriosa confusão. Eu a adoro. É muito engraçada. É bizarra e estranha, mas não consegue sustentar os grandes efeitos que Poe produz tão magistralmente nos contos."

As coisas estavam tão desesperadoras que Poe fez uma tentativa sincera de aprender a arte da litografia, um método para imprimir textos ou ilustrações sobre papel e outras superfícies. "Ele trabalhou de maneira intensa e severa para se tornar praticamente familiarizado com esse negócio", Wilmer recordou. "O confinamento a uma posição inclinada afetou sua saúde; sintomas claros de consumpção apareceram, e sua esposa e sogra o persuadiram a abandonar uma ocupação que o estava levando ao túmulo."

Quando a família se mudou para uma pequena casa na rua Sixteenth próximo a Locust no começo de setembro, havia pouca indicação de que Poe estava prestes a aumentar o volume e produzir os trabalhos maduros que o tornariam um *rockstar* literário para as futuras gerações. Seria seu período mais produtivo e impressionante como escritor, e começou naquele outubro quando seus amigos Nathan C. Brooks e o dr. Joseph E. Snodgrass publicaram seu conto "Ligeia" no periódico mensal *The American Museum*, de Baltimore. Como "Berenice" e "Morella", "Ligeia" fala sobre a tentativa fracassada de casamento e a morte de uma bela mulher. Contudo, senhora Ligeia, de cabelos e olhos negros, demonstra, friamente, sua crença de que a vontade humana pode ser mais forte que a morte. Ela o faz rejuvenescendo-se com o sangue da segunda esposa do narrador, a senhora Rowena, loira e de olhos azuis. Essas mulheres belas e etéreas eram um tipo de espécie ameaçada nos contos e poemas de Poe.

"Com razão, é claro", disse Pettit. "Sob muitos aspectos, a morte de uma bela mulher é parte de sua biografia. Em algum ponto, ele diz que a morte de uma bela mulher é o mais romântico dos tópicos. Se você é uma mulher e Poe ama você, cuidado, você está condenada."

Todas as três histórias de terror também apresentam um narrador atormentado e possivelmente perturbado. Mas a mais astuta e brilhantemente habilidosa "Ligeia" é obra de um escritor de terror que se apercebe da extensão completa de seus poderes formidáveis. "A história da senhora Ligeia não é meramente uma das maravilhas da literatura: é incomparável e única", George Bernard Shaw escreveria cerca de setenta anos após sua primeira aparição impressa. "Nada há, realmente, a ser dito sobre ela: nós simplesmente tiramos nossos chapéus e deixamos o sr. Poe passar primeiro."

Poe abre o conto com o que pode ser uma citação espúria atribuída ao clérigo, filósofo e escritor inglês do século XVII, Joseph Glanvill. É inteiramente possível que tenha inventado essas quatro sentenças para servirem aos seus propósitos, em especial com a linha final sobre não nos rendermos "completamente até a morte, exceto somente pela fraqueza de nossa débil vontade". Ele, então, torna essas as palavras finais da senhora Ligeia. Sua morte deixa o narrador "pulverizado pela tristeza".

"Poe perdeu todas essas mulheres que significavam tanto para ele e morreram jovens, de modo que está sempre retornando a esse sentimento de perda", disse Armiento. "Nos contos, as mulheres condenadas são muito assustadoras. Nos poemas, as mulheres condenadas são romantizadas. Como escritor, ele está cercado pela cultura da morte, e o sentimos tentando elaborar as muitas perdas em sua vida."

A literatura de terror tende a tratar dos grandes temas, dando-nos meios metafóricos e alegóricos para envolvermos a mente em torno dos temas mais difíceis. Talvez o maior seja a morte. Poe trata disso em seus poemas, contos e mesmo nos ensaios. "Ele está olhando para a morte de um modo diferente e de todas as formas", disse Semtner. "Ele está lidando com ela. O que é essa transição entre vida e morte? O que nos acontece? Essas são suas questões, mas são também as nossas."

No fim de 1838, Poe recebeu cinquenta dólares, tão necessitados, para auxiliar o professor Thomas Wyatt na preparação de *The Conchologist's First Book* [O Primeiro Livro do Conchologista]. A Harper & Brothers havia publicado o *Manual of Conchology* [Manual de Conchologia] de Wyatt no começo daquele ano, vendendo-o pelo exorbitante preço de oito dólares. Wyatt queria uma edição barata que pudesse vender em palestras, e, a fim de persuadir a Harper & Brothers, fez Poe colocar seu nome no barato *The Conchologist's First Book* [O Primeiro Livro do Conchologista], que foi publicado em abril de 1839. Poe contribuiu com alguns escritos originais para o volume, mas aquele foi, na maior parte, trabalho de Wyatt. Era uma publicação equivalente à trapaça antiga e popular do jogo de rua das três conchas. Mas similaridades com o livro *The Conchologist's Text Book* [O Manual do Conchologista], do capitão Thomas Brown, publicado em Glasgow em 1833, puseram Poe na linha de fogo de acusações de plágio. Ele só teve problemas com esses cinquenta dólares. Compreensivelmente irritada pela fraude, a Harper & Brothers não ficou contente com a participação de Poe nas fracas vendas da cara edição do trabalho de Wyatt. Como Arthur Hobson Quinn observou em sua biografia de Poe, era "sombriamente irônico" que esse tenha sido o único livro publicado com seu nome durante sua vida que ganhou uma segunda edição.

Assim como na sequência de "Metzengerstein" havia publicado um conto cômico, ele agora, depois de publicar "Ligeia", lançava um de seus melhores esforços de humor, "Como Escrever um Artigo

Blackwood", e seu trabalho associado, "A Predicament" [Uma Situação Difícil]. Ambos apareceram na edição de novembro de *The American Museum*. Mas, embora a criatividade de Poe crescesse gradualmente, ele não estava tendo muita sorte em melhorar as perspectivas da família de se alimentar com mais regularidade. Desde que deixara o emprego no *Southern Literary Messenger*, não havia uma renda contínua. Isso mudou quando, em maio de 1839, Poe escreveu ao proprietário da *Burton's Gentleman's Magazine* buscando trabalho como editor assistente. O animado proprietário da publicação, William Evans Burton, nascido na Inglaterra, era ator de tipos que dividia seu tempo entre interpretar o palhaço no palco e trabalhar como proprietário-editor da revista que fundara em julho de 1837. Ele necessitava de alguém que pudesse substituí-lo durante as ausências devidas aos compromissos teatrais e conseguisse lidar com a miríade de tarefas editoriais. Poe, com sua experiência no *Messenger* e a reputação que ganhou em Richmond, era a pessoa adequada para isso. Mas Billy Burton não era alguém que cederia o controle de uma revista que trazia seu nome. Tampouco, era alguém disposto a controvérsias jurídicas. Manteve seu novo editor com uma rédea curta e um salário baixo: dez dólares por semana. Ele aconselhou Poe a guardar para si sua desconsideração por outros escritores, e justificou seu baixo salário garantindo a seu empregado que a carga de trabalho não excederia mais de duas horas diárias. Billy estava dizendo uma completa bobagem. Os aspectos do trabalho penoso dessa posição não diferiam daqueles do *Messenger*, exceto por ele carecer do poder e prestígio de um título de editor. Contudo, o dinheiro era extremamente necessário, e sua conexão com a *Burton's* o pôs em contato com importantes escritores e artistas da Filadélfia.

Um deles era o colunista da *Burton's*, Thomas Dunn English, um poeta e romancista dez anos mais jovem que Poe. Eles iniciaram uma amizade cordial, e o jovem escritor era um visitante frequente na casa de Poe. "A sra. Poe era uma dama delicada, com um ar de refinamento e boa criação", ele recordou, "e a sra. Clemm tinha mais de mãe do que de sogra." Poe podia ser um amigo difícil, para dizer o mínimo, e essa amizade em particular começaria a se deteriorar quando ele zombou da poesia de English em 1843. Isso levou a um conflito literário total e espetacular.

"Poe não era santo, e nem sempre era fácil estar perto dele", observou o romancista Matthew Pearl. "Ele tinha dificuldade com amizades e podia afastar as pessoas que genuinamente gostavam dele e queriam ajudá-lo. Podia ser encantador, cortês, espirituoso e gracioso, mas também podia ser sensível, mau, desconfiado, invejoso e ressentido. Ele queria ser notado e apreciado, mas tinha dificuldade em processar a apreciação."

O estudioso de Poe, Steve Medeiros, coloca isso mais vividamente: "Se você pudesse olhar pelo olho-mágico e ver quem estava batendo, e conseguisse ver que era Poe, você não abriria a porta, porque ele iria querer algo. Por mais genial que fosse e por mais encantador que pudesse ser, também poderia ser um chato".

Quando chegou o Halloween de 1839, Poe havia publicado dois dos seus maiores contos de terror: "A Queda da Casa de Usher", que incluía o poema "O Palácio Assombrado", e a história do duplo "William Wilson". Poe estava vivenciando um período de sucessos, levando a forma narrativa gótica a novos patamares assustadores. E estava longe de estar pronto. Os próximos anos na Filadélfia veriam uma série contínua de obras magistrais macabras: "Uma Descida ao Maelström", "O Retrato Oval", "A Máscara da Morte Rubra", "O Coração Revelador", "O Poço e o Pêndulo" e "O Gato Preto". Foi sugerido que Poe tenha se voltado ao terror somente porque havia um mercado para esses contos, mas isso é sem dúvida uma simplificação exagerada. Se pudesse vislumbrar o futuro, Poe provavelmente teria ficado muito irritado ao descobrir que seria identificado sobretudo com o gênero de horror, mas, definitivamente, havia algo espreitando dentro dele que foi atraído de maneira irresistível para o lado sinistro da vida. Ele teria dificuldade em negar isso.

Em seu livro de 2000, *On Writing: a Memoir of the Craft* [Sobre a Escrita: uma Memória do Ofício], Stephen King, o orgulhoso herdeiro literário de Poe, admitiu: "Fui constituído por uma paixão pela noite e pelo caixão inquieto, isso é tudo. Se você desaprova, posso apenas dar de ombros. É o que tenho". Poe tinha isso também, e muito mais, é claro. Mas, como King sugere, se escritores reagem ao som da porta rangendo, não devem resistir.

"E Poe não resistiu", disse King. "Desconfio que não poderia. Ele seguiu o chamado da noite e dos pesadelos, e o resto de nós o tem seguido desde então."

Não há dúvida de que ele respondeu não apenas ao som da porta rangendo como também às bicadas na janela de um ominoso pássaro de antanho, os sinos nas torres onde habitam os carniçais, o carrilhão excessivamente musical de um relógio gigante de ébano, o cicio de um pêndulo brilhante de aço oscilando, o tinir dos sinos nos gorros dos homens emparedados, e a batida abafada dos corações de homens assassinados ocultos sob soalhos. Poe era obcecado pela busca dos sons precisos em sua poesia e prosa, e, em seus melhores contos de terror, ele usava esses gritos, gemidos, rugidos e lamúrias como toques de clarim, convocando-nos para as mansões condenadas, catacumbas antigas, criptas ancestrais, calabouços da Inquisição, e casas assombradas por aparições espectrais, onde ficamos face a face com medos universais.

Espiando nas profundezas dessa escuridão, por muito tempo de pé
lá permaneci me perguntando, temendo
Duvidando, sonhando sonhos que nenhum mortal jamais ousou sonhar;

Embora essas linhas tenham sido escritas para "O Corvo" (1845), servem como uma descrição apropriada de Poe à medida que estava prestes a levar o conto de terror para patamares jamais vistos.

"Poe era brilhante não porque tinha o poder de fazer as pessoas ficarem atemorizadas", avaliou Wes Craven, diretor e roteirista que se especializou em filmes de horror. "Seu brilho vinha do reconhecimento e da compreensão de que todos somos atemorizados. Ele não criou o medo. Poe engenhosamente explorou o que já estava lá [...]. De maneira surpreendente, ele conseguia articular esse medo em todos nós. Poe não estava se baseando em um terror obscuro nele. Estava magistralmente se baseando na escuridão que existe nos entes humanos. Ele também antecipou as técnicas não apenas dos contos de terror futuros como também dos filmes de horror que seguiram. Todas as nuances, todas as técnicas, todos os dispositivos assustadores estão lá. Ele nos mostrou o caminho, e não estaríamos em lugar algum sem Poe."

O diretor de *A Hora do Pesadelo* soava quase como um professor universitário de inglês ou de humanidades quando discutia a arte de Poe, e, bem, isso é precisamente o que ele era antes de se tornar produtor de filmes e responder à sua própria porta rangendo. Robert Englund, o ator que interpretou Freddy Krueger nos filmes sobre *Elm Street*, diz que as pessoas apresentadas a Craven esperavam encontrar um "tipo malucoide com olhos selvagens de motociclista estilo Hells Angels" com tatuagens, jaqueta de couro e cabelo ensebado. Em vez disso, encontravam um camarada erudito de fala mansa, que gostava de conversar sobre filosofia e literatura. Leitores atuais dos contos de Poe provavelmente teriam uma resposta similar, caso pudessem ter encontrado o escritor real.

Embora não tenha sido seu primeiro amor literário, o horror apresentava possibilidades intrigantes para Poe. Ele acreditava que a história de terror poderia oferecer mais do que sensacionalismo e emoções baratas. Com os contos de suspense que ofereceu durante os anos na Filadélfia, Poe havia atingido, para emprestar uma frase de "O Gato Preto", uma "extremidade do terror e do assombro". "Sim, ele estava escrevendo para uma audiência e para sobreviver", disse Jeffrey

A. Savoye, o estudioso de Poe, “mas Poe dá ao terror moderno um tipo de pedigree literário histórico, que, realmente, sem ele não existe”. O que preocupa King e muitos estudiosos de Poe não é a surpreendente associação de Poe ao gênero de terror, mas a caricatura de escritor de terror que fizeram dele e que desacredita o verdadeiro gênio. “O equívoco que mais me incomoda é a noção de loucura”, disse Pettit. “Ela o desvaloriza como um grande artista. Ele era tão trabalhador, tão dedicado, tão exigente, mas alguns preferem, em vez disso, acreditar que tinha de ser insano para escrever sobre personagens insanos. É o oposto. Você tem de estar no completo comando de sua arte para descrever isso tão efetivamente.”

Certamente, aos 30 anos, ele estava no completo controle quando enviou os leitores à melancólica casa de Usher e seu “ar de severa, profunda e irremediável tristeza”. Poe estava realizando o objetivo grandioso que havia estabelecido para si. Não estava apenas criando histórias assustadoras; estava escrevendo obras magistrais do gênero. Os leitores eram convidados a acompanhar o jovem narrador enquanto se dirigia a uma mansão decadente, o lar ancestral de seu amigo de infância, Roderick Usher. O narrador desconhecido é o “melhor, e, na verdade, o único amigo pessoal” de Usher. A irmã gêmea de Usher, Madeline, está definhando, sofrendo de uma doença que “há muito desconcertava as habilidades de seus médicos”. Uma noite, o narrador é informado de que Madeline havia morrido. Sepultada viva, Madeline se levanta de seu caixão durante uma violenta tempestade, busca por seu irmão, e o ataca, arrastando-o “para o chão, um cadáver, e uma vítima dos terrores que antecipara”. O narrador foge, para então ver a mansão colapsar. Dentro e fora, psicológica e literalmente, ele testemunhou a queda da casa de Usher.

Uma vez mais, Poe nos apresenta uma jovem misteriosa enterrada viva, mas evita a maioria das convenções do conto da casa assombrada. Focando o estado mental em desintegração de Roderick Usher, ele nos deixa ponderar as causas por trás de seu "conflito com o terrível fantasma, MEDO". Ele é vítima do sobrenatural? Ou o terror é sua mente se desfazendo em vez da desintegração das paredes internas de sua casa? Como a obra magistral de horror posterior de Robert Louis Stevenson, *The Strange Case of Dr. Jekyll and Mr. Hyde* [O Médico e o Monstro: O Estranho Caso do Dr. Jekyll e do Sr. Hyde], "A Queda da Casa de Usher" inspira muitas interpretações alegóricas fascinantes. Poe não tem respostas literais para nós. O terror aqui está nos olhos de quem observa.

Washington Irving ficou tão impressionado com "Usher" que escreveu a Poe que uma coleção de histórias, "igualmente bem escritas não fracassaria em ser favoravelmente recebida". Poe tentou exatamente isso com *Contos do Grotesco e do Arabesco*, uma coleção de dois volumes de 25 contos de terror, horror e de humor. Ele poliu e revisou muitos dos trabalhos inclusos, apoiado por outra carta de Irving, dessa vez enaltecendo "William Wilson".

Publicado por Lea & Blanchard da Filadélfia no começo de dezembro de 1839, *Contos do Grotesco e do Arabesco*, continha "Metzengerstein", "Berenice", "Morella, "Manuscrito Encontrado numa Garrafa", "Ligeia", "A Queda da Casa de Usher" e "William Wilson". A despeito da previsão otimista de Irving, ele fracassou. Talvez porque as histórias já tivessem sido publicadas (e muitas delas reimpressas) em revistas, as vendas foram baixas. Buscando aumentar seu mísero salário na *Burton's*, Poe começou a contribuir para o jornal de família *Alexander's Weekly Messenger*. Ele convocava os leitores a lhe enviarem códigos, criptogramas, cifras e enigmas para resolver. Por fim, terminou ficando tão popular que foi inundado por desafios. O único modo de conter a maré foi publicar um pedido para que os leitores cessassem e desistissem.

Com ao menos uma fonte, confiável embora não generosa, de renda regular, a família pôde estabelecer um padrão de domesticidade que felizmente os colocou além de uma dieta de pão e melado. Eles conseguiram manter uma horta. E Poe gostava de contar aos leitores do *Alexander's Weekly Messenger* sobre sua gata de estimação: "O escritor deste artigo é o dono de uma das gatas pretas mais notáveis do mundo – e isso significa muito; pois será lembrado que todas as gatas pretas são bruxas. Esta em questão não possui um pelo branco sobre ela, e tem um comportamento discreto e puro. A porção da cozinha que ela mais frequenta é acessível somente por uma porta, que fecha com uma chamada trava de polegar; essas travas são de construção rude, e alguma força e destreza são sempre necessárias para forçá-las para baixo. Mas a gata tem o hábito diário de abrir a porta". Esse tributo alegre e envolvente à sua gata preta descrevia então como ela pulava do chão para a trava, segurando-se com sua pata esquerda enquanto usava sua direita para pressionar a trava para baixo. Ela, então, pulava da porta, abrindo-a com a força de seu salto. A sucessora amada dessa gata, uma gata grande, com pelagem casco de tartaruga, chamada Catterina, viria se juntar à família em 1844.

Contudo, os problemas estavam aumentando entre Burton e Poe. Perturbado por rumores persistentes de que Burton estava cansado da revista e se preparando para vendê-la, o muito mal pago Poe estava começando a fazer planos para começar sua própria revista mensal, *The Penn*. Os rumores foram confirmados em maio de 1840, e Poe decidiu que era o momento de começar a circular seus prospectos para *The Penn*. Furioso porque uma revista assim reduziria o valor e o preço pedido por sua *Gentleman*, Burton o demitiu por carta em 30 de maio. Poe, agora também furioso, respondeu chamando Burton de intimidador, patife e idiota. Ele explicou que, se não "acreditasse em sua intenção de abrir mão da revista", jamais teria buscado iniciar uma sua. Burton retaliou e lançou a usual acusação de Poe ser um bêbado.

"Seus inimigos, e Poe não tinha poucos, eram rápidos em fazer essa afirmação sobre ele, ruidosamente e com frequência, em geral como uma acusação sobre seu caráter moral", disse Pettit. "Assim, fica difícil saber o quanto o álcool era um problema para ele."

Durante o restante do ano e no início de 1841, Poe perseguiu seu sonho de ter e editar sua própria revista. Ele estava na cidade certa para tentar isso. Boston, naquele momento, era a capital nacional não oficial de publicação de livros. Nova York era a cidade mais importante para jornais e jornalismo diário. Mas a Filadélfia havia assumido a liderança no ramo de revistas. Poe havia feito seu nome como um grande editor e crítico literário em Richmond, e provavelmente sabia que tinha de ir para o norte a fim de aumentar essa reputação.

Poe também estava na cidade certa para dar os próximos passos importantes com seus contos de terror. A Filadélfia já tinha uma forte tradição de narrativas góticas, amplamente estabelecida pelo influente escritor Charles Brockden Brown (1771-1810), um precursor das histórias sinistras que precede Irving e um romancista americano que precede James Fenimore Cooper. Brown plantou a história gótica em solo americano com o tipo de vigor intelectual que Poe tendia a admirar. Sua influência também foi acolhida por amigos e colegas de Poe na Filadélfia, incluindo o jovem George Lippard.

"Durante a primeira metade do século XIX, são publicados mais trabalhos góticos na Filadélfia do que em qualquer outra cidade americana", observou Pettit. "E isso é importante porque o tipo de conto de terror que Poe escreve muda na Filadélfia. Antes da Filadélfia, ele estava escrevendo contos de terror e horror como 'Berenice' e 'Morella', que têm muito do gótico europeu tradicional. Na Filadélfia, o terror é mais psicológico em contos como 'O Coração Revelador' e o 'O Gato Preto', e isso tem muito do gótico da Filadélfia, na tradição de Charles Brockden Brown. O terror não tende mais a ser uma ameaça externa sobrenatural. Agora, está dentro de casa e dentro da cabeça de alguém. Acho que, se tivesse ficado em Nova York, não teria escrito contos como 'O Coração Revelador' e 'O Gato Preto'. Não acho que aconteceriam. A Filadélfia se torna o cadinho para o gênio imaginativo de Poe."

Poe fez uma tentativa honesta de encontrar apoiadores e assinantes para *The Penn*, visando lançá-la em março de 1841. Contudo, uma crise financeira atingiu os bancos da Filadélfia em fevereiro, suspendendo indefinidamente seus planos. Com o sonho da revista cruelmente extirpado logo quando estava para se realizar, Poe aceitou uma oferta de George Rex Graham para se tornar o editor de crítica literária em sua *Graham's Magazine*. Burton queria sair do mercado editorial; assim, Graham, com apenas 27 anos, comprou sua revista no fim de 1840. Outrora editor no *Saturday Evening Post* da Filadélfia, Graham também comprou uma revista chamada *The Casket* do proprietário da editora Post, Samuel C. Atkinson. Dessa forma, lançou sua própria revista em dezembro de 1840 com uma circulação de cerca de cinco mil exemplares. O salário de Poe era de 800 dólares ao ano. Mas Poe não chegou a ficar ocioso em sua escrita. Ele estava trabalhando no que seria seu primeiro grande conto de mistério, ou o que ele chamaria uma história de raciocínio: "Os Assassinatos da Rua Morgue". Apresentando o magistral detetive C. Auguste Dupin, ela apareceu na edição de abril da *Graham Magazine*. Poe, que gozava da reputação de ser capaz de desvendar qualquer enigma, havia identificado outro componente básico de revistas populares que acreditava poder ser melhorado: a narrativa de mistério e assassinato. Ao fazer isso, criou o arquétipo para o superdetetive particular – Sherlock Holmes herdaria muitos de seus traços. Um detetive amador, Dupin é o mestre da observação e da dedução. É intrigantemente idiossincrático, incansavelmente lógico e supremamente confiante em seus poderes intelectuais superiores. Ele sabe que é mais esperto que a polícia, que os criminosos e que o companheiro que registra suas investigações.

Assim, as impressões digitais de Poe podem ser encontradas sobre as histórias de detetive posteriores que mostrarão Sherlock Holmes de Arthur Conan Doyle e Hercule Poirot de Agatha Christie. Quando Doyle se encontrou com repórteres em Nova York durante uma visita à América em 1894, um jornalista lhe perguntou: “Então, você não foi influenciado por Edgar Allan Poe quando escreveu seu Sherlock Holmes?”. Um silêncio tomou conta da sala, mas, se os membros da imprensa estavam antecipando uma reação indignada de Doyle, ficaram desapontados. Ele estava, de fato, ansioso para reconhecer sua dívida para com Poe. “Oh, imensamente!”, ele respondeu. “Seu detetive é o melhor detetive na ficção.” Um repórter gritou: “Exceto por Sherlock Holmes”, mas Doyle discordou: “Não faço exceção alguma. Dupin é incomparável. Foi Poe que ensinou a possibilidade de tornar uma história de detetive uma obra literária”. Essa não seria a última vez que Doyle enalteceria Poe. Em um discurso de março de 1909 no Author’s Club em Londres, Doyle famosamente perguntou: “Onde estavam as histórias de detetive até que Poe desse um sopro de vida a elas?”. Mas o criador de Sherlock Holmes estava impressionado pelo escritor como um todo, maravilhado com todas as realizações para além das histórias de detetive: “Apenas pensem no que fez de seu modo casual, pródigo, raramente repetindo um sucesso, mas sempre avançando para uma nova realização”. Da mente de Poe, Doyle disse, “originaram-se praticamente todos os nossos tipos modernos de contos”.

Após “Os Assassinatos da Rua Morgue”, Poe publicou mais dois contos com a participação de Dupin: “O Mistério de Marie Rogêt”, e outra com um de seus melhores esforços: “A Carta Roubada”, bem como o conto de mistério de tesouro enterrado que se tornou uma sensação: “O Escaravelho de Ouro”.

“Poe era mais do que apenas um escritor de terror”, disse Kennedy. “Pensamos Poe corretamente em termos de terror e horror, mas também havia um elemento importante de Poe que resistia à psicologia do medo e estava constantemente tentando entender um mundo assustador e lidar com suas ansiedades. É uma das razões pelas quais hoje temos as histórias de detetive.”

As duas formas que ele criou na literatura têm uma coisa em comum: tanto terror como mistério são uma tentativa de revelar uma verdade. O conto de terror prova os mistérios do cosmos e da natureza humana, buscando revelações que podemos nunca encontrar. A jornada à escuridão deve ser realizada; e medos, enfrentados; mas respostas não são garantidas. Podemos muito bem estar no caminho do incognoscível, do insolúvel, do impenetrável. As histórias de detetive podem nos levar igualmente para vielas escuras, mas nos dá segurança e conforto de que uma resposta pode ser encontrada, compreendida e revelada. O que se torna claro na Filadélfia é que esses são dois lados dinâmicos da personalidade complexa de Poe. Ele é ao mesmo tempo atraído às profundidades insondáveis e para os altos cumes que a lógica e a percepção podem conquistar. Ambos são domínios próprios do intelecto para Poe.

Em dezembro de 1840, apareceu pela primeira vez "O Homem da Multidão", o conto de Poe sobre "segredos que não se permitem ser contados". O narrador, um constante e cuidadoso observador das pessoas à sua volta nas ruas de Londres, fica fascinado por um homem velho, baixo, frágil, cuja face traz uma expressão que ele jamais vira. Ele resolve seguir o homem. Ele segue seu objeto por um dia inteiro, finalmente caminhando diretamente diante dele, olhando em sua face. O velho homem não o percebe. O narrador decide que seria inútil continuar seguindo-o. Ele não descobrirá mais do que já descobriu. O resto é incognoscível. Por vezes, a consciência de uma pessoa assume uma carga "tão pesada de horror da qual só pode se livrar no túmulo", o narrador nos diz. "E, assim, a essência de todo crime é não divulgada". Ou, como Poe nos lembra em "Terra dos Sonhos":

Jamais seus mistérios são expostos
Ao fraco olho humano não fechado

Nada há de sobrenatural ou especificamente sinistro sobre o conto, mas, ainda assim, foi classificado como um conto de mistério e terror. Embora não estritamente uma história de terror, "O Homem da Multidão" explora um tema que é emblemático de tantas coisas que virão no gênero. E, então, apenas quatro meses depois, Poe nos dá "Os Assassinatos da Rua Morgue", com Dupin assegurando-nos de que pode desvendar o aparentemente insolúvel mistério.

"Poe está sempre tentando resolver mistérios", observou Paul Lewis, estudioso de Poe e professor universitário de inglês. "Sua infância deixou-o com um sentimento de que o mundo é profundamente misterioso e não confiável. Havia uma necessidade de mostrar a si que não era a vítima de um mistério, e isso se torna o grande impulso criativo e motivador. Ele tem uma grande confiança em suas habilidades. Somente ele pode resolver o mistério."

Diferentemente de "Os Assassinatos da Rua Morgue", sua continuação, "O Mistério de Marie Rogêt", foi baseado em um crime real, o assassinato de uma funcionária de uma loja de charutos de Nova York, Mary Cecilia Rogers.

"Houve alguma crítica após 'Os Assassinatos da Rua Morgue' que equivaleram a: 'Bem, o que tem de difícil sobre escrever um conto de mistério se você começa sabendo como terminará'", disse Daniel Stashower, autor de *The Beautiful Cigar Girl: Mary Rogers, Edgar Allan Poe, and the Invention of Murder* [A Bela Garota dos Charutos: Mary Rogers, Edgar Allan Poe e a Invenção do Assassinato]. "Portanto, aqui, estava uma oportunidade para testar suas habilidades com um caso real. O escritor é um detetive. É o mesmo conjunto de habilidades. Poe está aplicando suas próprias habilidades de detetive, e foi muito bem-sucedido nisso. Sim, você pode dizer nos termos mais simples que Poe inventou a história de detetive com 'Os Assassinatos da Rua Morgue', mas, então, ele está avançando muito rapidamente e testando os limites para ver o que podia ser feito. Ele não está se repetindo, e, agora, está mostrando o que pode ser feito com o que é essencialmente uma verdadeira história de crime."

Há alguns que argumentam que Poe fez um pouco mais do que apenas inventar a história de detetive e explorar as possibilidades de um gênero de crime real. Uma dessas pessoas é o ex-agente do FBI, John Douglas, e seu testemunho não deve ser desconsiderado. O coautor de *Mindhunter: Inside the FBI's Elite Serial Crime Unit* [*Mindhunter – Caçador de Mentes: O Primeiro Caçador de Serial Killers Americano*], Douglas foi o pioneiro do perfilamento criminal da Instituição e um dos criadores do *Manual de Classificação Criminal*. Enquanto ajudava a desenvolver o programa de ciência comportamental e perfilamento do FBI nas décadas de 1970 e 1980, ficou surpreso ao ver seu trabalho se tornar a inspiração para romances criminais como *Dragão Vermelho* e *O Silêncio dos Inocentes,* de Thomas Harris. Embora esses trabalhos de ficção tomassem liberdades ("Eu *jamais* enviaria um estagiário da Academia do FBI para entrevistar um assassino em série encarcerado"), eles fizeram Douglas perceber que "nossos antecedentes, de fato, remontam à ficção criminal mais do que ao fato criminal". Ele diz que Dupin "pode ter sido o primeiro descritor de perfis comportamentais da história".

"Como os homens e as mulheres em minha Unidade de Apoio Investigativo, cento e cinquenta anos depois", disse Douglas, "Poe compreendia o valor do perfilamento quando evidências forenses não eram o bastante para resolver um crime particularmente brutal e aparentemente sem motivo. 'Desprovido de recursos comuns', ele escreveu, 'o analista se joga no espírito de seu oponente, identifica-se com ele e, às vezes, vê, então, num relance, os únicos métodos pelos quais pode ser conduzido ao erro ou precipitado ao equívoco'. Essa é a melhor definição que vi de perfilamento e estratégia criminal proativa. Acredito firmemente que sem o trabalho pioneiro desses narradores inspirados como Poe, o romancista inglês Wilkie Collins [*A Mulher de*

Branco, baseado em um caso real, e *A Pedra da Lua*], e a criação imortal de Arthur Conan Doyle, Sherlock Holmes, há uma boa chance de que o perfilamento criminal como conhecemos não existisse".

Assim, Poe é o pai tanto da história de detetive como do perfilamento comportamental? "É realmente um caso de vida imitando a arte", disse Mark Olshaker, coautor de *Mindhunter – Caçador de Mentes*, romancista e escritor não ficcional. "O que Poe estava fazendo era esse tipo de combinação inferencial de raciocínio dedutivo e indutivo: o método científico, baseando-se na experiência de crimes anteriores, usando lógica e observação. Tanto o escritor quanto o detetive, antes que possam dar sentido ao que estão contemplando, devem ser capazes de contá-lo sob a forma de uma história. Detetives não conseguem resolver um crime até que possam narrá-lo como uma história – é isso que acho que aconteceu, e nessa ordem. Do mesmo modo, os escritores são sempre os detetives."

De todas as cidades associadas a Poe, a Filadélfia é uma das mais prováveis a ser excluída da imaginação pública. Baltimore tem um time de futebol chamado Ravens [Corvos]! E Richmond tem a seu favor o fato de que é a cidade de seu coração revelador. Mas não foi em Richmond que Poe escreveu "O Coração Revelador", e sim na Filadélfia.

"Se Poe tivesse sido um jogador de beisebol, você diria que seus anos como jogador de elite foram na Filadélfia", analisou Pettit. "Você é lembrado pela cidade onde marcou os pontos, e Poe inquestionavelmente marcou seus grandes pontos aqui na Filadélfia. Exceto pelo último surto de criatividade que começa com 'O Corvo', a Filadélfia é praticamente a carreira de Poe."

Se você detectar um pouco de torcida pela Filadélfia aqui, bem, há uma rivalidade amigável entre os estudiosos, curadores e diretores de museus representando as principais cidades associadas a Poe. A disputa chegou às manchetes em 2007 com Pettit e o estudioso Jeff Jerome, de Baltimore, discutindo sobre qual cidade tinha mais direito a Poe. Isso resultou no Grande Debate sobre Poe, que marcou o bicentenário do escritor, com Pettit e Jerome se juntando a Paul Lewis, professor universitário de Boston. Poderia ter sido uma disputa de cinco participantes se Richmond e Nova York tivessem entrado no processo.

"Poe começa sua carreira como escritor em Baltimore", disse Enrica Jang, a diretora executiva do Edgar Allan Poe House & Museum, em Baltimore. "Ele encontrou sua verdadeira família aqui. E temos o corpo. Ganhamos a trifeta. Vencemos. Você tem um escritor que é famoso por escrever sobre a morte, e ele termina morrendo sob circunstâncias misteriosas nesta cidade e sendo enterrado aqui. Mas Poe também ajudou a moldar o caráter da cidade. Há muitas cidades que alegam amar escritores, mas nenhuma demonstra isso como Baltimore com Poe."

Mesmo Pettit tem de reconhecer que "Baltimore decidiu fazer uma grande coisa com essa associação, e isso é uma das coisas que mantêm Poe vivo". Mas, como um professor na State University da Louisiana, sem chance na disputa, J. Gerald Kennedy enfatiza que: "Ele fica na Filadélfia por seis anos, e não há dúvida de que esse é o período de ouro de sua carreira". Poe ainda se considera, primeiro, um poeta, e o público ainda o considera, primeiro, um crítico, mas ele já produziu a maior parte do trabalho que emoldurará sua reputação para as gerações futuras, de certo modo resumido em uma linha que escreveu para "Berenice": "e, então – então, tudo é mistério e terror".

A Filadélfia, embora tenha sido a cidade de grande triunfo literário, também seria a cidade de grandes tragédias. Em 20 de janeiro de 1842, enquanto cantava em casa, Virgínia, com 19 anos, sofreu uma hemorragia pulmonar e começou a tossir sangue. Um vizinho recordou que ela "rompeu um vaso sanguíneo, e depois disso sofreu imensamente". Poe, que havia completado 33 anos um dia antes, não tinha ilusões. Ele sabia que esse era o inequívoco sinal do que era então chamado consumpção, ou tuberculose.

"Eles viviam em uma casa geminada a várias outras em frente a um lote para dejetos de esgoto", disse Helen McKenna-Uff, a ex-guarda do Serviço de Parques Nacionais muitas vezes designada para o Edgar Allan Poe Historic Site na Filadélfia. "E a ideia era que os conteúdos de latrinas eram coletados e depois trazidos a esse lote para se dispersar, secar e se transformar em fertilizante. Assim, eles estavam vivendo em frente a esse lugar, e foi ali que Virgínia desenvolveu os primeiros sintomas de tuberculose. Podia haver lugares piores para ela ter vivido naquela época, mas esse era muito ruim."

Os médicos não estavam esperançosos. Em duas semanas, parecia provável que morreria. Lutando para respirar, ela não tinha forças para sair da cama, que ficava em um canto onde o teto era tão baixo que sua cabeça praticamente o tocava.

"Não havia esperanças de que sobrevivesse", Poe recordou. "Despedi-me dela para sempre e vivenciei todas as agonias de sua morte. Ela se recuperou parcialmente e eu, mais uma vez, fiquei esperançoso."

Houve outra hemorragia antes do fim do ano. Quatro meses após o terrível surgimento das "manchas escarlates", Poe publicou "A Máscara da Morte Rubra", abrindo com uma descrição da pestilência fatal. "O sangue era seu avatar e seu selo – a vermelhidão e o horror do sangue."

"EXAUSTO E DOENTE"

27 DE SETEMBRO – 3 DE OUTUBRO DE 1849

Os dias após Poe ter deixado Richmond em 27 de setembro de 1849 são completamente protegidos de nossa visão. Não temos qualquer testemunho confiável que estabeleça seu paradeiro até a tarde de quarta-feira, 3 de outubro. Na verdade, se ele deixou Richmond em um vapor, como em geral se assume, ele teria chegado a Baltimore em 28 de setembro. Ninguém que fez a viagem com ele se apresentou para descrever sua condição física e estado emocional a bordo. Ninguém apareceu após sua morte para recordar uma conversa ou um breve encontro na balaustrada do vapor. Ele teria se embriagado, chegando a Baltimore em um estado perigosamente fraco e inebriado? Os vapores tinham bares na época, assim, o álcool teria estado disponível durante a viagem.

"Mesmo uma pequena quantidade de álcool tinha um terrível impacto sobre ele, mas não há evidências de que estivesse bebendo naquele momento", disse Jeffrey A. Savoye, secretário e tesoureiro da Edgar Allan Poe Society de Baltimore, "E é um pouco simplista considerar que, bem, ele começou a beber no barco e se embebedou até a morte."

Ele teria desembarcado na Spear's Wharf, em Baltimore. Teria então caminhado cerca de oito quadras até a estação na rua President e embarcado em um trem para a Filadélfia? Ele planejara ir para lá e editar os poemas da sra. Marguerite St. Leon Loud. Se fez a viagem, não contatou os Loud, nem fez qualquer tentativa de coletar os cem dólares tão necessitados que receberia por sua assistência editorial. Estaria doente e febril, como Elmira Royster Shelton o havia visto na noite antes de sua partida? Estaria ele já morrendo quando deixou Richmond? Ou teria sido o grave aviso do dr. Gibbon Carter alguns meses antes tão acurado que outra bebedeira teria se mostrado fatal? Não é que haja poucas evidências para apoiar conjecturas, e sim que quase não há evidências. Ou, como o estudioso de Poe, Steve Medeiros, resume: "A única coisa da qual estamos certos é de nossa incerteza".

Qualquer cidade do Leste com uma área portuária teria suas regiões descontroladas e perigosas. Mesmo levando isso em conta, Baltimore adquiriu uma reputação particularmente violenta nas décadas de 1830 e 1840, bem como um apelido: cidade das rebeliões.

"Rebeliões surgiam de maneira instantânea", disse o estudioso de Poe, Jeff Jerome. Na verdade, além da rebelião de 1835, Baltimore irrompeu em violência em 1777, 1812, 1839, 1856, 1861 e 1877. "Levávamos nossas rebeliões muito a sério na época, fazendo a polícia se esconder, afugentando o prefeito da cidade, incendiando casas."

Ele não está exagerando. Logo antes de Poe deixar a casa da rua Amity e ir para Richmond em 1835, a rebelião contra o banco destruiu as casas de alguns dos cidadãos mais proeminentes de Baltimore, de 6 a 9 de agosto. A agitação foi iniciada pelo colapso do Bank of Maryland, que resultou na perda de economias de milhares de depositantes. Após meses de acusações de fraude e má conduta financeira, cidadãos ultrajados estimulados por um espírito de luta dirigiram sua raiva para as casas dos ex-diretores do banco. Começou com a quebra de janelas, depois escalou para o incêndio de residências. Em alguns casos, eles deixaram as casas de pé e fizeram fogueiras com os conteúdos – móveis, cortinas, livros, tapetes etc. Mesmo quem desaprovava o caos e a desordem expressava simpatia pelas vítimas das injustiças que incitaram o movimento. "Essa é a rebelião mais popular que já testemunhei", disse um residente de Baltimore, "e já vi várias." Os rebeldes tomaram o controle da cidade. O prefeito, cuja casa foi um alvo, aceitou o inevitável e renunciou. Ao menos doze pessoas foram alvejadas e mortas durante as três noites da rebelião. Foi necessário um exército de voluntários de cerca de três mil pessoas para finalmente dispersar os revoltosos e encerrar a violência. Na época dessas rebeliões de 1835, Poe, Maria Clemm e Virgínia estavam vivendo a cerca de três quilômetros do centro da tormenta.

"Se estivesse bebendo e incapacitado em um local conhecido como cidade das rebeliões, isso poderia ter sido incrivelmente perigoso", disse Enrica Jang, diretora executiva da Edgar Allan Poe House & Museum, de Baltimore. "E se estava doente quando deixou Richmond, o tempo estava muito frio e úmido quando chegou a Baltimore. Assim, as condições meteorológicas teriam sido muito ruins para alguém com uma doença ou condição não diagnosticada. De qualquer modo que olhemos para a situação, Poe poderia ter se encontrado em um mau estado, num mau lugar e num mau momento."

Selvageria política e corrupção também não eram incomuns em Baltimore, e, na década de 1870, isso originou uma teoria que tentou explicar os dias faltantes de Poe. Gangues políticas eram conhecidas por raptarem viajantes inocentes, observadores e transeuntes, dando-lhes álcool ou drogas, e depois arrastando-os para locais de votação a fim de repetidamente votarem em um candidato escolhido. Entre excursões de múltiplas votações, esses indivíduos desafortunados eram presos em minúsculas salas chamadas currais ou *coops* (gaiolas). Daí, a prática que se tornou conhecida como *cooping* (engaiolar).

John Reuben Thompson, o editor do *Southern Literary Messenger*, que recebeu de Poe uma cópia de "Annabel Lee" durante os últimos dias em Richmond, começou um circuito de palestras com apresentações sobre a vida do escritor e, em algum momento, passou a oferecer a teoria do *cooping* como uma explicação para sua morte. Embora uma possibilidade intrigante e viável, é uma dedução baseada em coincidências, e não em provas. Poe, de fato, chegou a Baltimore durante dias altamente conturbados antes da eleição de 3 de outubro para os representantes do congresso e da câmara de deputados. Se ele tivesse embarcado no trem para a Filadélfia e retornado a Baltimore em 2 ou 3 de outubro, teria sido um alvo ideal para *cooping*, quando deixou a estação em direção às ruas. A hipótese de *cooping* é inteiramente baseada em evidências circunstanciais, mas evidências suficientes dessa variedade podem persuadir um júri. E Poe foi descoberto por um tipógrafo chamado Joseph W. Walker à porta do Gunner's Hall, uma casa pública que estava sendo usada como local de votação. Administrada por Cornelius Ryan dentro do Fourth Ward Hotel, a taverna se situava à rua East Lombard 44. Poe foi encontrado semiconsciente, sentado ou estirado em uma tábua larga colocada sobre barris na calçada. Ele foi capaz de se identificar e dizer a Walker que era amigo do dr. Joseph Evans Snodgrass, um dos editores que publicou "Ligeia" no *The American Museum,* em Baltimore. Walker era conhecido de Snodgrass, tendo trabalhado para ele como compositor de tipografia. Ele escreveu uma mensagem rápida para Snodgrass:

> Há um cavalheiro, exausto e doente, na ala de votações, com o codinome Edgar A. Poe, e que parece estar muito aflito, e diz ser seu conhecido, e, garanto-lhe, ele está necessitando de assistência imediata.

Snodgrass respondeu à convocação e se dirigiu ao Gunner's Hall. Ele encontrou Poe, com a cabeça inclinada para a frente, ainda de posse da distinta bengala de Malaca do dr. Carter. Ele estava sentado em uma poltrona, cercado pelos clientes da taverna:

> Quando entrei no salão do bar da casa, instantaneamente reconheci a face daquele que vira com frequência e conhecia bem, embora exibisse um aspecto de estupidez inexpressiva que me fez tremer. O brilho intelectual de seus olhos havia desaparecido, ou então fora afogado em um copo; mas a grande fronte do autor de "O Corvo", como vocês apropriadamente o designaram, ainda estava lá, larga na região da idealidade, como poucos já possuíram. Mas talvez não o houvesse reconhecido tão prontamente se não tivesse sido notificado sobre suas roupas. Seu chapéu – ou, melhor, o chapéu de outra pessoa, pois suas roupas evidentemente haviam sido roubadas, ou trocadas em uma trapaça – era um chapéu barato, de folha de palmeira, sem faixa, e sujo; sua capa, da alpaca mais comum, e evidentemente de 'segunda mão'; e suas calças de uma casimira cinza mesclada, suja e lhe servindo mal. Ele não usava colete nem gravata, se lembro nitidamente, e sua camisa estava amassada e suja. Ele estava tão completamente estupefato pela bebida que achei melhor não buscar reconhecimento ou conversação, sobretudo porque estava cercado por uma multidão de homens bebendo, motivados por curiosidade ociosa, e não por simpatia.

O fato de Poe ter sido encontrado vestindo roupas baratas, apertadas, gastas, que não eram suas, possivelmente apoia a teoria do *cooping*. Entre visitas aos locais de votação, os eleitores raptados para múltiplas votações por vezes eram forçados a mudar de roupas. Snodgrass se precipitou para a conclusão completamente injusta de que Poe estivera bebendo. Contudo, deve ser mencionado que, embora ele fosse médico, seu diagnóstico não se baseou em um exame do sofrimento para além dessa observação no Gunner's Hall. Seu pronunciamento de embriaguez extrema foi basicamente uma suposição, e, dado os períodos bem conhecidos de debilitação de Poe em razão da embriaguez, talvez, uma suposição compreensível. Contudo, ele não havia testemunhado Poe bebendo, ou falado com qualquer um que o tivesse visto bebendo. Além disso, Snodgrass era um cruzado da temperança que mais tarde usaria a "bebedeira final" de Poe como a base de artigos e palestras advertindo sobre os perigos do álcool. O bom doutor tinha um motivo óbvio para manter sua suposição original. Isso, junto aos erros e contradições em suas descrições, também o coloca naquele campo abarrotado de testemunhas não confiáveis.

Em um artigo de 1867, intitulado "The Facts of Poe's Death and Burial" [Os Fatos da Morte e do Enterro de Poe], Snodgrass afirmava enfaticamente que Poe morrera de "uma bebedeira". Ele iniciou seu argumento afirmando: "Os fatos do caso são simplesmente estes: Na terça-feira, 1º de novembro de 1849... recebi um bilhete com uma assinatura que reconheci como a de um tipógrafo chamado Walker". O fato é que esse primeiro fato simples está claramente errado. Poe foi descoberto por Walker em 3 de outubro. Em 1º de novembro, Poe já estava morto e enterrado havia mais de três semanas. Snodgrass, então, afirmou que o bilhete de Walker descrevia Poe como estando "em um estado terrível de embriaguez". Não há qualquer descrição disso no bilhete de Walker. Os erros continuam se acumulando, tornando difícil especular sobre quanto da descrição de Snodgrass é confiável.

Com certeza, se tivesse ocorrido a Snodgrass que Poe tivesse sido vítima de *cooping*, ele poderia ter assumido que seus raptores lhe tivessem dado bebida e, depois, o abandonado em um estado de estupefação em frente ao Gunner's Hall. Contudo, o estado que Snodgrass atribuiu ao inebriamento poderia ter sido provocado por inúmeras outras condições.

Poe foi vítima de *cooping*? Essa é certamente uma teoria defendida por vários acadêmicos que estudaram a vida e a morte de Poe.

O biógrafo M. Hutchisson e o estudioso Dennis Eddings estão entre aqueles que acreditam que o *cooping* é uma das explicações que mais fazem sentido.

"*Cooping* é explicação típica de Baltimore, e, convenientemente, enquadra-se nas circunstâncias", afirmou Jang.

Talvez muito convenientemente, foi sugerido. "Sem dúvida, a teoria do *cooping* é persuasiva", disse Amy Branam Armiento, ex-presidente da Poe Studies Association. "Explica muito das circunstâncias misteriosas. Mas é tão boa que quase a questionamos."

Para Daniel Stashower, romancista e autor de obras de não ficção sobre Poe e Arthur Conan Doyle, um indício se destaca: "O detalhe que sempre me fascina é que ele foi encontrado vestindo as roupas de outro homem, porque isso soa muito como algo que podia ser encontrado em uma de suas histórias ou nas de Sherlock Holmes. É a fala de Dupin sobre circunstâncias que se elevam sobre o plano do normal – as irregularidades. Isso apoia a teoria do *cooping* e da fraude eleitoral".

Mas, mesmo que pudesse ser conclusivamente determinado que Poe foi vítima de *cooping*, isso ainda não esclareceria a questão de como morreu. Na melhor das hipóteses, poderia explicar parte do tempo em que esteve desaparecido.

"Ser vítima do *cooping* não teria provocado sua morte, mas poderia ter sido outro fator que contribuiu para apressar sua morte em razão de outra causa", disse Chris Semtner, curador de Richmond.

Quanto a esse ponto, Jerome e Semtner concordam: "Ele estava doente quando deixou Richmond, tão doente que Elmira ficou preocupada o bastante para procurá-lo na manhã seguinte, o que significa que viu algo, e não era bom. E, então, acho que ele foi vítima de *cooping* quando chegou a Baltimore, possivelmente em estado febril e delirante".

Uma teoria propõe que Poe tenha se tornado suicida após ter deixado Richmond. Ele deu indicações obscuras e melodramáticas sobre suicídio em algumas de suas cartas quando adulto, e houve uma suposta tentativa de suicídio por ingestão de láudano em novembro de 1848. Mas um estudo de 2020 realizado por um grupo de pesquisadores da Universidade de Lancaster, na Inglaterra, concluiu que, mesmo que Poe estivesse lutando contra a depressão, sua morte não parece ter sido, de modo algum, suicídio. Seus achados foram publicados no *Journal of Affective Disorders*. Os pesquisadores estudaram a vida e os escritos de Poe. Os psicólogos Ryan Boyd, da Universidade de Lancaster, e Hannah Dean, da Universidade do Texas, em Austin, concluíram que os marcadores psicológicos da depressão de Poe não eram consistentes com suicídio. Análise computadorizada de linguagem foi usada para pesquisar 309 cartas, 49 poemas e 63 contos de Poe em busca de indícios linguísticos consistentes com cognição suicida. Eles focaram cinco medidas de linguagem "estabelecidas como diagnósticos de depressão e/ou suicídio" e relataram: "Padrões significativos e consistentes de depressão não foram encontrados e não apoiam o suicídio como uma causa da morte".

Assim, embora ele pudesse estar morrendo quando chegou a Baltimore, provavelmente não estava suicida. Quando Snodgrass o viu em Gunner's Place, exausto, apático e sujo, não havia esperança de recuperação. Snodgrass viu o que assumiu serem sinais de embriaguez, não reconhecendo a sombra da morte na figura colapsada na poltrona. Ele pode ter assumido que Poe ficaria sóbrio e viveria para continuar escrevendo. Mas o escritor, que havia constantemente mostrado os mistérios e limites da morte, havia inquestionavelmente chegado ao ponto em que tudo era em vão "porque a Morte, ao se aproximar, se postou diante dele, com sua sombra negra, e envolveu a vítima".

"PERSEGUIDO PELO HORROR"

5 DE MARÇO DE 1842 – 30 DE JANEIRO DE 1847

O século XX colocou Edgar Allan Poe e Charles Dickens no mesmo patamar como gigantes literários do século XIX. Eles têm sido amplamente lidos e celebrados em seus respectivos países, bem como ao redor do mundo. Mas essa não era a situação quando Charles Dickens visitou pela primeira vez a América em 1842. Ele já era uma superestrela, extremamente popular na Grã-Bretanha e na América como o autor de *Os Cadernos de Pickwick*, *Oliver Twist*, *Nicholas Nickleby*, *A Velha Loja de Curiosidades* e *Barnaby Rudge*. Poe, três anos mais velho, a despeito de seu sucesso com contos de horror, ainda era conhecido basicamente como crítico na América e desconhecido na Grã-Bretanha.

Assim como lembramos de Poe com a aparência que tinha em seus últimos anos de vida, podemos tender a lembrar de Dickens em sua maturidade grisalha – cavanhaque, entradas no cabelo, com os cabelos restantes escovados nas laterais. Tire essa imagem de sua cabeça. Com 30 anos recém-completados ao chegar na Filadélfia, em 5 de março, Dickens não tinha barba e ainda parecia notavelmente jovem com seus longos cabelos castanhos. Na verdade, os dois escritores não tinham barba. A presença desse famoso escritor em sua cidade era intrigante demais para Poe ignorar. Dickens e sua esposa, Kate, se hospedaram no United States Hotel, na rua Chesnut, e Poe enviou uma carta solicitando uma entrevista. Junto, ele também enviou uma cópia dos dois volumes de seu *Histórias do Grotesco e do Arabesco*, e, talvez, mais atrativamente, sua crítica de 1º de maio de 1841 de *Barnaby Rudge*. Publicado no *Philadelphia Saturday Evening Post*, o texto previu corretamente a trama do romance histórico de Dickens ambientado durante as Revoltas de Gordon de 1780. O que torna o feito ainda mais surpreendente é que a crítica foi baseada somente no primeiro quarto de *Barnaby Rudge*. Como Norrie Epstein escreveu em *The Friendly Dickens* [O Dickens Amigável], "o mestre do mistério deduziu a identidade do assassino com base apenas nos indícios dados no primeiro capítulo – e Poe não teve compunção alguma em entregar o mistério". Oito meses depois, em uma segunda crítica de *Barnaby Rudge*, Poe não deixou de se gabar de seus poderes dedutivos, uma vez que sua previsão estava se mostrando acurada demais.

Dickens já visitara Boston, Hartford e Nova York. Ele já havia encontrado muitos dos escritores e poetas mais conhecidos da nação, incluindo Henry Wadsworth Longfellow, Richard Henry Dana, Washington Irving e William Cullen Bryant. Por que aceitou se encontrar com um crítico cujo nome não teria reconhecido? Claramente, estava impressionado e de modo algum desconcertado com a carta de Poe, que incluía uma referência à similaridade entre a caçada humana nas Revoltas de Gordon no final de *Barnaby Rudge* e uma cena do romance de 1794 de William Godwin, *Things as They Are; or, the Adventures of Caleb Williams* [As Coisas como Elas São; ou, as Aventuras de Caleb Williams]. Em uma carta de 6 de março, Dickens escreveu a Poe do United States Hotel:

> *Meu caro senhor – ficarei muito contente em vê-lo no momento em que me fizer o favor de me visitar. Acho mais provável eu estar*

disponível entre onze e trinta e meio-dia do que em qualquer outro momento. Dei uma olhada nos livros que você gentilmente me enviou, e, mais particularmente, nos artigos para os quais você me chamou a atenção. Tenho o maior prazer em expressar meu desejo de vê-lo a esse respeito. A propósito da "construção" de Caleb Williams, você sabe que Godwin escreveu de trás para a frente, o último volume primeiro, e, então, quando havia escrito o sonho da caçada de Caleb e a catástrofe, esperou meses, procurando um meio de explicar o que havia feito?

Atenciosamente, Charles Dickens

Hervey Allen observou em seu, por vezes irreal, *Israfel: the Life and Times of Edgar Allan Poe* (*Israfel: a Vida e Época de Edgar Allan Poe*) que "era característico de Poe que podia sempre encontrar 'a similaridade' – isso era irritante, mas sempre garantia atenção. Mesmo Charles Dickens, sentado diante de sua lareira no United States Hotel, comendo seu angu de porco, que ele chamava 'um tipo de chouriço', piscou para a 'similaridade' enquanto abria sua correspondência matinal e lia o belo e claro manuscrito de 'seu servo obediente, Edgar Allan Poe'. Este era um jovem ianque que valeria a pena conhecer". Ainda assim, Poe foi extravagante em seu elogio a Dickens. Para Poe, uma crítica adivinhando corretamente o final de *Barnaby Rudge* não era uma indicação de que faltasse algo no livro. Era apenas evidência de seu próprio gênio. Todavia, ele também reconheceu o gênio de Dickens em críticas de *Os Cadernos de Pickwick* e de *A Velha Loja de Curiosidades*, sobre os quais escreveu: "Essa concepção é, na verdade, muito bonita. É simples e severamente grandiosa. Quanto mais detalhadamente a examinamos, mais completamente convencidos ficamos do elevado caráter desse gênio que a criou... O sr. Dickens aperfeiçoou de maneira genial um padrão do qual a própria arte derivará sua essência".

Assim, é muito provável que Poe tenha feito a visita ao United States Hotel em 7 de março. Sua batida na porta foi atendida por Dickens, vestindo uma gravata verde brilhante, sobre um colete de veludo com uma corrente de ouro, um robe de chambre com revestimento acolchoado violeta. Dickens teria visto um escritor de 33 anos vestindo luvas remendadas e um chapéu de castor.

Houve dois encontros. Dickens aparentemente gostou de conversar com Poe o bastante para convidá-lo para uma segunda visita. Nenhum registro foi feito das conversas, embora pareça que discutiram a necessidade de melhores proteções a direitos autorais. Poe pediu a Dickens para providenciar uma edição de suas histórias em Londres, e Dickens ficou impressionado o bastante com Poe para prometer que iria sondar algumas editoras – uma promessa que manteve, mesmo que nenhum proprietário de editora tivesse sido persuadido. Quando Poe voltou ao United States Hotel para seu segundo encontro com Dickens, a conversa tratou dos escritos de Alfred Lord Tennyson e Ralph Waldo Emerson. Poe leu um poema de Emerson, e Dickens ficou impressionado tanto com o poema quanto com a leitura.

Esses encontros, que ocorreram menos de dois meses após a hemorragia de Virgínia, não foram o fim da relação. Eles se corresponderam por carta, com Poe em algum momento perguntando se ele poderia se tornar um correspondente americano do *Daily News*. O pedido foi feito após Dickens ter desistido de sua posição como editor no jornal londrino. E um pequeno desacordo ocorreu quando Poe ficou chateado com o artigo de John Foster sobre "American Poetry" ["Poesia Americana"] no *London Foreign Quarterly*. Forster e Dickens eram amigos íntimos. Poe se ressentiu de ser descrito como um imitador de Tennyson, e tinha certeza de que Dickens não só havia contribuído para o artigo como talvez, de fato, o tenha escrito. "Tenho razões íntimas e pessoais para saber isso", ele escreveu na época; ao que tudo indica essas razões diziam respeito ao fato de o artigo conter informações que Poe havia partilhado com Dickens em cartas e durante seus encontros na Filadélfia. Embora Poe, como Dickens, pudesse se enfurecer com um insulto real ou imaginário, suas suspeitas podem ter tido algum mérito. Contudo, todos os sentimentos ruins pareciam estar do lado de Poe, e quando Dickens fez sua segunda visita aos Estados Unidos em 1867, ele fez questão de visitar Maria Clemm e lhe deixar algum dinheiro.

Mas Dickens beneficiou Poe enormemente, mesmo que não tivesse podido encontrar para ele uma editora ou uma posição como correspondente. Ao ler e criticar *Barnaby Rudge*, Poe se interessou por Grip, um corvo falante que é o companheiro constante do personagem-título. Sendo Poe, ele, é claro, tinha algumas sugestões sobre como o pássaro tagarela poderia ter sido mais útil: "O corvo, também, intensamente divertido como é, poderia ter se tornado, mais do que vemos agora, uma parte da concepção do fantástico Barnaby. Suas grasnadas podiam ser ouvidas *profeticamente* ao longo do drama". Poe arquivou essa ideia, e Grip, é claro, ajudou a inspirar seu poema mais famoso.

Havia um Grip real, um corvo de estimação que Dickens adquiriu por volta de 1840. Um pássaro falante e exuberante, o Grip real alarmava visitantes crianças e mulheres bicando seus tornozelos. Ele sobreviveu apenas um ano e, quando morreu, em 12 de março de 1841, Dickens prontamente mandou empalhá-lo e conseguiu outro corvo de estimação. E, por coincidência, o Grip empalhado terminou na própria cidade em que Dickens encontrou Poe. Ele está em exposição permanente na Free Library da Filadélfia.

Outro trabalho de Dickens, seu livro de Natal de 1845, *Os Carrilhões*, pode ter inspirado "Os Sinos", de Poe, que, supostamente, contou isso a Frederick W. Thomas, mas nunca foi encontrada documentação sobre esse caso. Porém, *Os Carrilhões* é uma obra que fica muito sombria, e podemos imaginá-la excitando a imaginação de Poe, pois:

Ouça o alto alerta dos sinos –
Sinos de bronze!
Que história de terror, agora, sua turbulência conta!
Ao ouvido assustado da noite
Como gritam seu pavor!
Horrorizados demais para falar
Podem apenas gritar, gritar...

É intrigante, portanto, que os biógrafos de Poe e Dickens, ao mencionar o encontro, cheguem a conclusões radicalmente diferentes. Una Pope-Hennessy, biógrafa de Poe e Dickens, ofereceu a surpreendente observação segundo a qual, mesmo que Dickens tivesse lido os contos de Poe, "a morbidade do tema" não o teria "predisposto a favor de Poe". Allen escreveu, em sua biografia de Poe: "Como os domínios de imaginação e interesse eram muito diferentes, parece um estranho capricho do destino que Charles Dickens tivesse sugerido 'O Corvo' a Edgar Allan Poe". Outros biógrafos dizem que é fácil demais estereotipar Dickens como muito otimista e Poe como a sombria alma perdida. Em termos de personalidade, eles eram, de fato, mais próximos do que as imagens populares sugerem. O biógrafo de Dickens, Edgar Johnson, de modo algum se surpreendeu que Dickens tenha respondido favoravelmente às histórias de Poe. Sua memorável biografia de 1952 corrigiu as afirmações feitas por Pope-Hennessy seis anos antes, dizendo: "O elemento em Dickens que originou as sinistras ilusões de Barnaby Rudge e do 'Manuscrito do Louco' em *Pickwick* não era estranho à imaginação lunar, atormentada pelo demônio, de Poe, e Dickens possuía também o que correspondia à fascinação melancólica das donzelas perdidas de Poe".

Dickens, sustentou Johnson, demonstrava uma "percepção jocosa do grotesco... Exceto pela cura luminosa do riso, os vapores amargos ocultos nessa região de sua alma bem poderiam ter se dispersado e o tornado um companheiro itinerante de Edgar Allan Poe pelas regiões do medo assombrado e fantasmal". Peter Ackroyd, também um biógrafo tanto de Poe como de Dickens, concorda com Johnson: "Devemos sempre lembrar que, em todas as descrições posteriores do bom humor e vivacidade de Dickens, havia uma morbidade oculta, uma fascinação pela morte e desastre, que ele mal conseguia controlar". Ackroyd descreveu Dickens como "um romancista que se deleitava em criar mistérios em sua ficção, que usava a panóplia de efeitos góticos quando a considerava apropriada e que, num sentido muito mais geral, é repleta da poesia mórbida de fantasia e morte. Alexander Blok, o poeta russo, disse que, 'ao ler Dickens, senti horror, que o próprio Poe não inspira'".

Como Poe, Dickens era muito temperamental. Como Poe, Dickens poderia ser hipersensível. Em sua biografia sobre Poe, o crítico e autor Julian Symons astutamente indicou que Dickens e Poe se identificavam com as mesmas qualidades: "o horrífico, o sentimental e o detetivesco". As mesmas coisas ressoavam na consciência de cada autor, mas eles fizeram um uso muito diferente daqueles cantos intrigantes da vida que tanto os atraíam. "Poderíamos dizer que Dickens apresentava em sua arte o lado maníaco e Poe, o lado depressivo de uma personalidade", Symons observou, sabiamente confinando a observação à escrita dos autores e não a estendendo a imagens simplistas deles.

Dickens, por certo, encontrou Poe quando este tinha boas razões para estar deprimido. A condição de Virgínia oscilou até junho, quando sofreu outra hemorragia. Ela ficaria inválida em grande parte dos cinco anos de vida que teria. Tomado pelo desespero, Poe ficou ansioso e irritável. A possibilidade de que Virgínia pudesse estar morrendo, que ele admitia para si, não poderia ser mencionada a quem quer que fosse. Um vizinho recordou que "a menção disso o enlouquecia".

A edição de abril de 1842 da *Graham's Magazine* incluiu o conto de Poe "Vida e Morte" (mais tarde reintitulado "O Retrato Oval"). Uma vez mais, ele nos apresenta uma bela jovem definhando e morrendo.

Um artista pinta um retrato de sua esposa, "uma jovem na flor da idade, quase mulher", determinado a dar a seu trabalho a semelhança da vida. Quanto mais semelhante à vida a pintura de sua esposa se torna, mais a vida é drenada dela. Ele se tornou tão obcecado com sua arte que permitiu que sua amada esposa chegasse cada vez mais perto da morte.

"Algumas pessoas sugeriram que a vida de Poe foi um tipo de torção irônica de 'O Retrato Oval', com Poe como o arquétipo icônico do artista que derrama sua vida em suas obras e, de certo modo, definha por causa dela", disse Jeffrey A. Savoye, da Edgar Allan Poe Society de Baltimore. "Para a maioria, essa noção é completamente falsa, e ensinar as obras de Poe sobretudo como autobiográficas é uma forma barata e fácil de interpretar seus contos e poemas. Mas é um exemplo de como os estereótipos alimentaram a imaginação do público sobre Poe."

Também nessa edição de abril da *Graham's Magazine* estava o primeiro de dois artigos elogiando a coleção de contos de Nathaniel Hawthorne, *Twice-Told Tales* [Histórias Contadas Duas Vezes]. Essas críticas deram a Poe a chance não apenas de enaltecer Hawthorne "como um dos poucos homens de gênio indiscutível que nosso país já viu nascer", mas também para apresentar algumas ideias sobre o conto. Para Poe, a poesia é a mais elevada expressão, seguida pelo conto. Idealmente, ele argumentou, para preservar a unidade de efeito e impressão, cada um deveria ser lido sem interrupção. De outro modo, a indispensável "unidade não pode ser inteiramente preservada", porque todos os "excitamentos elevados são necessariamente transientes" e uma "exaltação da alma... não pode ser sustentada por muito tempo". Isso exclui romances e poemas épicos. Portanto, "A história propriamente dita, em nossa opinião, provê, de maneira inquestionável, o campo mais belo para o exercício do talento mais grandioso, que pode ser fornecido pelos domínios amplos da mera prosa".

Ele escreveu avaliações mais elogiosas de Hawthorne, que enviou uma carta a Poe com suas próprias percepções críticas. O segundo parágrafo provavelmente reflete os sentimentos de muitos leitores nas décadas que seguiram:

> Li, com grande interesse, suas observações ocasionais sobre minhas produções – não tanto por seu julgamento ter sido, no todo, favorável, mas por parecer ter sido dado com seriedade. Nada me importa senão a verdade; e sempre aceitarei mais prontamente uma verdade dura, com relação a meus escritos, do que uma falsidade açucarada.
>
> Contudo, confesso que o admiro mais como escritor de histórias do que como crítico delas. Posso com frequência discordar – e com frequência o faço – de suas opiniões com relação à segunda capacidade, mas jamais poderia deixar de reconhecer sua força e originalidade com relação à primeira.

Nesse abril, Poe se demitiu de sua posição de editor na *Graham's*. "Minha razão para me demitir foi desgosto com o caráter débil da revista – um caráter que foi impossível erradicar", ele escreveu a seu amigo, o escritor Frederick W. Thomas. "Além disso, o salário não me pagava pelo trabalho que eu era forçado a realizar. Com Graham, que é de fato muito gentil, embora um homem excessivamente fraco, não tive qualquer desentendimento." Ele acrescentou que: "Estou contente em dizer que minha querida esposinha está muito melhor, e tenho muita esperança de que termine se recuperando".

O gentil Graham, como muitos visitantes a uma das residências da família, ficou surpreso com a solicitude de Poe para com Virgínia e Muddy. Todos os seus esforços, disse Graham, "pareciam ser prover o conforto e bem-estar de seu lar". Ele lembrou que a mais leve tosse de Virgínia lhe causava "um tremor, um frio no coração, isso era visível".

Para Graham, "o amor de Poe por sua esposa era um tipo de culto arrebatador ao espírito de beleza que ele sentia estar evanescendo diante de seus olhos".

O substituto de Poe na *Graham's* foi Rufus Griswold, seis anos mais jovem e editor da recém-publicada *Poets and Poetry of America* [Poetas e Poesia da América]. Eles haviam se encontrado antes, em maio, e, embora não fossem amigos, ainda não sentiam qualquer antagonismo entre si. Por certo, Griswold ainda não desenvolvera a grande hostilidade que expressaria após a morte de Poe. A antologia de Griswold incluía três poemas de Poe: "O Coliseu", "O Palácio Assombrado" e "O Dorminhoco". Eles foram acompanhados pelo esboço autobiográfico altamente duvidoso que Poe havia preparado. No todo, Poe ocupou duas páginas na coletânea de poetas da América. Ele teria ficado contente em ser incluído, é claro, e ultrajado se excluído. Mas considerando que Poe estivesse, como certamente estava, atento aos números, como teria reagido ao ver Longfellow receber quatro páginas; Charles Fenno Hoffman, doze; Whittier, dezenove? Embora Poe no início tenha elogiado a antologia como "a melhor coleção de poetas norte-americanos já feita", mais tarde depreciou o trabalho em palestras e em uma crítica. Ele também fez alguns ataques sarcásticos a Griswold em contos. Contudo, em outras ocasiões, ele elogiou o editor e o grande conhecimento do antologista sobre literatura norte-americana. Poe, sem dúvida, não tinha ideia alguma de que inimigo ressentido estava fazendo, e Grinswold se contentou em esconder seu jogo, bem como sua fúria, enquanto nutria um latente rancor.

Novamente sem qualquer tipo de renda regular, as circunstâncias para a família Poe se tornaram cada vez mais desesperadoras. O tamanho do desalento é descrito em uma carta de junho que Poe escreveu ao engenheiro civil e inventor James Herron: "A renovada e desesperadora doença de minha esposa, má saúde de minha parte, e embaraços pecuniários, quase me levaram à loucura... A sra. Poe está uma vez mais perigosamente doente com hemorragia dos pulmões".

Como fazia quando subjugado por inimigos profissionais e pessoais, Poe se voltou à bebida. Desapareceu por vários dias no fim de junho, aparecendo bêbado na casa de Nova Jersey de seu antigo amor de Baltimore, a agora casada Mary Starr.

Apercebendo-se de quão efetivo Poe fora como editor, Graham tentou trazê-lo de volta à revista em setembro. Naquele mesmo mês, a família se mudou novamente, dessa vez para uma pequena casa geminada na rua Coates no distrito de Fairmount (seu senhorio era o moveleiro e importador Michel Bouvier, tetravô de Jacqueline Bouvier Kennedy Onassis). A despeito de suas dificuldades financeiras, Poe declinou a oferta de Graham, ainda na esperança de realizar o sonho de sua revista, *The Penn*. Alguns dias mais tarde, o escritor-editor William Thomas, admirador e ávido por ajudar, viajou de Washington para uma visita. Mais tarde, forneceu uma descrição da casa (pequena, limpa, organizada e confortável) e de Virgínia: "Seus modos eram agradáveis e graciosos. Tinha uma boa constituição, traços regulares, com os olhos mais expressivos e inteligentes que já contemplei. Sua compleição pálida, as linhas profundas em sua face, e uma tosse consumptiva me fizeram considerá-la a provável vítima de uma morte precoce... A patética ternura e o comportamento amoroso de Poe para com a esposa me impressionaram sobremaneira".

Para Thomas, que esperava ajudá-lo a encontrar uma posição na alfândega, Poe admitiu que andava bebendo. Tanto os esforços para financiar *The Penn* como as entrevistas para uma posição na alfândega deram em nada naquele ano. Então, chegou uma carta de Dickens, dizendo-lhe que o editor londrino Edward Moxon havia rejeitado a publicação de *Histórias do Grotesco e do Arabesco*. Dickens escreveu que havia mencionado a coleção para todas as editoras "com quem tinha influência", e "todas, sem exceção, declinaram o projeto". Como forma de consolação, ele acrescentou que essas editoras disseram que uma coleção assim de um "escritor desconhecido, mesmo que fosse de um inglês", seria rejeitada. Provavelmente, isso não serviu de muito consolo.

Outro amigo literário que tentou ajudá-lo durante essa época foi o poeta, ensaísta e editor James Russell Lowell. Ele havia publicado seu primeiro volume de poesia em 1841, e Poe havia reclamado que o trabalho de Lowell merecia mais espaço na antologia de Griswold. Lowell estava lançando sua própria revista, *The Pioneer*, em Boston, e, naquele dezembro, concordou em publicar "O Coração Revelador", de Poe, que recentemente fora rejeitado pela *The Boston Miscellany*. A correspondência entre eles é repleta de elogios e afeição, com Poe dizendo que "não há outra pessoa na América, senão você, cuja mão eu seguraria". Dali a alguns anos, seriam inimigos mortais, com a amizade e mútua admiração colapsando de um modo espetacular.

No começo de 1843, Poe estava conversando com o proprietário de editora da Filadélfia, Thomas C. Clarke, sobre sua proposta de revista mensal, que ele agora chamava *The Stylus*. Enquanto isso, Thomas ainda tentava ajudar Poe usando sua influência em Washington. Seus esforços renderam uma possibilidade atrativa e promissora: havia uma agência de alfândega abrindo. Pagava 1.500 dólares ao ano. As tarefas exigiriam que ele estivesse no escritório das nove da manhã até por volta de duas da tarde, deixando muito tempo para projetos de escrita. Thomas deu a Poe uma carta de apresentação a Robert Tyler, filho do presidente John Tyler. O que poderia dar errado?

Prestes a finalmente aproveitar uma oportunidade, Poe garantiu um resultado infeliz bebendo quando chegou a Washington, em 8 de março. No momento de seu compromisso com o presidente, parecia prudente que evitasse algo assim, Poe estava iniciando discussões. Estava insistindo em vestir sua capa do avesso. Estava passando uma impressão pouco favorável às pessoas na posição de lhe fazer favores.

Poe foi enviado para casa em um trem, e Muddy o encontrou na estação em Filadélfia. Mortificado por seu comportamento, Poe enviou cartas se desculpando, na esperança de que não tivesse extinguido suas chances. Mas tinha. Ele também se preocupou com o modo como o desastre de Washington seria visto por Clarke, um defensor da temperança que evitava álcool e tabaco. Poe pode ter dado a Clarke motivo para preocupação, mas foram provavelmente preocupações financeiras que terminaram levando Clarke a retirar seu apoio à *The Stylus*.

Em abril, a família se mudou de novo, dessa vez para uma casa na rua Seventh, em Spring Garden. No norte da cidade, a nova casa veio com um jardim e um senhorio rico que não era muito rigoroso quando o aluguel atrasava. Poe necessitava de uma boa notícia, e, em junho, ele recebeu. Uma publicação familiar, *The Dollar Newspaper*, anunciou o vencedor de seu concurso de contos: "O ESCARAVELHO DE OURO... escrito por Edgar Allan Poe, cavalheiro desta cidade – considerado pelo comitê como um conto capital". O prêmio foi de cem dólares. Com sua busca pelo tesouro enterrado do capitão Kidd envolvida em um código misterioso a ser decifrado, "O Escaravelho de Ouro" era exatamente a sacudida na carreira de que Poe necessitava naquela maré baixa. O conto sobre tesouro de piratas foi um enorme sucesso, o que significa que foi constantemente pirateado. Poe estimou ter havido trezentas mil cópias impressas, aumentando sua fama, mas não sua renda. Uma versão teatral foi rapidamente exibida em um teatro da Filadélfia.

Depois de "O Escaravelho de Ouro", Poe publicou "O Gato Preto". Na sequência, apresentou sua primeira palestra, "Poesia na América", em 21 de novembro de 1843, na igreja da rua Julianna. Isso lhe trouxe mais cem dólares. Capitalizando seu maior sucesso até então, o organizador da série de palestras William Wirt Literary Institute o anunciou como o "autor de 'O Escaravelho de Ouro'". Foi outro sucesso sensacional. Não apenas sua palestra lotou como centenas mais ficaram do lado de fora da igreja, tentando entrar. A multidão abarrotada recompensou seus esforços com uma salva entusiástica de palmas. O filho de atores com seu próprio talento dramático havia encontrado um canal onde sua natureza teatral poderia florescer.

Ele repetiu a palestra uma semana depois para membros do Franklin Lyceum, em Wilmington, Delaware. Em 23 de dezembro, apresentou-a em uma escola preparatória de meninos em Newark, Delaware. E, quando a demanda popular resultou em mais uma apresentação em janeiro, na Filadélfia, Robert Morris do *The Pennsylvania Inquirer* escreveu que a palestra "Poesia na América", de Poe, foi "uma das mais brilhantes e exitosas da estação" e que a apresentação de Poe foi "acabada e efetiva". Então, houve um tipo de volta ao lar no fim do mês, quando levou a palestra ao Odd Fellow's Hall, em Baltimore. Ela foi seguida em março por mais outra em Reading, Pensilvânia.

No começo de abril, Poe decidiu deixar a casa da rua Seventh e a Filadélfia. Ele e Virgínia viajaram de trem a Perth Amboy, Nova Jersey, pegando o vapor para Nova York. Estava chovendo forte quando chegaram à cidade, de modo que Poe deixou Virgínia e sua bagagem no barco enquanto foi procurar por um guarda-chuva e um quarto para alugar. Ele encontrou um guarda-chuva por sessenta e dois centavos. Achou um quarto em uma pensão em Lower Manhattan à rua Greenwich 130. Embora velha e parecendo um pouco "infestada de insetos", tinha degraus de arenito pardo, um pórtico com pilares marrons e uma senhoria afável. Ele contratou uma das abundantes carroças de cavalo da cidade, chamadas táxis, e foi buscar Virgínia, que ficou surpresa por ele ter encontrado acomodações tão rapidamente. No dia seguinte, ele escreveu a Muddy, que ainda estava na Filadélfia:

> Na última noite, no jantar, experimentamos o melhor chá que já tomamos – forte e quente –, pão de trigo e pão de centeio, queijo, bolachinhas de chá (deliciosas), um grande prato (2 porções) de

um delicioso presunto e 2 porções de carne de vitela – fatias grandes empilhadas como uma montanha – 3 porções das bolachinhas e tudo na maior profusão. Sem medo de passar fome aqui. A senhoria não poderia ter nos deixado mais à vontade, e imediatamente nos sentimos em casa. Seu esposo está vivendo com ela – um sujeito gordo, afável e maduro. Há 8 ou 10 hóspedes... Fiz o primeiro café da manhã saudável desde que deixei nosso pequeno lar. Mana está contente, e estamos muito animados. Ela tossiu muito pouco e não teve suor noturno. Está ocupada agora remendando minhas calças que rasguei num prego... Você não imagina o quanto sentimos sua falta. Maninha chorou muito na última noite, porque você e Catterina [a gata] não estavam aqui... Transmita todo o nosso carinho a Catter[ina].

As primeiras vinte e quatro horas em Manhattan não poderiam ter sido melhores. Contudo, a mesa generosa e a senhoria conversadora não eram representativas do que os próximos anos trariam. Muddy e Catterina se juntaram a eles pouco depois, e a família reunida voltou à luta para encontrar fundos suficientes para comprar alimentos e pagar o aluguel. Nova York seria o lar dos turbulentos últimos cinco anos de vida de Poe.

"Os seis anos na Filadélfia marcaram o auge de sua realização como um homem de letras", Arthur Hobson Quinn escreveu em sua biografia de Poe. "Em sua estada na Filadélfia, ele foi até feliz, e, quando partiu, não é demais dizer que deixou a felicidade para trás."

Poe desfrutava de longas caminhadas, e, durante uma delas, descobriu a residência de dois andares de Patrick e Mary Brennan. A casa estava localizada em uma área longe o bastante da área residencial para ainda ser rural em meados da década de 1840. A fazenda Brennan abrangia 216 acres. Quinn colocou a casa no que hoje seria a rua 84th, entre a avenida Amsterdam e a Broadway. Os Brennan concordaram em deixar Poe, Virgínia e Muddy residir com eles e seus filhos. Esse se mostrou outro raro descanso durante os tormentosos dias em Nova York. Mary Brennan gostava muito deles. E Poe, que sempre teve apreço por crianças, gostava muito dos jovens Thomas e Martha. Martha inclusive tinha permissão para observá-lo enquanto escrevia, organizando seus manuscritos de acordo com sua vontade. Foi aí que Poe começou a trabalhar na revisão e finalização de um poema que começara na Filadélfia, "O Corvo".

Em uma disposição reflexiva naquele verão, ele enviou ao colega poeta James Russell Lowell uma longa carta sobre suas crenças, com uma estimativa de seu melhor trabalho. "Não tenho fé na perfectibilidade humana", ele escreveu. "Penso que o esforço humano não terá efeito apreciável sobre a humanidade. Somos, agora, apenas mais ativos – não mais felizes nem mais sábios – do que há seis mil anos." Quanto à espiritualidade, ele a considerava "uma *mera* palavra". Ninguém, ele argumentou, "possui realmente uma concepção de espírito." Sua própria vida fora "*capricho*, impulso, paixão, um desejo por solidão, um escárnio de todas as coisas presentes, em um sincero desejo pelo futuro".

> Sou profundamente motivado pela música e por alguns poemas – sobretudo os de Tennyson –, a quem, com Keats, Shelley, Coleridge (ocasionalmente), e alguns outros de pensamento e expressão semelhantes, considero os *únicos* poetas. A música é a perfeição da alma, ou ideia, da poesia. A *imprecisão* da exaltação estimulada por um ar doce (que deveria ser indefinido de maneira estrita e jamais muito fortemente sugestivo) é precisamente o que deveríamos visar na poesia.

Quanto ao seu próprio trabalho, ele contava "O Palácio Assombrado", "O Verme Conquistador", "Terra dos Sonhos", "Lenora", "O Dorminhoco" e "O Coliseu" entre seus melhores poemas. Achava que seus melhores contos fossem "Ligeia", "O Coração Revelador", "O Gato Preto", "A Queda da Casa de Usher", "William Wilson", "Uma Descida ao Maelström", "Os Assassinatos da Rua Morgue", "O Escaravelho de Ouro" e o recentemente finalizado mistério de Dupin, "A Carta Roubada", que ele considerava a melhor de suas histórias de raciocínio. Escritores podem ser juízes notoriamente ruins de seus próprios escritos, mas, no geral, Poe não se saiu muito mal nesse exercício de autoavaliação.

Uma procissão constante de contos – mistério, horror, humor e farsa – veio a público ao longo de 1844: "A Carta Roubada', "Os Óculos", "Um Conto das Montanhas Escabrosas", "A Farsa do Balão", "O Enterro Prematuro", "A Caixa Retangular", "O Anjo do Bizarro" e "Tu És o Homem". Como de costume, produtividade e versatilidade nada fizeram para aliviar a grande necessidade financeira da família, assim, no começo de outubro, Poe aceitou um depressivamente desestimulante trabalho pelo salário muito necessário de quinze dólares semanais. Ele se tornou editor assistente no *New York Evening Mirror*. O trabalho era entediante. Exigia que Poe comparecesse ao escritório todos os dias às nove da manhã e se sentasse a uma mesa num canto da sala editorial até que o jornal da noite fosse para a impressão. As tarefas não remuneradas englobavam uma miríade de responsabilidades editoriais diárias, incluindo responder correspondentes. Ele também contribuía com alguma crítica, mas concordou em não emitir opiniões muito vigorosamente. O editor do jornal, o autor e poeta Nathaniel Parker Willis, admitiu que esse trabalho era "um degrau muito abaixo" para Poe, "tendo sido editor chefe" em publicações mensais como o *Southern Literary Messenger* e a *Graham's Magazine*. Willis também confessou que, dados o brilhantismo reconhecido de Poe e sua forte reputação como crítico, estava resignado e pronto para algumas cenas difíceis. Mas então ele experienciou uma surpresa agradável. Na verdade, Willis nunca deixava de se impressionar com o profissionalismo e a ética de trabalho de seu editor assistente – "quão absoluta e bem-humoradamente disposto ele era a qualquer sugestão, quão pontual e diligentemente confiável na execução do desejo uma vez expresso, quão alegre e presente em seu trabalho, quando poderia, de maneira justificada, estar apático e absorto". Willis descreveu Poe como "uma pessoa quieta, paciente, diligente e muito cortês, que exigia o completo respeito e bons sentimentos por seu comportamento e habilidade invariáveis".

No início de 1845, a poeta e professora Anne Charlotte Lynch começou a convidar Poe para seus salões literários, onde sempre se mostrou polido, despretensioso e envolvente. "São esses tipos de descrições de Poe, não incomuns, que desmentem o estereótipo", afirmou James M. Hutchisson, biógrafo do escritor. "Ele, de fato, era muito cortês e, sob diversos aspectos, bastante convencional."

Por volta da mesma época, Poe começou a contribuir com extensas críticas para o *Broadway Journal*, uma publicação semanal iniciada pelo editor Charles F. Briggs e pelo proprietário de editora John Bisco. Mas a grande notícia daquele janeiro foi capturada em uma conversa que teve com um jovem amigo de Lexington, Kentucky, o poeta William Ross Wallace. Encontrando Wallace em uma rua de Nova York, disse-lhe: "Wallace, eu acabei de escrever o maior poema já escrito".

"Escreveu?", replicou Wallace. "Essa é uma excelente realização."

"Você gostaria de ouvi-lo?", perguntou Poe.

"Com toda a certeza."

Poe leu o poema, fazendo a entonação e a ênfase dramáticas que o poema e sua natureza teatral requeriam. Quando terminou, Wallace disse: "Bom, incomumente bom".

"Bom?", Poe disparou de volta. "Isso é tudo que você pode dizer sobre esse poema? Digo-lhe, esse é o maior poema já escrito."

"O Corvo" foi publicado pela primeira vez na edição de fevereiro de 1845 da *The American Review*, que provavelmente saiu na segunda metade de janeiro. Apareceu na edição de 29 de janeiro da *Evening Mirror*, dez dias após o aniversário de 36 anos de seu autor. Foi mais que um sucesso. Foi um fenômeno. Da noite para o dia, todo mundo parecia estar citando "Nunca mais". O poema era constantemente publicado em jornais e revistas de todo o país, e Poe havia por fim atingido um nível de fama e reconhecimento que deve ter sido mais do que gratificante.

"Ele com certeza escreveu o poema que quebrou todos os recordes de fama", avaliou o professor universitário Paul Lewis. "E podemos ver que ele está realmente desfrutando a fama."

Identificado por seu casaco e sua roupa preta habitual, ele era saudado nas ruas como "o Homem Corvo" ou simplesmente "o Corvo". As crianças o seguiam e atiravam pedras em seus calcanhares. Entrando na brincadeira, ele se virava e gritava: "Nunca mais!" para elas. Elas corriam, tão alegres quanto Poe. Sua nova fama também fortaleceu sua notabilidade nos salões e saraus literários, nos quais com frequência lhe pediam para recitar "O Corvo". Se a luz não fosse apropriada, ele pedia para voltar as lâmpadas para baixo a fim de criar a atmosfera adequada para seu poema sobre "esta casa por horror assombrada". Mesmo aqueles que se importavam pouco com suas palestras a respeito de poetas e poesia ficavam completamente envolvidos e impressionados quando Poe começava a recitação que mostrava que ele era realmente, filho de atores: "Certa vez, numa tediosa meia-noite, enquanto meditava, fraco e cansado".

"Poe ainda escrevia trabalhos de humor, e compreendia que o humor pode ser uma grande estratégia de enfrentamento", disse Lewis. "Mas, em 'O Corvo', Poe efetivamente intensifica o medo mostrando que o humor não pode lidar com o horror. O narrador tenta rir do corvo na primeira vez que este diz a palavra, e isso simplesmente não funciona. O terror está tomando conta dele."

O triunfo de "O Corvo" deu a Poe a oportunidade de mais exposição de sua filosofia da composição e a unidade essencial do efeito. Ao construir um conto ou poema, ele explicou: "Prefiro começar com a consideração de um *efeito*. Mantendo a originalidade *sempre* em vista... digo a mim mesmo, em primeiro lugar, 'Dos inumeráveis efeitos, ou impressões, às quais o coração, o intelecto ou (de um modo mais geral) a alma é suscetível, qual devo, na presente ocasião, selecionar?'. Tendo escolhido um efeito, em primeiro lugar, novo e, em segundo, vívido, considero que este pode ser mais bem trabalhado por incidente ou entonação...".

O exemplo que Poe usou foi "O Corvo", e nada sobre sua composição, ele argumentou, foi resultado de "acidente ou intuição". Em vez disso, "o trabalho prosseguiu, passo a passo, até sua finalização com a precisão e consequência rígida de um problema matemático". Ele estava enfatizando para os leitores que um trabalho assim não resultava imediatamente de lampejos de inspiração. Eles exigiam visão, perseverança, dedicação e compreensão. Poe se deleita detalhando em várias páginas como "O Corvo" foi escrito e por que funcionou tão bem. Essa abordagem analítica refletirá mais tarde em Émile Zola e Anton Tchékhov, que compararam a escrita de romances à observação científica. Contudo, para o amigo leal William Thomas, Poe escreveu que o poema foi escrito a fim de angariar para si algum grau de fama – para ser um sucesso popular e de crítica: "'O Corvo' teve uma grande 'circulação', Thomas, mas eu o escrevi com o propósito expresso de circular, assim como fiz com 'O Escaravelho de Ouro', você sabe. O pássaro superou o escaravelho, porém, tudo vazio".

E, ainda assim, com sua inclinação para ser seu pior inimigo, Poe estava prestes a desfazer e minar esse novo *status* com uma combinação de disputas literárias imprudentes, mau julgamento, um toque de escândalo e bebida. Acrescente as doses usuais de má sorte e a luta contínua contra a pobreza, e estava garantido que os dois próximos anos seriam duros. Talvez seja de algum modo propício que o conto que publicou em julho de 1845 fosse "O Demônio da Perversidade". Poe começa o conto descrevendo padrões familiares de comportamento humano que são seguidos, mesmo que seja intelectualmente reconhecido que levarão à autodestruição ou a fins moralmente objetáveis. Pode ser algo tão comum como postergar uma tarefa que deve ser realizada, mesmo que "saibamos que será ruinoso postergá-la". Estamos dispostos a completar a tarefa, "e mesmo assim a postergamos para amanhã". E quando chega amanhã, o desejo de completar a tarefa é maior, assim como a "ânsia por postergá-la". O relógio bate, sinalizando que o prazo final chegou, e é "o dobre final para nosso bem-estar... Infelizmente, é tarde *demais*!" Por que seguimos um curso que garante o desastre? "Não há resposta, exceto que nos sentimos *perversos*... Examinemos essas ações similares como quisermos, veremos que resultam unicamente do espírito do *Perverso*. Nós as perpetuamos meramente porque sentimos que não deveríamos".

Mas voando alto no sucesso de "O Corvo", Poe tinha boas razões para se sentir otimista quando, no fim de fevereiro, demitiu-se do *Evening Mirror* e obteve uma participação de um terço no *The Broadway Journal*. "E, ainda assim, Thomas, não ganhei dinheiro algum", ele escreveu a seu amigo. "Estou tão pobre agora quanto jamais na vida, exceto em esperanças, o que de modo algum é lucrativo."

Ao longo do ano, ele usou o *The Broadway Journal* como uma plataforma em Nova York para renovar seus ataques ao amado e amplamente admirado Henry Wadsworth Longfellow. Poe foi de chamar Longfellow "inquestionavelmente o melhor poeta na América" a acusá-lo de ser um "imitador obstinado", um "hábil adaptador das ideias de outras pessoas", e um plagiador. Em fevereiro de 1840, acusou o poeta de Cambridge de plagiar "A Morte do Ano Velho", de Tennyson, em seu poema "Missa da Meia-Noite para o Ano que Finda". "Não pensamos em comentar, em momento algum, esse plágio, que é palpável demais para ser errôneo, e que pertence às classes mais bárbaras de roubo literário", Poe escreveu. Embora "as palavras do autor prejudicado sejam evitadas", ele continuou, o tema, conceito e modo de "Missa da Meia-Noite", de Longfellow, eram mercadorias emprestadas. Agora, ele estava mantendo o ataque no *The Broadway Journal* e no palco de palestras. Isso pode ter sido motivado em parte por seu desejo de promover alguma publicidade para a revista. Pode também ter sido alimentado pelo ressentimento de Poe em relação a todas as coisas invejáveis que haviam ocorrido a Longfellow em termos de *status*, círculo social, posição e segurança financeira.

"Toda essa animosidade para com Longfellow é, ao menos em parte, por ele ver em Longfellow o que achava que ele próprio deveria ter sido", observou Hutchisson. "Longfellow era um professor admirado de Harvard. Era casado com uma herdeira. Tinha uma renda privada. Vivia em uma casa confortável e histórica em Cambridge. Era tudo a que Poe aspirava. Temos essa imagem de Poe querendo visitar cemitérios e velhas mansões sombrias. Ele não queria viver na "Casa de Usher". Queria viver na casa de Longfellow."

O incidente ficou conhecido como a Guerra Longfellow, mas, ao modo das disputas literárias, era um problema unilateral. Longfellow se recusou a se envolver. Manteve um silêncio dignificado sobre o assunto, nunca devolvendo ataques. E, após a morte de Poe, apareceu como uma pessoa totalmente íntegra, referindo-se a Poe como "um homem ricamente dotado de gênio". Sem um pingo de ressentimento pelas acusações de Poe contra ele e com um grau notável de percepção, Longfellow disse: "A dureza de suas críticas, nunca atribuí a outra coisa senão à irritação de uma natureza sensível, afetada por um sentimento indefinido de injustiça". Ele também visitou Muddy, convidou-a para ir a Cambridge, deixando algum dinheiro para ela.

"Sem dúvida, Longfellow é um príncipe", disse o estudioso de Poe, Paul Lewis. "Todos gostavam dele e o admiravam, e com boas razões. E há elementos óbvios de inveja pessoal no que Poe escreveu sobre ele. Mas é possível gostar de Longfellow pelo que ele fez e pelo que ele era e ainda assim pensar que Poe tinha algumas considerações válidas a fazer sobre ele. Poe não estava errado a respeito de Longfellow. Ele, sem dúvida, estava absolutamente certo quando previu que a popularidade e a posição de Longfellow como poeta não sobreviveriam."

Fosse por publicidade ou por ressentimento, ou ainda em razão dos padrões críticos elevados, os artigos cáusticos de Poe sobre Longfellow afastaram o *establishment* literário de Boston. Muitos amigos e colegas de Longfellow não eram tão magnânimos quanto o poeta de lareira*.

"Ele ataca, estupidamente, Longfellow por plágio, e com isso apenas prejudica sua carreira", observou o estudioso de Poe, Edward G. Pettit. "E, com plágio, Poe pretendia dizer que Longfellow estava imitando as tradições e os estilos de poetas europeus, e, portanto, não era um poeta de fato original. Poe estava certo. E ninguém lê Longfellow hoje. Mas as pessoas leem 'O Corvo', 'Annabel Lee' e 'Os Sinos'. Poe sabe que é um gênio. Ele sabe que é melhor que a maior parte dos escritores e poetas à sua volta. Ele não está se iludindo. Seus julgamentos são incrivelmente acurados."

Em agosto, Poe transformou um valioso amigo de Boston em outro inimigo, acusando James Russell Lowell de plagiar Wordsworth. Argumentando que a acusação era injusta, Lowell se sentiu ferido pela crítica, em particular, porque havia feito alguns bons favores e elevados elogios a Poe. Também amigo de Longfellow, decidiu que Poe carecia de caráter. Lowell satirizou Poe com seu poema de 1848 "A Fable for Critics" [Uma Fábula para Críticos]:

---

* No original, em inglês, "*fireside poet*": grupo de poetas americanos muito populares no século XIX, também denominados poetas domésticos ou de sala de aula, que produziam formas poéticas convencionais para apresentar questões morais e valores tradicionais e nacionalistas. (N. do T.)

Lá vem Poe, com seu corvo, como Barnaby Rudge,
Três quintos de gênio e dois quintos de completo sem sentido

A batalha com a cidade de seu nascimento se intensificou em outubro quando Poe leu seu antigo poema "Al Aaraaf" no Lyceum, em Boston. A imprensa da Nova Inglaterra o via tanto como um dos seus quanto ele via Boston como sua cidade natal. E os jornais da cidade, ressentindo-se de seu tratamento para com Longfellow, um poeta que consideravam seu, não estavam em uma disposição muito acolhedora. Eles indubitavelmente concordaram com o veredicto expresso pela esposa de Longfellow, Fanny – o de que o arrivista Poe era culpado de "insolência". Contudo, nessa época, o ataque regional de Poe não ficou de modo algum restrito a Longfellow. Ele fez uma porção de ataques maldosamente formulados a vários escritores da Nova Inglaterra em particular, e à cena literária de Boston como um todo. Rápido em zombar dos transcendentalistas e de sua visão espiritual da natureza e das pessoas, ele escreveu em 1842 que "O sr. Ralph Waldo Emerson pertence a uma classe de cavalheiros com quem não temos paciência alguma – os místicos pelo misticismo". Ele também acreditava, justamente ou não, que os escritores de Boston viam sua cidadela literária como um poleiro alto do qual podiam olhar com desprezo autores e poetas de outras áreas do país. Sempre o estrangeiro, ele desdenhosamente se referia aos transcendentalistas como os Frogpondians, usando o Frog Pond [Lago de Sapos] no Boston Common [Parque Público de Boston] como a origem geográfica aquática para uma designação eivada de desprezo. "Gostaria que você repreendesse os Frogpondians", ele escreveu a Thomas. "Eles estão cada vez piores, e fingem não estar conscientes de que *há* pessoas literatas fora de Boston. A parte pior e mais revoltante do assunto é... Eles são decididamente os imitadores mais servis dos ingleses que se pode conceber. Sempre me enfureço quando penso nisso."

Assim, não surpreende que os jornais de Boston o tenham atacado após a recitação no Lyceum, insultando seu poema, sua recitação e ele. Poe não se ajudou. Ele deveria ler um novo poema, mas nada tinha em mãos. Escolheu um trabalho de 1829, que ele chamou "A Estrela Mensageira" naquela noite. Inicialmente, deixou a audiência perplexa e depois a perdeu. Muitos dos presentes se retiraram. Mais tarde, no jantar, Poe declarou, de maneira desdenhosa, que havia pregado uma grande peça em Boston, apresentando um poema que havia composto aos 10 anos. Ele tinha 18 quando "Al Aaraaf" apareceu pela primeira vez.

"Poe se via como um pária", observou J. Gerald Kennedy, editor de *A Historical Guide to Poe* [Um Guia Histórico para Poe] e *The Portable Edgar Allan Poe* [O Edgar Allan Poe Portátil]. "Ele tentou ascender e se posicionar como uma força, mas sempre desfazia seu próprio sucesso atirando em seu pé – verdadeiras decisões perversas que o perseguiam. Ele possuía uma personalidade profundamente antagônica. Mesmo quando ansiava por popularidade, amava se colocar contra as pessoas de sua própria época e lugar. Não é demais enfatizar a importância de ele ser um órfão, sempre sendo testado, e, por fim, rejeitado e repudiado por um pai adotivo, e jogado no mundo, tentando encontrar seu caminho, enquanto luta constantemente contra a riqueza, o privilégio e as prerrogativas das *cliques* literárias, particularmente, os brâmanes de Boston."

Poe faz sua própria descrição da leitura no Lyceum de Boston em um artigo de novembro para o *The Broadway Journal*. "Dificilmente, poderíamos supor que nos daríamos ao trabalho de compor para os bostonianos qualquer coisa sob a forma de um poema original", ele escreveu. "Não compusemos." Ele admitiu que sua seleção não foi "suficientemente transcendental", acrescentando que não dava "a mínima para a fúria deles".

Os comentários sarcásticos sobre os Frogpondians continuariam durante o último ano de sua vida. E, mesmo assim, sua história com Boston não pode ser vista apenas através de lentes transcendentais. Afinal, ele foi para a cidade que sua mãe tanto amava quando John Allan o baniu de seu lar em Richmond em 1827. Foi lá que ele publicou seu primeiro volume de poesia e se descreveu como um bostoniano.

"Assim, é muito claro, nesse ponto, que ele não odeia a cidade", disse Lewis. "E, então, próximo ao fim de sua vida, escreveu a carta para sua sogra sobre desejar se mudar para perto de Annie Richmond, em Lowell, Massachusetts; o que me diz que não abrigava qualquer animosidade fundamental em relação a Boston. Se olharmos todo o contexto, fica muito claro que é basicamente uma disputa literária. Boston representa para ele um tipo de mentalidade e *establishment* literários que ele desaprovava por várias razões. Poe sem dúvida desaprovava a noção de que Boston fosse a única parte do país que produzia escrita de valor."

Bebendo, Poe minou ainda mais a popularidade conquistada com "O Corvo" e suas palestras. Em abril de 1845, seis meses antes do desastre de Boston, Poe estivera sóbrio por cerca de um ano e meio, como Willis e outros enfatizaram em suas memórias. Ele havia programado apresentar uma palestra em Nova York em 17 de abril. Uma mistura tempestuosa de chuva, granizo e neve manteve as pessoas em casa, e apenas cerca de doze pessoas apareceram para ouvi-lo. A apresentação foi cancelada. Aqueles que viram Poe naquela noite o descreveram como desapontado e chateado. Na manhã seguinte, Poe apareceu no *The Broadway Journal* desgrenhado, apoiando-se no braço de um amigo e cheirando a vinho. Em maio, a família se mudou para uma pensão à East Broadway 195. Naquele mesmo mês, o coeditor do *The Broadway Journal*, Briggs, ficou alarmado com o consumo de álcool de Poe. Quando Lowell o visitou em maio, encontrou Poe "levemente embriagado, como se estivesse se recuperando de uma bebedeira". Muddy tentou assegurar Lowell de que seu "querido" Eddy "*estava fora de si*".

Mas havia razões para o sorriso ocasional cruzar sua face. Uma delas foi a amizade cada vez mais afetuosa com a poeta Frances "Fanny" Sargent Osgood, que ele encontrara em março. Ela e seu esposo, o artista Samuel Osgood, haviam se separado, e os dois poetas nutriam um divertido flerte com poemas publicados. O interesse de Poe por ela soa apaixonado, mas platônico, e Virgínia por certo encorajou a relação. Ele pode ter tido sentimentos românticos por Frances. Ela pode ter sido outra figura idealizada para adorar. A natureza exata da relação permanece incerta, sobretudo com Virgínia escrevendo a Osgood e implorando a ela que mostrasse interesse por Eddy. Poderia ela ter sentido que sua própria morte fosse iminente e desejasse ver seu esposo na companhia de uma alma gêmea?

Em junho, o editor Evert Duyckinck coligiu doze contos de Poe e os publicou pela Wiley & Putnam como *Stories*. O livro incluía "O Escaravelho de Ouro", "O Coração Revelador", "A Queda da Casa de Usher", "Uma Descida ao Maelström", "O Homem da Multidão" e os três mistérios de Dupin. Em novembro, a Wiley & Putnam publicou *O Corvo e Outros Poemas*, obra que incluía "Terra dos Sonhos", "O Verme Conquistador", "O Palácio Assombrado", "O Dorminhoco", "O Coliseu", "Lenora" e "Israfel". Poe dedicou o volume à poeta inglesa Elizabeth Barrett (que, no ano seguinte, se casaria com o poeta Robert Browning). Ele ainda estava ocasionalmente produzindo contos, como a divertida "O Sistema do Doutor Tarr e do Professor Fether" e seu suspense sobre mesmerismo levado a um extremo macabro, "O Estranho Caso do Sr. Valdemar", mas grande parte de seu esforço na última metade de 1845 foi focado em manter *The Broadway Journal* operando. No fim de outubro, algumas semanas após se mudar com a família para uma casa de três andares à rua Amity 85, ele comprou a parte de Bisco e finalmente realizou seu sonho de ser proprietário e editor de sua própria revista. O sonho não durou dois meses, e, em dezembro, Poe percebeu que lhe faltavam os recursos necessários para manter a publicação. O ano que começara com o triunfo de "O Corvo" terminou com o colapso do *Journal*.

Amity, que significa amizade, também era o nome da rua em que a família viveu em Baltimore. Se isso era um tipo de presságio, era lúgubre. Poe estava se encaminhando para um ano que lhe custaria várias amizades. O período sombrio estava prestes a ficar ainda mais sombrio. O fracasso do *The Broadway Journal* foi um golpe tão devastador que o desmoronou emocional, física, econômica, social e, sim, criativamente.

"Tudo parece estar indo de mal a pior", disse Hutchisson. "Ele está deprimido. Virgínia está piorando. Ele está bebendo, doente e, obviamente, está entrando no período menos produtivo de sua carreira."

Assim, a má sorte não só se estendeu ao longo de 1846 como também aumentou quando Poe foi afetado por um escândalo que levaria Anne Lynch e outros a excluí-lo da cena de salões. Fanny Osgood visitou a família e fez amizade com Virgínia. Enquanto isso, a poeta Elizabeth Ellet, casada e com quatro filhos, havia se enamorado de Poe. Ela lhe enviava cartas apaixonadas, que ele mostrava a Virgínia. Por mais lisonjeado que estivesse por suas atenções, Poe rejeitou seus avanços. Durante sua própria visita à família Poe, Ellet ficou enfurecida ao encontrar Osgood e Virgínia rindo alto de uma de suas cartas. Segundo algumas descrições, elas estavam rindo com Poe. Ellet ia criar problemas, e sua oportunidade veio quando viu cartas que Osgood havia enviado a Poe na casa da rua Amity. Com ciúme de Osgood, Ellet lhe sugeriu que as cartas eram indiscretas e que, para sua própria proteção, Fanny deveria pedir para que fossem devolvidas. O pedido foi feito por amigos, Lynch e a jornalista Margaret Fuller, e um Poe ultrajado sugeriu a Ellet que seria aconselhável "cuidar de suas *próprias* cartas". Foi uma observação desafortunada e imprudente. Quando Lynch e Fuller saíram com as cartas de Osgood, Poe fez um maço com as cartas de Ellet e as deixou em sua casa. Entra William M. Lummis, um irmão truculento de Ellet, que apareceu na casa da rua Amity pedindo as cartas que já haviam sido devolvidas. De forma compreensível, Poe não pôde apresentar as cartas que ele não mais tinha, então, Lummis, encarando-o furiosamente em grande estilo novelesco, ameaçou matá-lo a menos que obedecesse.

Justamente quando pensamos que as coisas não podem ficar mais estrambólicas, Poe vai até a casa do outro amigo íntimo, Thomas Dunn English. Os dois escritores haviam convivido em bons termos na Filadélfia, mas a relação começou a se desgastar quando Poe fez algumas observações depreciativas sobre a poesia de English. Thomas Dunn English, que não era incompetente quando se tratava de respostas petulantes, adotou a clássica vingança literária tornando Poe o modelo de personagens desinteressantes em não menos que três romances. A despeito da amizade desgastada, Poe ainda considerava English o bastante para lhe pedir um empréstimo de trinta dólares a fim de ajudar a custear sua aquisição do *The Broadway Journal*. E English ainda considerava Poe o bastante para lhe conceder o empréstimo. Agora, ele tinha outro pedido a English. Poe queria emprestada uma pistola para autodefesa, presumivelmente contra um certo irmão truculento. English não lhe concedeu a arma de fogo, mas deu muita munição para sua fúria. Primeiro, English lhe disse que não acreditava que Ellet tivesse lhe enviado quaisquer cartas (cartas, lembre, que já haviam sido devolvidas a ela). E, depois, disse a Poe que deveria se desculpar e retirar quaisquer declarações feitas sobre ela. Os dois trocaram socos e ambos alegaram ter vencido o que quer que pudesse passar por uma luta. Thomas Lane, do *The Broadway Journal,* separou os dois brigões e mais tarde relatou que Poe estava bêbado e levara a pior. Seu orgulho também levou um golpe, de modo que Poe retrabalhou os detalhes e alegou ter dado a English "uma tunda que ele vai lembrar até o dia de sua morte".

Socialmente, Poe havia se colocado em má posição. Em sua fúria para com Ellet, disse algo que era verdade, mas terrivelmente insensato. Ellet, no fim, havia lhe enviado cartas sugestivas e sedutoras, muito mais comprometedoras do que as de Osgood. Contudo, ele não tinha mais as cartas, e o cavalheiro do Sul havia se colocado na posição de parecer menos que cortês. Ele também havia se colocado em uma desvantagem estratégica. Ellet tinha acesso aos círculos internos de fofoca de Nova York, e, segundo muitas descrições, sabia como usá-los. Levado à cama, possivelmente pela doença e para evitar sussurros maliciosos, Poe tornou as coisas ainda piores para si pedindo ao seu médico para levar uma retratação a Ellet. Poe negou ter dito que as cartas de Ellet fossem inapropriadas, e, bem, se disse algo assim, foi em razão de uma insanidade temporária. Era exatamente o tipo de admissão da qual seus inimigos poderiam e iriam se apoderar com prazer malévolo. Uma admissão de insanidade poderia ser trabalhada de forma cruel para passar descontroladamente pela fábrica de fofocas, e foi isso o que ocorreu. Prejudicou enormemente a reputação e o equilíbrio de Poe.

Anne Lynch agiu com rapidez e o baniu de seus salões. A multidão de sabichões de Manhattan que um ano atrás o estavam celebrando, agora, brutalmente o ostracizavam. O que restou de sua amizade com English foi obliterado. E sua relação com Fanny Osgood estava por terminar. Samuel Osgood, contudo, apontou para a real encrenqueira no escândalo. Ele fez uma lista de exigências para Ellet: encerrar de imediato as fofocas sobre sua esposa, retirar toda implicação maldosa, e se retratar, senão... O "senão" era um aviso para se preparar para enfrentar uma acusação de calúnia e difamação. Ellet cedeu e escreveu a carta de retratação a Fanny Osgood. Embora tenha absolvido Osgood de qualquer comportamento impróprio, insistiu em colocar toda a responsabilidade pelo problema em duas pessoas: Edgar e Virgínia Poe.

Da sua parte, Poe permaneceu ressentido e cauteloso com relação a Ellet. Dois anos mais tarde, quando ele estava cortejando a poeta Sarah Helen Whitman, ele alertou-a para que esperasse cartas feias de Ellet, "o mais maligno e tenaz de todos os demônios – uma mulher cujo amor odioso eu não poderia senão repelir com o escárnio, [que] me difama, de modo privado, sem meu conhecimento e, assim, impunemente". Ele chega ao ponto de culpar Ellet por precipitar a morte de Virgínia. Talvez buscando um escape de uma Manhattan repentinamente hostil, Virgínia compôs um poema acróstico de Dia de São Valentim para seu esposo. Juntas, a primeira letra de cada linha formava o nome Edgar Allan Poe. Apresentado no que seria seu último Dia de São Valentim, é sua única peça conhecida de escrita criativa:

Eu sempre contigo desejo vagar
Dileto, tua é minha vida
Granjeia-me um chalé por lar
Além de uma velha videira,
Remoto, longe do mundo com seu cuidado e heresia
Além do tagarelar de muitas línguas.
Lá, o amor, somente, será nosso guia –
Lá, o amor curará meus enfraquecidos pulmões de suas agonias;
Além, oh, das tranquilas horas que passaremos,
Nunca desejando que outros possam ver!
Perfeita paz desfrutaremos, jamais emprestaremos
Os nossos espíritos ao mundo e seu prazer –
Eternamente em paz e abençoados seremos

Seus enfraquecidos pulmões eram incuráveis, mas ela conseguiu aquele chalé remoto, longe, se não do mundo, de Manhattan. Em maio, eles se mudaram para uma pequena casa pertencente a John Valentine na aldeia de Fordham (no que, agora, é o bairro do Bronx em Nova York).

O aluguel era modesto, e Virgínia achou o ambiente agradável. O chalé ficava no topo de uma colina, sombreado por cerejeiras ao seu redor. Havia uma sala de estar no primeiro andar, junto à cozinha e a um pequeno quarto. O quarto de Muddy era no segundo andar, próximo a um pequeno estúdio para Poe. Era uma residência aconchegante para a família, que incluía a amada Catterina. A esperança era que o interior melhorasse a saúde de Virgínia e a psique danificada de seu esposo. Isso, por vezes, ocorreu para Poe, que apreciava levar visitantes para caminhadas que muitas vezes incluíam competições de salto, que Poe regularmente vencia. Ele também desfrutava da companhia de August J. Thébaud, presidente da vizinha St. John's College (atual Universidade Fordham), do padre Edward Doucet e dos sacerdotes jesuítas que pertenciam a essa instituição. O canadense Doucet, um administrador de alojamento com apenas 23 anos na época, tornou-se uma espécie de confidente para Poe. Não levava mais de vinte minutos de caminhada até a faculdade, onde tinha permissão para usar a biblioteca e era convidado para participar de jogos de cartas. "Eles eram cavalheiros e estudiosos altamente cultos", Poe escreveu sobre os jesuítas. "[Eles] fumavam, bebiam e jogavam cartas como cavalheiros, e nunca falavam uma palavra sobre religião."

O tabelião Augustine O'Neil recordou ver Poe em uma plataforma de trem em torno dessa época. Ele deixou uma descrição que é franca e pungente nas imagens que evoca:

> Certa vez fui à cidade no mesmo trem e esperei um tempo considerável pelo carro na mesma plataforma. Tive ampla oportunidade de observá-lo. Arrependo-me de não ter falado com ele [...]. Poe estava completamente sozinho. Estava muito bem-vestido, de preto. E era muito pequeno, magro, pálido e tinha o ar de um perfeito cavalheiro [...]. Uma vez, vi Poe e sua esposa na varanda de seu pequeno chalé em Fordham. Havia uma dignidade muito

tranquila em seus modos. Ele simplesmente parecia alguém que tinha um autorrespeito decente.

A reformadora de saúde, Mary Gove, visitou a família naquele verão. "O chalé tinha um ar de discrição e polidez que deve ter sido conferido a ele pela presença de seus residentes", ela recordou. "Uma habitação tão organizada, tão pobre, tão pouco mobiliada, e ainda assim tão agradável, eu nunca vira." Sua descrição de Virgínia era reveladora: "A sra. Poe parecia muito jovem; tinha grandes olhos negros, e uma tez de brancura perolada que era de uma palidez perfeita. Sua face pálida, seus olhos brilhantes e seu cabelo negro davam a ela uma aparência sobrenatural. Podíamos sentir que era quase um espírito dissolvido, e quando tossia ficava claro que estava rapidamente falecendo".

Na verdade, Virgínia era agora uma inválida, e o definhamento gradual precipitou Poe em um desespero e uma depressão mais profundos. Ele não estava palestrando. Não estava escrevendo muitos contos ou poemas. E não possuía emprego regular. Contudo, tinha uma lista crescente de inimigos. Ele ajudou a garantir isso com "Os Literatos da Cidade de Nova York", uma série de perfis publicados de maio a outubro na *Godey's Magazine and Lady Book*. Ele já estava trabalhando no "Literatos" antes de todos os problemas que irromperam com as cartas de Ellet e Osgood. E nem todos os artigos eram negativos. Mas vários deles eram bem maldosos, impugnando a inteligência de um escritor e fazendo comentários derrogatórios sobre aparências físicas. Um dos primeiros alvos foi seu ex-coeditor do *The Broadway Journal*, Charles F. Briggs. No terceiro fascículo, ele se direcionou a Thomas Dunn English. Esses não eram os tipos que, como Longfellow, permitiriam que um mau tratamento assim passasse impune. Poe havia entrado em guerra no pior momento possível e de uma posição estratégica incrivelmente fraca. Alguns dos escritos eram tão maldosos que ele não podia sequer alegar superioridade intelectual. Ele também estava em desvantagem numérica e de poder de fogo.

Briggs lançou seu contra-ataque no *Evening Mirror*, declarando que Poe estava confinado em um hospício e zombando de sua ampla testa em formato de balão. Foi um exercício brutal e vingativo, que fez o perfil escrito por Poe parecer positivamente contido em comparação. Então, English atacou. Isso levou a uma troca de artigos cada vez mais malévolos e cáusticos entre os autores. Em um fascículo serializado de seu romance *1844, or, The Power of the "S.F."* [1844, ou, o Poder do "S.F."], English satirizava Poe na figura do escritor Marmaduke Hammerhead, que se veste de preto e é identificado como o autor de um poema chamado "Gralha Negra": "ele nunca fica bêbado mais de cinco dias por semana; diz a verdade algumas vezes por engano; tem coragem moral o bastante para fustigar sua esposa quando acha que ela merece". English, por fim, vai longe demais, acusando Poe de fraude e falsificação. Ele também desafia Poe a levar o assunto à justiça. Poe aceitou o desafio, tendo sido indenizado em 225,06 dólares por danos e 101,42 dólares por custas. A guerra, contudo, custou-lhe em várias frentes. Era um fardo e uma distração que o afastavam de qualquer trabalho de genuína substância ou mérito. Foi uma batalha desnecessária que danificou ainda mais sua reputação. E foi uma procissão emocionalmente perturbadora de confrontos em uma época na qual necessitava de todas as suas reservas para lidar com o declínio da saúde de Virgínia.

A única coisa positiva a resultar das rusgas com English foi que provavelmente ajudaram a moldar uma de suas melhores histórias de terror, "O Barril de Amontillado", publicado na edição de novembro de 1846 da *Godey's Magazine*. "As milhares de injustiças de Fortunato, tolerei o melhor que pude", diz-nos o narrador, Montresor, "mas, quando partiu para o insulto, jurei vingança." Poe, com certeza, comprazia-se em voos fantasiosos de vingança, imaginando como seria atrair para um destino horrífico um inadvertido English, que havia partido para o insulto. Durante esse breve momento, Poe reuniu suas forças criativas e convocou o brilhantismo que perdera por muitos meses. Era a prova estimulante de que os relatos sobre o fenecimento de sua criatividade haviam sido um exagero. Ele ainda não estava pronto.

Contudo, Poe estava entrando em um dos períodos mais sombrios de uma vida em que não faltavam turbilhões. Estava claro que Virgínia não viveria muito mais tempo, e, à medida que esfriava, a pobreza da família se tornava mais alarmante. Anjos apareceram em seu auxílio, incluindo Gove e a bondosa Marie Louise "Loui" Shew, que se tornou enfermeira de Virgínia naqueles dias finais. Filha única de um médico, Shew havia recebido treinamento médico e era conhecida por seus enormes esforços para ajudar os pobres e destituídos.

Gove capturou as condições lamentáveis no chalé de Fordham à medida que o inevitável novembro se aproximava:

> O outono chegou, e a sra. Poe afundou rapidamente na consumpção. Eu a vi em seu quarto. Tudo ali era tão organizado, tão puramente limpo, tão escasso e empobrecido, que vi a pobre convalescente com dor no coração [...]. Não havia roupa de cama, que era de palha somente, senão uma colcha branca como a neve e lençóis. O clima era frio, e a senhora doente tinha os terríveis calafrios que acompanham a febre frenética da consumpção. Ela se deitou na cama de palhas, envolvida pelo sobretudo de seu esposo, com uma grande gata com pelagem de casco de tartaruga sobre seu peito. A maravilhosa gata parecia consciente de sua grande utilidade. O casaco e a gata eram os únicos meios de aquecimento da convalescente; exceto por seu esposo segurando suas mãos, e sua mãe, seus pés.

Muddy, ela disse, "era apaixonadamente dedicada à filha, e sua angústia diante de sua doença, pobreza e miséria era terrível de ver".

Extremamente comovida, Gove foi para a cidade e relatou o que vira a Shew, "cujo coração e mãos estavam sempre abertos aos pobres e miseráveis". Shew conseguiu uma cama de penas para Virgínia, assim como lençóis, cobertores e travesseiros. Ela também organizou uma doação privada de sessenta dólares. Depois, nas palavras de Gove, ela "tomou conta deles... e cuidou do conforto da moribunda e dos vivos".

A notícia sobre a condição de Virgínia se espalhou por Nova York em dezembro, assim como o falso relato de que Poe, também, estava desesperadamente doente, acometido por consumpção. A poeta Mary Elizabeth Hewitt começou a arrecadar doações para eles, e Walt Whitman relatou no *The Daily Eagle*: "Foi declarado que o sr. Poe, o poeta e autor, encontra-se agora perigosamente doente com febre cerebral, e que sua esposa está nos últimos estágios de consumpção. Disseram que estão 'sem dinheiro e sem amigos, na verdade, sofrendo da doença e da destituição em Nova York'". Poe foi obrigado a escrever a Nathaniel Willis e lhe assegurar que, embora o caso de Virgínia permanecesse sério e que ele tinha estado doente, não estava morrendo.

Shew prescreveu goles de vinho para Virgínia, os quais Muddy chamou "uma grande bênção". Teve uma "influência animadora e tônica", que lhe permitiu momentos de comunicação valiosa com seu esposo e sua mãe. "A pequena querida bebeu sorrindo, mesmo quando era difícil de engolir." Muddy escreveu a Shew: "Se não fosse por sua ajuda oportuna, minha querida sra. S., não teríamos últimas palavras – nada de mensagens afetuosas, nada de *doces despedidas*, pois ela parou de falar (por fraqueza), exceto com seus belos olhos!".

Em 29 de janeiro de 1847, Poe escreveu a Loui Shew: "Minha pobre Virgínia ainda vive, embora definhando rapidamente e agora sentindo muita dor. Que Deus possa mantê-la viva para que consiga ver-lhe e lhe agradecer uma vez mais! Seu peito está transbordando – como o meu – de ilimitada e indescritível gratidão a você". Na mesma época em que Poe registrava essas palavras, Mary Starr visitava o chalé.

Colocada em uma poltrona, a moribunda Virgínia sentou com Poe de um lado e Starr do outro. Quando Muddy foi até a cozinha, Virgínia implorou a Starr que permanece uma leal amiga de Eddy e nunca o abandonasse, porque "ele sempre amou você".

Loui Shew respondeu aos apelos de Poe e também compareceu ao chalé naquele dia. Virgínia chamou-a para o lado de sua cama, tirou uma foto de seu esposo de baixo do travesseiro, beijou-a, e a deu à enfermeira que havia feito seu melhor para ajudar a família naquele momento sombrio. Ela, então, de acordo com Shew, puxou uma carta de um portfólio e a mostrou a Poe. Ele a leu. Aos prantos, entregou-a a Shew. A carta havia sido escrita pela segunda esposa de John Allan, Louisa, que expressou o desejo de vê-lo. Louisa reconhecia a Poe que, por ciúme, havia, de fato, persuadido seu esposo a romper definitivamente com ele. Declarou também que Poe sempre agira como um cavalheiro para com ela. Poe achava que a carta havia sido destruída, mas Virgínia quis preservá-la como prova de sua conduta apropriada. Arhur Hobson Quinn e outros biógrafos questionaram a confiabilidade da memória de Shew com relação à carta, que nunca foi encontrada. Naquela noite, Virgínia estava com muita dor e ficando ainda mais fraca.

Ela morreu em 30 de janeiro. Como a mãe e o irmão de Poe, ela morreu de tuberculose aos 24 anos. Não surpreende que ele tenha desabado. Um ano mais tarde, em uma carta ao então correspondente regular de Maine, George W. Eveleth, ele conseguiu encontrar palavras para expressar aquilo pelo que tinha passado e o que havia perdido:

> Esse "mal" foi o maior que pode sobrevir a um homem. Seis anos atrás, uma esposa, a quem amava como nenhum homem jamais amou antes, rompeu um vaso sanguíneo cantando. Sua vida estava perdida. Despedi-me dela para sempre e experienciei todas as agonias de sua morte. Ela se recuperava parcialmente e uma vez

mais eu ficava esperançoso. No fim do ano, o vaso rompeu novamente – passei precisamente pela mesma cena. Uma vez mais, um ano depois disso. E, então, de novo, de novo, de novo e mais uma vez em intervalos variados. A cada vez, eu sentia todas as agonias de sua morte – e, a cada acesso da doença, eu a amava mais profundamente e me apegava à sua vida com pertinácia mais desesperada. Mas tenho uma constituição sensível – nervoso em um grau muito extraordinário. Fiquei insano, com longos intervalos de sanidade horrível. Durante esses acessos de absoluta inconsciência, eu bebia – só Deus sabe com que frequência e quanto. Naturalmente, meus inimigos relacionavam a insanidade à bebida em vez de a bebida à insanidade. Na verdade, eu praticamente abandonei toda esperança de uma cura permanente quando encontrei uma na *morte* de minha esposa. Isso eu posso suportar e suporto como cabe a um homem – foi a interminável e horrível oscilação entre esperança e desespero que *não* pude mais suportar sem a perda total da razão. Na morte do que era minha vida, então, recebo uma nova, mas – oh, Deus! – quão melancólica existência.

"COMO UM CADÁVER"

3-6 DE OUTUBRO DE 1849

De volta à casa pública de Baltimore e ao hotel Gunner's Hall, o doutor e editor Joseph E. Snodgrass pediu um quarto para Poe até que alguns dos parentes locais pudessem ser notificados. Nesse momento, um desses parentes chegou. Um madeireiro de quase 60 anos, Henry Herring havia se casado com a irmã de Muddy, Elizabeth, em 1814. Snodgrass havia acompanhado um garçom ao andar de cima para selecionar "um aposento suficientemente isolado". Ele estava retornando ao bar quando encontrou Herring na escada. Herring imediatamente rejeitou a ideia de levar Poe para casa e cuidar dele. Também assumindo que seu sobrinho por casamento estivesse embriagado, disse a Snodgrass que Poe havia sido "muito abusivo e ingrato em ocasiões anteriores, quando bêbado". Herring sugeriu que Poe fosse levado a um hospital. Embora, por um momento, tenha se ressentido de que Herring estivesse se recusando a cuidar de um parente tão obviamente necessitado de ajuda, Snodgrass concordou. Uma carruagem foi chamada, mas Poe não conseguiu descer os poucos degraus da taverna até a calçada. Snodgrass lembrou: "Os músculos da articulação da fala pareciam paralisados". Por isso, "meros murmúrios era tudo que se ouvia" enquanto Poe era carregado "até a carruagem, como um cadáver".

Eles conseguiram colocá-lo na carruagem, que foi orientada a levar o inconsciente Poe ao hospital de cinco andares na Broadway. Situado na parte superior leste da cidade, era conhecido também como o Washington University Hospital de Baltimore, o hospital da Washington Medical College e o Washington College Hospital, embora, em julho de 1849, tivesse recebido um nome para refletir seu fluxo de pacientes, a cidade de Baltimore e o Marine Hospital. Um anúncio publicado no *The Baltimore Sun* informou ao público que o "estabelecimento anteriormente conhecido como Washington College Hospital foi reorganizado e submetido a uma completa renovação das instalações e de todos os quartos, e agora apresenta um dos melhores retiros para os doentes e inválidos". O anúncio assumiu a forma de uma carta, que foi assinada pelo médico residente, John J. Moran. Em 1857, o estabelecimento era conhecido como Church Hospital and Infirmary. Décadas mais tarde, tornou-se o Church Home and Hospital, ou, simplesmente, Church Home. Parece apropriado que, de algum modo, mesmo o lugar em que Poe morreu tivesse uma mistura de nomes.

Conduzido pelas ruas molhadas e escorregadias naquele dia frio de outubro, Poe estava se encaminhando para um destino onde dúvida sobre dúvida, incerteza sobre incerteza, se empilhariam. Ele deu entrada por volta das cinco horas da tarde, e quase tudo que se seguiu é discutível, incluindo que tipo de cuidado ele recebeu e em que quarto foi recebido. Sim, mesmo a localização precisa de sua morte está em questão. Você esperava algo diferente?

Segundo a narrativa tradicional, Poe foi levado a um quarto privado no segundo andar do hospital. Talvez tenha sido assim, talvez, não. Segundo a narrativa tradicional, também, seu quarto estava em uma área separada para pacientes afetados pela bebida. Talvez estivesse; talvez, não. Segundo a narrativa tradicional, ele foi imediatamente reconhecido por Moran, pelos outros médicos, por estudantes de medicina e pelas enfermeiras, que viam Poe como um "*grande* homem" e "um objeto de extraordinária consideração". Uma vez mais, talvez. O problema não é que careçamos de testemunhas, mas que as testemunhas, Snodgrass e Moran inclusive, devem ser vistas com um grau justo de ceticismo. Moran, com cerca de 25 anos e quatro anos após obter seu diploma de medicina da Universidade de Maryland, enviou a Maria Clemm uma descrição dos últimos dias, em uma carta de 15 de novembro de 1849. Foi a primeira de três descrições essenciais dadas pela primeira testemunha dos dias no leito de morte de Poe. A segunda foi um artigo, "Comunicados Oficiais da Morte de Edgar A. Poe", publicado no *New York Herald* em 28 de outubro de 1875. A terceira foi seu livro de 87 páginas, *A Defense of Edgar Allan Poe* [Uma Defesa de Edgar Allan Poe], publicado em 1885. Mesmo levando em conta o número de anos que separam essas descrições, as distorções e discrepâncias são estarrecedoras.

A carta para Muddy é a versão mais confiável por ter sido escrita cerca de um mês após a morte de Poe? Ou devemos levar em conta que Moran estava escrevendo para uma sogra de luto, cujas perdas haviam sido trágicas e desconcertantes? Contudo, as últimas descrições também podem ser questionadas em razão de elaborações, detalhes cada vez mais intensificados e contradições massivas – e porque Moran desde então havia adotado a plataforma de palestras, aproveitando-se de suas "memórias" a respeito das horas finais de Poe. Ele declarou repetidamente que escreveu a Muddy porque Poe lhe pediu. Ele só escreveu a ela após Muddy lhe enviar uma carta pedindo detalhes da morte de Eddy. A conclusão inescapável é que Moran tenha adulterado a verdade o tempo inteiro.

Na carta a uma devastada Muddy, ele escreveu: "Quando trazido ao hospital estava inconsciente de sua condição... Ele permaneceu assim das cinco horas da tarde – a hora de sua admissão – até as três horas da manhã seguinte [4 de outubro]... A esse estado sucedeu tremor nos membros, e, no início, um delírio perseverante, mas não violento ou ativo, fala constante e conversa vaga com objetos espectrais e imaginários na parede. Sua face estava pálida e seu corpo inteiro, ensopado de suor. Fomos incapazes de tranquilizá-lo antes do segundo dia após sua admissão". Moran recordou que ele havia deixado ordens para que as enfermeiras lhe informassem se Poe mostraria sinais de estar de algum modo apto à conversação racional:

> Fui chamado para a cabeceira de sua cama tão logo a consciência voltou, e o questionei com referência à sua família, local de residência, parentes etc. Mas suas respostas eram incoerentes e insatisfatórias. Contudo, ele me disse que tinha uma esposa em Richmond (que eu sabia não ser o caso), que não sabia quando deixara aquela cidade ou o que havia acontecido com sua mala de roupas. Desejando recuperar e sustentar suas esperanças, agora em rápido declínio, disse-lhe que esperava que, em alguns dias, ele seria capaz de desfrutar da companhia de seus amigos aqui e que ficaria muito feliz em contribuir de todas as formas possíveis para sua tranquilidade e conforto. Nisso, ele irrompeu com muita energia e disse que a melhor coisa que seu melhor amigo poderia fazer seria estourar seus miolos com uma pistola, que, quando contemplou sua degradação, estava pronto para afundar na terra etc. Logo após proferir essas palavras, o sr. Poe pareceu cochilar, e o deixei por um breve período.

A esposa do médico, Mary, também deixou uma descrição, escrevendo que Poe "foi trazido ao hospital em um estupor", supostamente, "tomado pela bebida":

> Logo vimos que ele era um cavalheiro; e, como nossa família vivia em uma ala do prédio da faculdade, o médico mandou que o

levassem a um quarto facilmente acessível por uma passagem a partir de nossa ala. Ajudei a cuidar dele aqui, e, durante um intervalo de consciência, Poe perguntou se havia alguma esperança para ele. Pensando que se referia à sua condição física, disse-lhe: "Meu esposo acha que você está muito doente, e, se você tiver quaisquer orientações para dar com relação aos seus assuntos, eu as anotarei". Ele respondeu: "Quero dizer, esperança para um pobre-diabo como eu, para além desta vida". Consolei-o dizendo que o Grande Médico disse que havia. Eu, então, li o décimo quarto capítulo do Evangelho Segundo São João, dei-lhe uma dose de calmante, sequei as gotas de suor de sua face, arrumei seu travesseiro e o deixei.

Embora Snodgrass estivesse convencido sobre a condição de Poe ser o resultado de álcool, Moran estava igualmente convencido de que Poe não estava sofrendo de embriaguez. Na descrição de 1875, ele escreveu que, ao ser admitido no hospital, Poe "foi, de imediato colocado em um quarto privado, cuidadosamente despido e criticamente examinado".

> Não havia cheiro de bebida em seu corpo ou hálito. Não havia delírio ou tremor. Sua pele estava pálida, ele se sentia ligeiramente nauseado e com uma forte disposição para dormir. Sua condição era mais a de um estupor. Foi higienizado com uma esponja com água morna, sinapismos [emplastros de mostarda] foram aplicados aos pés, coxas e abdômen, e compressas frias aplicadas à sua cabeça.
>
> Escureci o quarto e o deixei tão confortável quanto poderia estar em seus próprios aposentos. Coloquei uma enfermeira experiente na soleira da porta de seu quarto, com ordens para observá-lo atentamente e impedir o menor ruído de fora...

Podemos confiar em quaisquer detalhes oferecidos por Moran? Como com relação às descrições deixadas por Snodgrass, há exageros óbvios e erros flagrantes. É tentador pensar que a seguinte conversação entre Moran e Poe de fato ocorreu. Os registros de Moran, redigidos um quarto de século após Poe ter sido seu paciente, declaram que ele foi chamado em tempo de ver Poe jogar para trás as cobertas, abrir seus olhos e perguntar: "Onde estou?". Moran disse que ele puxou uma cadeira para perto da cabeceira da cama e lhe perguntou como se sentia.

"Miserável."

"Você sente alguma dor?"

"Sim."

"Tem sede?"

"Não."

"Você sente algo em sua cabeça – sente dor aí?", Moran perguntou, colocando sua mão na cabeça de Poe.

"Sim."

"Você a sente pesada ou letárgica?"

"Pesada; mente enevoada."

"Há quanto tempo você tem estado doente?"

"Não sei dizer."

"Onde você esteve hospedado?"

"Em um hotel na rua Pratt, em frente ao terminal."

"Você tem uma mala, ou valise, ou alguma coisa lá que gostaria de ter consigo?"

"Sim, uma mala com meus papéis e manuscritos."

"Se você pedir, mando buscá-la."

"Faça isso de uma vez. Você é muito gentil. Onde estou, doutor?"

"Você está sob os cuidados de seus amigos."

É nesse ponto que Moran coloca a fala que atribuiu a Poe em sua carta a Muddy, embora, nesse momento, a tenha colocado em citações e feito a elaboração mais exata: "Meu melhor amigo seria o homem que estourasse meus miolos com uma pistola". Mesmo que aceitemos que Poe tenha dito algo assim a Moran, uma comparação cotejada das três descrições do médico coloca todo seu testemunho em dúvida. A descrição de 1875 é muito mais específica, com certeza, mas não apenas carece de detalhes que forneceu a Muddy em novembro de 1849 como também reconta uma conversação muito diferente em tom e conteúdo. Em seus "Registros Oficiais", Poe responde a "todas as minhas perguntas calma e racionalmente" em vez de dar respostas "incoerentes e insatisfatórias". Essa não é uma contradição pequena. É uma inversão completa. Não há menção de ter uma esposa em Richmond. Não há menção de não se lembrar de quando deixou Richmond. Na verdade, não há menção alguma a Richmond nos "Registros".

A credibilidade de Moran recebe outro golpe com a lorota melodramática que ele coloca na boca de Poe. Continuando seu "Registro" da conversação com o escritor, Moran cita-se dando a seu paciente garantias de que fariam tudo em seu poder para deixá-lo confortável e aliviar sua angústia. A isso, Poe supostamente respondeu: "Oh, que pobre-diabo eu sou! Senhor, quando vejo minha degradação e ruína, o que tenho sofrido e perdido, e a tristeza e miséria que infligi a outros, sinto que poderia afundar nesse leito até o abismo mais inferior abaixo, abandonado por Deus e humanos, um pária da sociedade. Oh, Deus, em que terrível dificuldade me encontro! Não há resgate para o espírito imortal?".

Com um discurso de final de ato tão floreado e grandiloquente, surpreende que Moran não tenha registrado que a equipe de enfermeiras explodiram em aplauso espontâneo. Nada há de remotamente incoerente sobre essa declamação ornada, e nada há também que soe como Poe. Podemos imaginá-lo se arrepiando com a noção de que, mesmo em seu leito de morte, entregou-se a tamanha fanfarrice ao estilo de apresentação para a galeria.

"Moran entra para o circuito de palestras, redirecionando-se da medicina para uma carreira literária", disse Carole Shaffer-Koros, estudiosa de Poe, professora de inglês e enfermeira registrada. "Ele publica artigos sobre os dias finais de Poe, enfeitando a história como ele a contou. Ele se torna um tipo de narrador não confiável típico de Poe. Diz uma coisa e depois diz outra. Ele contesta as acusações de Griswold e Snodgrass sobre Poe estar bebendo, mas nos dá todas aquelas falas que soam como se fossem de um melodrama vitoriano. Além disso, fazia apenas alguns anos que Moran havia se graduado na escola de medicina quando tratou de Poe como paciente. Assim, os fatos daquela hospitalização são confusos, para dizer o mínimo."

A versão improvável de Moran de 1875 parece um trabalho de ficção – um trabalho ruim de ficção. Como separar as recordações verdadeiras de elaborações óbvias e embaraçadoras? Quando perguntado se aceitaria um grogue para acalmá-lo, o Poe de Moran responde: "Senhor, se sua potência me transportar aos gazebos elísios do mundo espiritual desconhecido, não provarei dele – não provarei dele. Sobre seus horrores, quem poderia falar?".

Quando ouviu que suas chances não eram boas, o Poe de Moran referencia "O Corvo", proclamando: "Quanto tempo, oh, quanto tempo ainda antes de ver minha querida Virgínia? Minha querida Lenora! Gostaria de ver meu amor, meu querido amor!". Quando perguntado se tinha família, o Poe de Moran irrompe com: "Não, minha esposa está morta, minha querida Virgínia; minha sogra vive. Oh, como sangra meu coração por ela! O anjo negro da morte fez seu trabalho. Sou assim rudemente atingido pela tempestade sem bússola ou leme. A linguagem não pode expressar a onda irrompendo que se distende, oscila e varre, como tempestade sobre mim [...]. Devo erguer a mortalha e revelar a você o segredo que abrasa o coração, e, como uma adaga, perfura a alma. Eu deveria estar casado em dez dias".

Aqui, Moran nos diz, ele parou para chorar. Enquanto as lágrimas estão caindo, considere que a esposa em Richmond da carta de 1849 foi transformada em uma noiva, e ela tem um nome: sra. Shelton.

Por mais difícil que seja engolir isso tudo, Moran, todavia, pode ter oferecido um certo testemunho exatamente sobre engolir. Ao que tudo indica, Poe não teve problema algum em engolir e beber durante esses últimos dias no Washington University Hospital. Se é assim, isso derruba ao menos uma teoria com relação à sua morte.

"É praticamente certo que não foi raiva", disse Jeffrey Savoye, estudioso de Poe.

Alguém morrendo de raiva não pode engolir água, e mesmo a sugestão de beber pode provocar espasmos excruciantes.

"Não há registro de uma mordida de um animal", observou Shaffer-Koros. "E Poe recebeu água, a qual não teve problema em engolir. Isso exclui raiva."

Moran afirmou que, em um determinado momento, deu água a Poe especificamente "para verificar se teria alguma dificuldade para engolir". Ele bebeu metade de um copo. Ele também recebeu caldo de carne. Em nenhuma de suas descrições, Moran menciona uma incapacidade para engolir água. A evidência que temos retira a raiva daquela longa lista de possibilidades.

Reduzindo mais ainda o conjunto de suspeitos prováveis, há dois testes feitos em amostras do cabelo de Poe. Nenhum dos testes pode nos dizer como Poe morreu, mas cada um se mostrou incrivelmente valioso em nos dizer como ele não morreu – e, de algumas formas surpreendentes, como viveu. O primeiro deles, em 2002, testou três fios do cabelo tanto de Virgínia quanto de Edgar Poe. Fornecidos pela Edgar Allan Poe Society, de Baltimore, os fios eram dos cachos cortados logo após a morte de Virgínia em 1847 e de Poe em 1849. Albert Donnay, o engenheiro de saúde ambiental de Baltimore que concebeu o teste custeado pela Alliance Atlantis, companhia de produção de

Toronto, propõe a teoria de que Poe morreu envenenado pela inalação de monóxido de carbono das fumaças de gás de carvão produzidas por iluminação interna na época. Donnay observou que Poe sofria de muitos dos sintomas físicos e mentais associados ao envenenamento por monóxido de carbono, incluindo dor de cabeça, fadiga, dores musculares, náusea, eructação e confusão. Ele também acreditava que uma imagem de Poe de 1849 (o daguerreótipo "Annie") exibia um sinal revelador de envenenamento por monóxido de carbono: uma anormalidade com um olho mais baixo que o outro enquanto a boca se inclina para o outro lado.

Testar o cabelo de Poe foi um modo de testar a teoria. Espectrometria de massa acoplada a plasma indutivo poderia medir os níveis de metais tóxicos nas amostras de cabelo. É um dos únicos testes forenses que poderia ser conduzido com relação à morte de Poe. Pesquisadores do departamento federal de patologia ambiental e toxicológica analisaram os dois extremos dos fios do cabelo de Poe, determinando os níveis de arsênico, chumbo, mercúrio, níquel, urânio e vanádio. Dados a dieta e os fatores ambientais de sua época, Virgínia e Edgar poderiam ter sido expostos a metais pesados em tudo, de medicamentos e água potável até cosméticos e, sim, gás de iluminação.

Os testes no cabelo de Poe revelaram que nenhum metal pesado atingiu um nível tóxico. Embora a análise não pudesse refutar completamente a teoria de Donnay, foi um golpe no que era uma possibilidade intrigante. Mas, embora inconclusivos quanto ao modo como Poe morreu, os testes revelaram que o nível de arsênico em seu sistema estava quinze vezes acima do normal – aquém do nível em que sintomas de envenenamento por arsênico começam a aparecer e provavelmente o nível presente na água potável. Os testes também mostraram que o mercúrio aumentou durante os últimos meses de sua vida, provavelmente pelo calomel prescrito na Filadélfia durante a epidemia de cólera. E eles indicaram que seu nível de chumbo caiu mais de 33%, o que pode ter sido um sinal de que ele teria, na verdade, honrado o juramento de temperança nos últimos meses.

O teste para urânio foi particularmente revelador, uma vez que a principal razão para a presença desse metal pesado teria sido o gás de iluminação. Em Poe, o nível estava abaixo do índice de detecção. Mas a amostra de cabelo de Virgínia era consideravelmente mais longa e permitiu o teste em três seções, cobrindo um período muito maior de tempo. Para o período pré-Fordham, quando ela estava exposta à iluminação a gás em Manhattan, ela tinha o mesmo nível encontrado em mineradores de urânio. Caiu abaixo do limite de detecção quando se mudaram para o chalé de Fordham.

"Edgar viveu mais dois anos e meio, e a testagem mostrou que os níveis para gás de iluminação foram insignificantes", disse Chris Semtner, curador do Edgar Allan Poe Museum, em Richmond. "Mesmo que pudessem ter testado para o período em que a família estava em Manhattan, Poe ficava fora o tempo todo. Ele fazia longas caminhadas e não ficava confinado como Virgínia. Ele tinha contato com muito ar fresco. O gás de iluminação funcionaria melhor como uma teoria se o estereótipo de Poe fosse correto – curvado sob uma luminária, escrevendo seus contos sem jamais sair de casa. Mas o estereótipo está errado."

O teste de 2017 no cabelo de Poe foi conduzido pelo professor de química orgânica e de isótopos da Universidade de Virgínia, Stephen Macko, que trabalhou com fios fornecidos pela Enoch Pratt Free Library, em Baltimore. "O Doutor do Cabelo" mede a quantidade de carbono, nitrogênio e isótopos sulfúricos a fim de encontrar marcas para alguns alimentos e fatores ambientais. A amostra inteira do cabelo é queimada a 1000°C, convertendo-a em gás que pode ser analisado com um espectrômetro de massa. Foi Donnay que levou Macko a Poe, e Semtner mostrou os achados de ambos os testes em uma exibição no Poe Museum, em 2017.

"O cabelo é o registro de longo prazo, de modo que o que quer que o tenha matado provavelmente não foi o tipo de coisa de exposição de longo prazo que apareceria na análise do cabelo", afirmou Macko. "Nada do que encontrei indica uma causa particular de morte. Meu objetivo era descobrir um sinal que mostrasse que Poe tivesse sido exposto a níveis perigosos de gás de carvão, e que não só tivesse contribuído para sua morte como afetado sua escrita e explicasse as alucinações e a febre cerebral. Mas não encontrei qualquer evidência disso em seu cabelo."

Havia traços de metais pesados, mas, como com os testes anteriores, não atingiram níveis que provocassem sintomas significativos.

"Não havia evidências de poluentes orgânicos que fossem significativamente mais elevados do que para a maioria das pessoas daquela época", relatou Macko. "Não havia evidências de níveis significativos de gás de carvão. Nada encontrei que sugerisse que respirar ou estar exposto ao gás de carvão de algum modo tivesse contribuído para sua morte."

"Todavia, os testes de Macko revelam algumas surpresas sobre a dieta de Poe, que, no fim, era muito boa. Há todas aquelas descrições românticas sobre ele sobreviver de água e melado por semanas seguidas", observou Semtner. "E os testes mostraram que não, ele estava comendo grãos, feijões, batatas, frango, carne vermelha, carne suína. Parece que 30% de sua dieta era de frutos do mar; além disso, se você está em Richmond durante os últimos meses de sua vida, você encontrará barcos com ostras chegando lá diariamente, trazendo ostras e frutos do mar."

Ao examinar o mistério geral sobre a morte de Poe, a testagem de Macko soma por subtração. A investigação fica ligeiramente mais clara porque pode eliminar mais alguns suspeitos.

"Não podemos resolvê-la usando esses testes, mas não podemos eliminar algumas especulações", disse Macko. "E acho que nossos testes descartam a ideia de que gás de iluminação ou má nutrição tenham sido causas de sua morte."

Moran poderia ter ajudado muito, claro, se tivesse sido uma testemunha confiável, oferecendo um depoimento consistente. Como o único médico que acompanhou Poe enquanto agonizava, ele poderia ter fornecido pistas essenciais para fortalecer algumas teorias e descartar outras. Basicamente, deixou-nos uma pilha de incertezas.

Uma pessoa que por certo não observou Poe nesses dias finais foi Neilson Poe, que havia sido informado de que seu primo estava gravemente doente e que havia sido levado ao Washington University Hospital. Nascido no mesmo ano que Poe, Neilson se casou com a meia-irmã de Virgínia, Josephine Emily Clemm, em 1831. "Tão logo soube que fora levado à faculdade, fui até lá", ele escreveu a Muddy, "mas seus médicos não achavam aconselhável que eu o visse, uma vez que ele estava muito agitado." Se tivesse sido capaz de reconhecer Neilson Poe, o paciente poderia ter ficado mais agitado. Embora fosse um advogado, proprietário de editora e jornalista que compartilhava as inclinações *whig* do escritor, Neilson foi o primo que provocou enorme angústia em Poe em 1835 ao sugerir que Muddy levasse Virgínia para sua casa e cuidasse de seu bem-estar. Já não sendo um fã de Neilson, Poe o colocou na lista de inimigos quando uma carta pedindo um favor ficou sem resposta. Isso levou Poe a despejar seus sentimentos anti-Neilson em uma carta de outubro de 1839 a Snodgrass: "Acredito que ele seja o pior inimigo que tenho no mundo. Ele é desprezível, uma vez que faz declarações de amizade em voz alta". Não há evidências de que Neilson tivesse retribuído essa raiva de modo algum, ou que tivesse conhecimento da visão sombria que Poe tinha dele.

Neilson retornou no dia seguinte, presumivelmente, dia 5 de outubro, com roupas de cama, e "ficou contente em saber que ele estava muito melhor", escreveu a Muddy seis dias depois. "Muito melhor", provavelmente, significava que havia ficado mais calmo e parecia estar repousando. Esse estado tranquilo não durou. Moran recordou que, ao checar novamente Poe, descobriu uma mudança drástica em sua condição. "Quando retornei, encontrei-o em um violento delírio, resistindo aos esforços de duas enfermeiras para mantê-lo na cama. Esse estado continuou até a noite de sábado [6 de outubro] (ele foi admitido na quarta-feira)..."

As várias linhas do tempo de Moran são difíceis de conciliar. Se o violento delírio durou até a noite de sábado, por certo, foi intermitente. Deve ter havido períodos de inconsciência acompanhados por crescente fraqueza e debilidade. Moran descreveu visitar a cabeceira da cama de Poe e verificar que seu pulso estava fraco e irregular. As pupilas de seus olhos estavam se dilatando e se contraindo. Moran acreditava que a morte "estava se aproximando rapidamente". A opinião parece ter sido apoiada pelo amigo e mentor de Moran, John Cavendish Smith Monkur, um professor de teoria e prática médica. Um dos mais antigos e experientes médicos da faculdade, Monkur examinou Poe e disse: "Ele vai morrer; ele está morrendo agora". Monkur, que tinha 49 anos, havia se juntado ao Washington College em 1831. Ele disse a Moran que Poe "morreria de excessiva prostração nervosa e perda do poder nervoso, resultante da exposição, que afeta o encéfalo, uma membrana sensível e delicada do cérebro".

Pouco tempo depois, se pudermos acreditar em Moran, Poe abriu seus olhos e olhou para a janela por mais de um minuto. O médico não pôde evitar se perguntar (ou não pôde resistir acrescentar sua especulação como uma elaboração fantasiosa em anos posteriores) se o combalido autor de "O Corvo" teria ouvido uma "gentil bicada no gradil da janela". É de se perguntar como Moran se esqueceu de mencionar a passagem sobre a morte em "William Wilson"? "A morte se aproxima; e a sombra que a precede lançou uma influência suavizadora sobre meu espírito [...]. E não estou agora morrendo vítima do terror e do mistério da mais fantástica de todas as visões sublunares?"

"DIFICILMENTE SOBREVIVEREI UM ANO"

FEVEREIRO DE 1847 - JUNHO DE 1849

Marie Louise "Loui" Shew continuou a ser uma presença afetuosa e confortante na casa de Poe após a morte de Virgínia. Ela providenciou o funeral, comprando o caixão de Virgínia e belas mortalhas brancas. Com uma pequena ajuda financeira de Mary Starr, ela também comprou para Poe roupas de luto. O único retrato conhecido de Virgínia, uma aquarela, foi pintado algumas horas depois de sua morte. John Valentine, o proprietário do chalé de Fordham, ficou tão comovido com a perda da família que ofereceu um lugar para Virgínia na cripta de sua família, distante cerca de 800 metros, na Igreja Old Dutch Reformed. O funeral ocorreu na tarde brutalmente fria de 2 de fevereiro.

Não muito depois da morte de Virgínia, Poe pegou um lápis e escreveu as seguintes palavras em uma cópia de seu poema de 1845, "Eulalie – uma Canção":

No fundo da terra jaz meu amor
E devo chorar sozinho.

"Eulalie" é o tributo de um esposo a um casamento que fora sua salvação. Começa assim:

Habito só
Em um mundo de lamentos,
E minha alma era uma maré estagnada,
Até que a bela e gentil Eulalie se tornou minha tímida noiva –

O amor de Eulalie tornou o narrador do poema confiante o bastante para dizer à dúvida e ao sofrimento: "Jamais voltem novamente". Ambos sobrevieram a Poe com a perda de Virgínia, e houve relatos de vizinhos que o encontraram no cemitério em noites invernais, coberto de neve, lamentando fora da cripta. Ele foi tomado por uma "tristeza tão pungente que me privou por várias semanas de toda capacidade de pensamento ou ação".

Poe falava sobre estar doente antes e depois da perda de sua adorada Maninha, e ao menos um visitante do chalé de Fordham acreditava que ele, também, estivesse morrendo de consumpção. Shew e Muddy cuidaram de Poe durante os dias sombrios após o funeral, mantendo uma vigilância estreita de sua condição alarmante. Seu sistema exaurido havia sido sobrecarregado por estresse e preocupação constantes. Ele estava despedaçado pela tristeza. Poe estava, de maneira evidente e justificada, emocionalmente arruinado. Tudo isso pode explicar parte de seu estado de tristeza nas semanas seguintes à morte de Virgínia, mas, claramente, algo mais estava ocorrendo – algo além do sofrimento de uma natureza sensível por uma grande perda. Ele conseguiu iniciar alguma correspondência em fevereiro. Foi física e emocionalmente capaz de pouco mais que isso. Nem mesmo o veredicto de 17 de fevereiro que lhe concedeu a vitória pública sobre Thomas Dunn English fez muito para reanimá-lo. Ele estava completamente colapsado, e, por um tempo, pensou-se que poderia morrer.

Shew e Muddy se revezavam na vigília, alternando noites na cabeceira de sua cama. Quando Shew retornou à cidade e Muddy assumiu a tarefa, ela mantinha Shew informada por carta: "Escrevo para dizer que os remédios vieram no trem que chegou após você partir hoje, e um amigo gentil os trouxe para nós na mesma hora [...]. Temo muito que essa doença seja séria. A febre veio na *mesma hora* hoje (como você disse que viria)". Shew, com seu treinamento médico e experiência como enfermeira, estava convencida de que algo estava atacando o cérebro e o sistema nervoso de Poe. Ela tomava notas e mantinha um diário, registrando as observações:

> Fiz meu diagnóstico, e o levei ao grande doutor [Valentine] Mott: contei-lhe que, quando o sr. Poe estava bem, seu pulso era de apenas dez batidas regulares, após o que é suspenso, ou descontinuado (como os médicos dizem). Decidi que, na melhor das hipóteses, ele tinha uma lesão em um lado do cérebro, e que não poderia tolerar estimulantes ou tônicos sem resultar em insanidade, eu não tinha muita esperança de que pudesse ser movido da febre cerebral resultante do extremo sofrimento de mente e corpo – efetivamente abatido, pela fome e pelo frio que o heroico esposo tolheu para prover alimentos, remédios e confortos para sua esposa moribunda – até que a exaustão e a morte estivessem tão próximas em cada reação da febre, que mesmo sedativos tiveram de ser ministrados com extremo cuidado.

Shew estava determinada a reerguer Poe. Em sua grande tristeza, Muddy estava ávida por ajudar. Ela faria qualquer coisa ao seu alcance para não perder Eddy, especialmente, tão próximo da perda de sua Virgínia. Shew ordenou uma nova dieta, com ênfase em frutos do mar. Ele estava "muito doente ainda e sobrecarregado de trabalho", como ele relatou em uma carta de 11 de março a George W. Eveleth, mas o regime de Shew começou a mostrar resultados. Embora estivesse gradualmente se recuperando, qualquer melhora parecia uma proposição precária para Shew: "Eu sabia que a doença orgânica estava vencendo sua estrutura física por meio das muitas provações e privações de sua vida movimentada. Disse-lhe, com toda a candura, que nada poderia ou iria salvá-lo da morte repentina exceto uma vida prudente de calma, com uma mulher dedicada e forte o bastante para organizar seus assuntos por ele". Poe provavelmente viu alguma sabedoria nisso. Por mais errático que seu comportamento pudesse ser, o casamento – e o amor incondicional que encontrava em casa – lhe forneciam a âncora emocional que o mantinha focado e incrivelmente produtivo por longos períodos. É inteiramente possível que Virgínia reconhecesse a grande necessidade disso também. Seria possível que, em algum nível, ambos viam Fanny Osgood como uma candidata ideal para representar esse papel?

Quaisquer que fossem seus sentimentos por Osgood, Poe passou grande parte dos próximos dois anos alternando de uma relação malograda a outra, sempre com casamento em mente. Sua própria carência e incerteza em sua busca peripatética resultaram em muito tumulto e confusão pessoal, tudo agravado pelo tormento contínuo relacionado à perda de Virgínia. Tudo isso não resultou em muitos poemas e contos novos. Nessas duas áreas em que suas capacidades haviam encontrado o canal mais profundo e duradouro, ele estava atravessando um dos períodos mais improdutivos de sua carreira. Durante o período de quinze meses que começou em dezembro de 1846, os únicos novos trabalhos publicados que apareceram foram dois poemas: "Para M.L.S." e "Ulalume", um lamento a uma amada que morrera um ano atrás:

E passamos ao fim da vista,
Mas paramos à porta de uma tumba –
À porta de uma tumba legendada;
E eu disse – "O que está escrito, querida irmã,

Na porta dessa tumba legendada?"
Ela respondeu, "Ulalume – Ulalume! –
Esse é o jazigo perdido de Ulalume!"

Isso não quer dizer que Poe não estivesse escrevendo e pensando sobre escrita em 1847. Ficando próximo a Fordham, ele canalizava suas energias à contemplação do trabalho que estava convencido de que seria sua obra-prima, o ensaio cosmológico que trataria de nada menos que uma explicação de Deus e do universo, "Eureka". Ele retomou suas longas caminhadas, que provavelmente ajudaram na sua recuperação espiritual e física. Ele caminhava entre os pinheiros atrás do chalé e nos bosques ao redor. Ele se dirigia ao leste para visitar os jesuítas em St. John's College. Ia mais adiante ao leste e caminhava junto às margens do rio Bronx. E, no começo de 1848, caminhava a oeste para um novo lugar favorito, a recém-construída High Bridge, com seu caminho para pedestres cerca de 44 metros acima do rio Harlem. Parte do Croton Arqueduct, a ponte e seus dezesseis arcos de pedra conectavam o Bronx a Manhattan. Esse se tornou um lugar de passeio e reflexão para Poe, que, dia ou noite, poderia ser visto sobre a ponte gramada no topo da alta estrutura.

Visitantes do chalé naquele ano foram recebidos calorosa e hospitaleiramente. Em junho, o ministro episcopal e orador Cotesworth P. Bronson veio fazer uma visita com sua jovem filha, Mary. Treze anos mais tarde, Mary, então a sra. William G. LeDuc, recordou seu primeiro encontro com o escritor. Suas expectativas eram as mesmas que os muitos entusiastas de Poe hoje teriam – de que o escritor só poderia ser um camarada sisudo, sombrio e rabugento. O que ocorreu ao estereótipo que ela levou a Fordham?

Era de manhã bem cedo quando chegamos ao terminal, do qual caminhamos em uma agradável estrada ventosa com árvores

> frondosas de cada lado, em direção ao chalé do sr. Poe. Recordei silenciosamente "O Corvo", como uma forma de preparar minha disposição para conhecer um poeta grave e melancólico, como imaginava que o sr. Poe fosse. Vimos o sr. Poe caminhando em seu pátio, e me surpreendi muito agradavelmente ao ver um cavalheiro muito bonito e de aparência elegante, que nos acolheu com uma polidez silente, cordial e graciosa que não combinou com meu imaginário poeta sombrio. Ouso dizer que transpareci a surpresa que senti, pois vi um olhar sorridente em sua face quando lhe dirigi o olhar uma segunda vez...

Ela observou que Muddy sempre o chamava de Eddy e, em sua voz e atitudes, mostrava "amor materno". Quando se sentaram à sala, alguém comentou sobre a gravura francesa de uma menina. Poe sorriu e lhes disse: "Não, não é a Lenora perdida". Então, talvez ainda divertido pela surpresa inicial de Mary ao encontrá-lo, ele alegremente acrescentou: "Alguns de meus amigos olham sobre a porta, como que em busca do 'corvo'". Aqui, encontramos Poe muito consciente da imagem sombria de "Homem Corvo" que a percepção pública tinha produzido para ele – uma caricatura que se imporia e fortaleceria através dos séculos. Talvez haja também um reconhecimento de que ele tivesse contribuído muito para criar a imagem. Mas, como os escritores de terror posteriores que ele influenciou tão profundamente, incluindo Stephen King e Robert Bloch, ele não só reconhece sua posição de mercador do medo como a encara com bom humor.

Similarmente, um visitante no outono ficou encantado com a atenção de Poe ao seu jardim de flores, com suas raras dálias e uma série de flores de outono, bem como com o cuidado que dava aos pássaros de estimação que mantinha no pórtico do chalé. Tudo "parecia muito inconsistente com o caráter sombrio e grotesco de seus escritos". E pousado sobre seu ombro enquanto ele escrevia? Não um majestoso corvo dos santos dias de antanho, mas a amada Catterina, gata com pelagem casco de tartaruga: "Uma gata querida, também, desfrutava de sua condescendência amigável, e muitas vezes, quando estava absorto na escrita, ela se sentava em seu ombro, ronronando como em uma aprovação complacente do trabalho que ocorria sob sua supervisão".

Outro visitante frequente do chalé Fordham em 1847 foi Sarah Anna Lewis, uma poeta amadora que se denominara Stella. Seu esposo, o advogado do Brooklyn, Sylvanus D. Lewis, pagou a Poe cem dólares por uma crítica positiva de seu trabalho. Poe rendeu seus princípios com relação à crítica, talvez porque o dinheiro fosse extremamente necessário e porque o casal lhe havia feito muitas gentilezas. Stella havia começado a ir do Brooklyn para Fordham em janeiro, quando Virgínia ainda estava viva. Sylvanus Lewis deu aconselhamento jurídico a Poe e lhe emprestou dinheiro, e os Lewis muitas vezes convidaram Poe e Muddy para jantar em sua bela casa de tijolos de três andares. Poe não só recomendou seus poemas em termos extravagantes, mas também revisou seu trabalho e lhe ofereceu aconselhamento literário. Para Stella, Poe foi "sempre o refinado cavalheiro – o erudito – o Poeta". Mas Poe podia se cansar de sua companhia, e, ao menos em uma ocasião, fugiu para o bosque quando Stella, extravagantemente vestida, veio visitá-lo. Muddy o encontrou "sentado em uma pedra favorita, murmurando seu desejo de morrer e se livrar de literários enfadonhos".

Poe ocasionalmente se aventurou até Manhattan ao longo do ano. Em maio, visitou a casa de Shew, próximo à Washington Square. Em junho, retribuiu uma visita a Bronson e sua filha. Em julho, sentiu-se confiante o bastante para viajar a Washington e à Filadélfia, mas a má saúde o forçou a voltar a Fordham e aos cuidados de Muddy. Na véspera do Natal, aceitou o convite de Loui Shew para participar de uma cerimônia à meia-noite conduzida pelo reverendo William Augustus Muhlenberg, na Igreja da Holy Communion. Ela recordou que ele acompanhou o serviço como um "clérigo", cantando os salmos como um bom tenor em acompanhamento à sua voz de soprano. Mas, quando a frase "Ele era um homem de tristezas e familiarizado com o sofrimento" foi repetida durante o sermão, ele saiu rapidamente da igreja, dizendo a Shew que a esperaria lá fora. Contudo, voltou para seu lado quando a congregação se levantou a fim de cantar o hino "Jesus Salvador de Minha Alma". Ele se juntou ao canto, sem olhar para o livro.

Argumentou-se que, estimulado por Shew, Poe encontrou uma fé natural durante essa época. Isso, de modo algum, é certo, embora também não possa ser rejeitado terminantemente. Como tantos outros aspectos de sua vida, suas concepções religiosas são um tema de considerável debate. Os Allan tinham um banco na Igreja Monumental Episcopal, e, quando menino, Poe participava com frequência dos serviços com Frances Allan. Ele e Virgínia foram casados por um ministro presbiteriano. E, em 1845, ele escreveu o poema "Hino Católico", uma prece à Virgem Maria:

Na alegria e na tristeza – no bem e no mal –
Mãe de Deus, ficai ainda comigo!

Contudo, quando adulto, ele não frequentava a igreja regularmente e, talvez buscando chocar um colega de trabalho no *The Broadway Journal*, descreveu a Bíblia como "completo galamatias". Mas também escreveu: "Um forte argumento em favor da religião de Cristo é este: o de que, em nosso leito de morte, ofensas contra a *Caridade* são as únicas que podemos não entender, mas *sentir*, como *crime*". E ele relatou a Shew que ela tinha "renovado minhas esperanças e fé em Deus". Além disso, as teorias que ele detalhou em "Eureka" não eram, de modo algum, convencionais, e ele percebeu que elas o expuseram a acusações de ser um panteísta, um politeísta, "um pagão, ou um Deus sabe o quê". Ele argumentava que seu trabalho não era ímpio, e, na verdade, algumas passagens certamente contradiziam aqueles que se apressavam em concluir que Poe fosse um ateísta:

> De que a Natureza e o Deus da Natureza são distintos, nenhum ente pensante pode duvidar mais. Pela primeira, implicamos meramente as leis do segundo. Mas com a própria ideia de Deus, onipotente, onisciente, concebemos também a ideia da *infalibilidade* de suas leis. Com Ele não existindo Passado nem Futuro, com Ele sendo todo *agora*, não o insultamos ao supor que suas leis são tão artificiais de modo a não permitir toda contingência possível? Ou, em vez disso, que ideia *podemos* ter de *qualquer* contingência possível, exceto aquela que é ao mesmo tempo um resultado e uma manifestação de suas leis?

Poe não era um cientista, embora acreditasse que "Eureka" fosse um trabalho de profunda importância científica. Ele começou a escrevê-lo seriamente no outono de 1847, muitas vezes com a dedicada Muddy sentando-se com ele até quatro horas da manhã, cochilando em uma cadeira enquanto ele escrevia. Os dois caminhavam em torno do jardim, de braços dados, enquanto ele explicava o que estava tentando com "Eureka". Poe parava por alguns minutos e perguntava se ela o entendera.

Poucos entenderam "Eureka", que o escritor subintitulou "Um Ensaio sobre o Universo Material e Espiritual" e "Um Poema-Prosa". Poe apresentou os princípios básicos do trabalho em uma palestra para uma pequena plateia em 3 de fevereiro de 1848, na Society Library de Manhattan. Os ingressos custavam cinco centavos. Foi uma noite tempestuosa, e somente cerca de sessenta pessoas ouviram as observações de Poe sobre "A Cosmogonia do Universo". Ele falou por duas horas e meia, atendo-se basicamente ao manuscrito de "Eureka". John Henry Hopkins Jr., um estudante de teologia cristã do General Theological Seminary, foi um dos poucos que enfrentaram o tempo ruim e conseguiram chegar à sala da palestra. Ele escreveu uma crítica favorável, chamando-a a palestra mais elaborada e profunda que já ouvira. Embora essa não tenha sido a única descrição positiva, não foi indicativa do que seria a resposta geral. Muitos pareceram confusos, mistificados e exasperados com as ruminações de Poe sobre, dentre outras coisas, natureza, matéria, gravidade, a criação e o fim do universo, morte, unidade e a conexão da alma com Deus. Foi um tratado baseado em sua leitura de trabalhos cosmológicos, na matemática, em seus princípios poéticos declarados e em uma confiança otimista em sua astúcia analítica, intuição e seus poderes imaginativos. Entre os trabalhos que mais influenciaram seu pensamento estavam as hipóteses nebulares de 1796 do estudioso, matemático e astrônomo francês Pierre-Simon Laplace e *Cosmos* (1845), do cientista alemão Alexander von Humboldt, a quem a versão em livro de "Eureka" foi dedicada. O trabalho de Laplace sobre a formação do sistema solar era em si um refinamento de *História Natural e Teoria dos Céus* (1755), de Immanuel Kant. Poe acreditava: "O que propus revolucionará (com o tempo) o mundo da física e da ciência metafísica. Digo isso calmamente – mas digo".

Um crítico desconsiderou sua palestra como "absurdo hiperbólico". Mesmo seu amigo, o editor Evert Duyckinck, chamou o trabalho uma "obra montanhosa de absurdidades". Poe não tinha dúvida de que fosse a suprema expressão de seu gênio. Ele levou essa convicção a uma reunião com o proprietário de editora George Putnam, explicando que o trabalho era tão monumental que exigiria uma impressão de cinquenta mil cópias. Isso, para começar. Putnam concordou com uma edição de quinhentas cópias. O ensaio de quatro mil palavras foi publicado em julho, com um preço de venda de setenta e cinco centavos. No prefácio, Poe insistia em que era, na verdade, um poema-prosa, e "é como um poema que gostaria que esse trabalho fosse julgado após minha morte". Poucos honraram esse desejo.

Sem contar o *Primeiro Livro do Conchologista*, foi o nono livro, e o último, que ele viu publicado. Embora muito diferente dos volumes que o precederam, "Eureka" sofreu um destino comercial familiar. As vendas foram muito ruins. As críticas foram variadas. E os méritos do trabalho continuam sendo discutidos cento e setenta e cinco anos depois de sua publicação. A alegação mais proeminente de "Eureka" é que essa obra antecipa a física moderna, da relatividade à teoria do Big Bang. Ninguém menos que Albert Einstein a elogiou como "um belo feito de uma mente extraordinariamente independente". Há inclusive uma escola de pensamento que sustenta que "Eureka" foi concebido como uma paródia, a despeito das muitas declarações de Poe sobre sua intenção séria.

"Não podemos desconsiderar 'Eureka' completamente, mas as afirmações sobre a obra podem ser exageradas", disse J. Gerald Kennedy, estudioso de Poe. "É um fracasso magnífico. É orientado pela necessidade de reagir às questões não respondidas em 'O Corvo'. Assim, é a busca pela explicação racional, mas é também uma busca destinada ao fracasso. Poe está desesperado para encontrar alguma confirmação dessa esperança, desse desejo de acreditar. Há uma enorme quantidade de inconsistências em 'Eureka', mas o grande argumento sobre espírito divino e energia é irresistível. Poe ainda está tentando se convencer de um argumento intelectual para uma divindade na qual pudesse acreditar."

Talvez, então, "Eureka" partilhe elementos temáticos com os poemas, contos e mesmo a crítica. Talvez, não seja tão anômalo como é comumente considerado. O autor de contos de terror faz as perguntas, e, alimentando o horror, está a consciência de que, talvez, não haja respostas. O autor de contos de mistério acredita que, com lógica e raciocínio, as respostas podem ser encontradas. O poeta, ao menos na mente de Poe, deveria sempre estar em busca da unidade e da unicidade. E a crítica está sempre ponderando, avaliando, buscando – procurando abarcar as maiores e mais elevadas possibilidades. Cada um deles representa uma abordagem que permeia "Eureka".

"Poe nos apresenta personagens em busca de algum conhecimento excitante, de algum segredo jamais revelado cuja obtenção é destruição", considera Kennedy. "Isso reflete muito perfeitamente o tipo de esforço por trás de 'Eureka'."

Ele também nos apresenta personagens como Dupin, que não só está em busca da verdade como também é capaz de encontrá-la, capturá-la e iluminá-la. "Poe sempre quis encontrar o racional, fosse na solução de um assassinato ou no significado do universo", afirmou Harry Lee "Hal" Poe, autor de *Evermore: Edgar Allan Poe and the Mystery of the Universe* [Sempre: Edgar Allan Poe e o Mistério do Universo]. "Contos de terror de algum modo rejeitam o racional, mas vendem bem. Havia um público para eles. Mas, embora não corresponda ao estereótipo, Poe estava muito mais do lado do racional, da lógica, do analítico."

Mesmo os entusiastas que admiram o esforço de Poe em "Eureka" não concordam com o autor em sua admiração ilimitada pela obra. Poe deve tê-la visto como culminação e confluência, fundindo todas as formas primárias que mais o atraíam. Ele também via "Eureka" como um modo de atrair apoio para seu sonho havia muito nutrido de dirigir sua própria revista literária. Sim, apesar de tudo isso, ele não desistira da *The Stylus*. Poe estava tentando mais uma vez promover o interesse pela publicação, circulando um novo prospecto que havia impresso em janeiro. Ele acreditava que *The Stylus* e "Eureka" não só restaurariam sua reputação literária danificada como também representariam suas realizações monumentais.

"Se eu tiver sucesso, coloco-me (em dois anos) na posse de uma fortuna e infinitamente mais... mas, de qualquer modo, *terei sucesso*", ele escreveu ao correspondente de Maine, Eveleth.

"Esse é ainda outro modo de mostrar que o estereótipo está errado", Hal Poe disse. "Muitas pessoas consideram Poe um pessimista sombrio, mas, na realidade, ele era o eterno otimista. Não importava o que a vida jogava sobre Poe, ele sempre era como o sr. Micawber, em *David Copperfield*, certo de que algo iria aparecer. Ele sempre acreditou nisso. Ele nunca desistiu."

Poe, certamente, não desistiu de buscar o amor, mas aqui reina a confusão, uma que vez que ele se movia desajeitadamente de um romance a outro. O que estava por trás da incerteza? Embora o biógrafo Arthur Hobson Quinn tenha corretamente afirmado que é perigoso "ler muito da vida pessoal dos poetas em seus versos", é possível que ele nos tenha dado uma pista em "Ulalume". Seu poema revela a luta de um homem dividido entre o amor terreno e as memórias de seu amor perdido. Foi nesse estado mental incerto que Poe começou a contemplar relações que poderiam levar ao casamento. A primeira delas pode ter sido a divorciada Loui Shew. Ele, definitivamente, usou termos apaixonados para expressar sua gratidão para com ela, mas é difícil afirmar que isso tenha se transformado em algum tipo de atração romântica para eles. Diferentemente da casada Fanny Osgood, Shew não se considerava uma intelectual ou poeta. Ela também era uma cristã dedicada que frequentava a igreja regularmente. A despeito de suas diferenças, eles compartilhavam o que era, sem dúvida, uma amizade afetuosa. Embora Poe não estivesse apaixonado por Loui, passou a confiar nela e a depender, emocionalmente, dela.

Durante uma de suas visitas à casa de Shew em 1848, Poe lhe disse: "Marie Louise, tenho de escrever um poema. Falta-me sensibilidade, sentimento, inspiração". Ela prometeu ajudar. Sentando-se no jardim de inverno com as janelas abertas após o jantar, tomavam chá quando os sinos começaram a bater na igreja próxima (provavelmente a Igreja Grace, na esquina da rua East Tenth com a Broadway). "Não gosto do barulho de sinos à noite", ele disse. "Não posso escrever. Não tenho tema. Estou exausto." Pegando sua caneta, ela escreveu "Os Sinos, de E. A. Poe" em um pedaço de papel. Loui, então, acrescentou,

"Os sinos, os pequenos sinos prateados". Absorto, Poe começou a rimar, elaborando ideias para o que se tornaria um de seus maiores poemas. Sempre o artista exigente, ele continuou experimentando com seus sinos tinintes, melódicos, metálicos e zoantes, reescrevendo o poema ao menos três vezes. As quatro estrofes de "Os Sinos" tratam das estações de uma vida, com o último badalar dos sinos antecipando a aproximação melancólica da morte. Tenha ele sentido isso ou não, essa foi a "monotonia abafada" em torno de tal estação de sua vida. Na verdade, "Os Sinos" só seria publicado um mês depois da morte de Poe.

Logo após a noite de maio em que Shew sugeriu "Os Sinos", ela pode ter ouvido um alarme com relação à sua amizade com Poe. No mês anterior, ele sucumbiu à bebida após jantar com Rufus Griswold, que havia conseguido esconder a amargura extrema e profunda de seus sentimentos a respeito de Poe, apesar das trocas de farpas entre os dois. Poe conseguiu enviar alguém à casa de Shew para pedir ajuda. Shew convocou duas pessoas: seu amigo Hopkins, que havia assistido à palestra de "Eureka" e feito uma análise dela, e o homem com quem se casaria em 1850, o clérigo Roland Stebbins Houghton. Eles encontraram Poe embriagado e sendo detido pela polícia. Tendo recebido Poe sob custódia, eles o levaram para casa em Fordham, onde uma Muddy preocupada o esperava. Ele tinha desaparecido havia três dias. Parece que Poe fora à cidade para receber um pagamento por um artigo, mas, quando recebeu o dinheiro, começou a beber. O dinheiro havia desaparecido. Comovidos, Hopkins e Houghton deram cinco dólares a Muddy para necessidades.

Todavia, não foi a bebedeira de Poe que afastou Shew. Foi a preocupação expressa por Hopkins após a publicação de "Eureka". Embora tivesse escrito sobre a palestra de Poe, com admiração, Hopkins ficava cada vez mais incomodado com o panteísmo enviado ao mundo na forma de um livro. Poe desconfiava que ele tivesse escrito a crítica do *Mundo Literário* que atacava "Eureka" como "mera asserção rude, sem uma partícula de evidência". O crítico, então, acrescentou: "Em outras palavras, deveríamos denominá-lo *completo absurdo*". Poe escreveu um ataque ao ataque, repetidamente se referindo ao autor do artigo anti-"Eureka" como "o Estudante de Teologia". É provável que ele tenha deduzido de maneira correta a identidade do crítico, mas não previu que Hopkins fortemente aconselhava Shew a abandonar o amigo literário que abraçava o que ele considerava visões perigosas e controversas sobre Deus e a criação. Filho de um bispo episcopal, Hopkins a preveniu de que uma associação com Poe poderia prejudicar seu trabalho, sua reputação e, sim, sua fé. Ele lhe disse que Poe, ao menos sobre o tema do panteísmo, era ou insano ou um infiel irremediável. Ele também narraria repetidamente a história de quando levou um Poe embriagado de volta a Fordham. Sua campanha foi bem-sucedida. Shew, a defensora das almas perdidas, decidiu que Poe estava, de fato, perdido.

Poe já havia detectado uma atitude fria para com ele quando a carta de Shew chegou. Ela não queria mais estar associada a ele. Poe ficou muito ferido, e sua angústia transparece na carta que enviou a Shew em junho:

> É verdade, Louise, que você tem em mente a ideia [determinada] de desertar seu amigo e paciente infeliz e desafortunado... tem que ser assim após todos os benefícios e bênçãos que você tão generosamente concedeu?, você vai desaparecer como tudo que amo, ou desejo, com minha Alma ensombrecida e "perdida". Li sua carta de novo, e de novo, e não posso aceitar, com certeza, que você a escreveu em seu perfeito juízo (*sei que o fez não sem lágrimas de angústia e arrependimento*). É possível que sua influência esteja perdida para mim?... e quanto a mim, mim, ah! A menos que algum amor feminino verdadeiro e terno e puro me salve, dificilmente viverei mais um ano, sozinho!... você tem de saber, *e estar*

segura, de meu *arrependimento*, minha *tristeza*, se o que escrevi feriu você! Meu *coração* nunca *enganou você*. *Eu* a tenho em *minha estima* com toda a *solenidade*, junto ao amigo da juventude, da mãe de meu colega de escola, de quem lhe falei... na vida ou na morte, vou ser sempre seu, agradecida e dedicadamente...

Poe avaliou corretamente a verdadeira natureza de Shew. Em 1875, ela contou ao biógrafo John Ingram que percebeu o quanto sua carta feriu os sentimentos de Poe e que se arrependeu profundamente de tê-la escrito. Enquanto Loui Shew saía de sua vida, duas mulheres da Nova Inglaterra estavam entrando: Sarah Helen Power Whitman, de Providence, Rhode Island, e Nancy Locke Heywood Richmond, de Lowell, Massachusetts. Para Poe, Whitman seria, ao menos pelo resto de 1848, "Helena", e Richmond seria, para sempre, "Annie".

Poe e Whitman haviam se visto em uma festa após sua palestra de 1845 em Providence, mas não foram formalmente apresentados naquela ocasião. Três anos depois, a anfitriã de salões em Manhattan, Anne Lynch, pediu a Whitman para lhe enviar uma contribuição para a festa do Dia de São Valentim. Ela respondeu com vários poemas, um dirigido a Poe. Whitman estava claramente interessada no escritor, que havia escrito com admiração sobre sua poesia. Assim, ela pediu a Lynch para que lhe falasse algo a respeito do autor de "O Corvo". A resposta de Lynch bastaria para amedrontar Whitman. Ela contou à poeta de Providence que não via Poe fazia mais de um ano, que ele não havia agido honradamente durante o escândalo envolvendo as cartas de Fanny Osgood e Elizabeth Ellet, que ele não possuía senso moral e que havia várias coisas "muito abomináveis" a respeito dele. Ainda assim, "Para Edgar A. Poe", o poema romântico e divertido de Whitman foi recebido na festa de 14 de fevereiro. Mesmo Lynch admitiu que "admirava excessivamente" esse exercício de flerte extravagante no qual se referia a Poe como o Corvo:

Oh, Corvo sinistro e antigo,
Da margem da Noite plutoniana,
Muitas vezes em sonhos, as pontas de tuas assustadoras asas
Agitam-se e batem à minha porta.
Muitas vezes, tua sombra ofusca a luz da lua
Dormindo no chão do meu quarto!

Ela, regularmente, ecoou frases de "O Corvo", esperando e temendo enquanto ponderava "Sobre tua amada e perdida Lenora". Ela também trabalhou em uma menção a "O Escaravelho de Ouro", formulando um pedido para que ele "Fosse um Corvo verdadeiro como sempre". Se fosse, então:

Nenhum pássaro que ronda a floresta
Compartilhará nosso espaçoso ninho!

Lynch escreveu a Whitman que ela gostaria de ter publicado "Para Edgar A. Poe" com o consentimento do autor, mas "ele incomoda tanto a maioria das pessoas que me visitam que, se o recebesse, perderia a companhia de muitos a quem aprecio mais". Lynch encaminhou o manuscrito do poema a Poe por intermédio de Fanny Osgood. Poe imediatamente respondeu arrancando de um de seus livros uma cópia de seu poema "Para Helena", escrito em 1831, enviando-a anonimamente a Whitman. Enquanto isso, Lynch avisou Whitman para não tentar publicá-lo, "não porque não seja belo em si, mas há um preconceito profundamente arraigado contra ele". Determinada, Whitman fez com que o poema de Dia de São Valentim para Poe fosse publicado em 18 de março no *Home Journal*. Fanny Osgood decidiu que Whitman necessitava de conselhos com relação ao tema de seu poema. Ela o fez com seus próprios jogos de palavras: "Vejo pelo *Home Journal* que sua bela invocação chegou ao Corvo em seu ninho, e suponho que, antes disso, ele tenha descido ao seu *pombal* em Providence. Que a Providência proteja você se isso aconteceu! – pois seu grasnado é o mais eloquente imaginável. Ele é, na verdade, 'Um glorioso demônio, com coração e cérebro grandes'". Essa foi, ao menos, uma voz da experiência.

Em 1º de junho, Poe enviou sua resposta de fato ao poema de Dia de São Valentim. Foi um novo poema trazendo o mesmo título que o anterior, "Para Helena":

Vi-te uma vez – uma vez apenas – anos atrás;
Não devo dizer quantos – mas não muitos.
Foi em uma meia-noite de julho; e lá fora
Uma lua plena, que, como tua própria alma, pairando,

Então, ele descreveu a primeira visão que teve dela naquela noite de julho. Foi em um jardim de rosas durante a recepção após sua palestra:

Vestida de branco, sobre um jardim de violetas
Vi-te meio inclinada; enquanto a lua
Caía sobre as faces das rosas voltadas para cima,
E sobre a tua, voltada para cima – ah, triste!
Não foi o Destino que, nessa meia-noite de julho –
Não foi o Destino (cujo nome é também Tristeza)
Que me ordenou que parasse diante daquele portão de jardim,
Para sentir o perfume daquelas sonolentas rosas?

Agora, Poe estava interessado. Contudo, os dois ainda não haviam se encontrado, e ele estava prestes a se interessar por outra mulher. Em julho, Poe viajou para Lowell, Massachusetts, para palestrar sobre "Os Poetas e a Poesia da América" no Wentworth Hall. Foi anunciado que ele também leria "O Corvo". A apresentação foi organizada por Jane Ermina Locke, uma poeta amadora e cunhada de Fanny Osgood.

Ela lhe enviou um poema em dezembro de 1846 e parece ter sugerido a Poe que era viúva. Ele não tinha certeza e, em cartas, delicadamente perguntou sobre seu *status* marital. Ela conseguiu evitar uma resposta direta. Mas Locke o convidou para ficar com ela em Lowell, onde evasivas não eram mais possíveis. Poe descobriu que ela tinha 43 anos, tinha cinco filhos, e que seu esposo, o advogado John G. Locke, estava muito vivo. Ela apresentou Poe a seus amigos e vizinhos, os Richmond, e se irritou quando ele começou a ignorá-la para passar tempo na casa de Richmond. Ela ficou realmente ofendida quando ele começou a mostrar um intenso interesse por Nancy Richmond, de 28 anos, que ele considerava a perfeição da graça natural. Ele ficou encantado com seus profundos olhos na cor "cinza espiritual" e cabelo claro. Ela, também, era casada, e tinha uma filha de 3 anos. Todavia, seu esposo, o rico fabricante de papel Charles Richmond, não pareceu se importar com um relacionamento que nem sua esposa nem Poe pensavam em levar muito adiante. Poe começou a chamá-la de Annie, acreditando que combinava melhor com ela do que Nancy. Ela terminou concordando, encorajando seus parentes a chamá-la assim. Como Loui Shew, a doce Annie Richmond não tinha ambições literárias e foi atraída ao trabalho de caridade. Ela se interessou por Poe, achando-o "incomparável", diferente de qualquer outra pessoa que havia encontrado. Mas Poe inconscientemente estava fazendo de Locke um inimigo ressentido, que, como Ellet, encontraria um feio canal para seu ciúme.

Mais tarde naquele verão, Poe viajou para a Virgínia com esperanças de reunir assinantes para *The Stylus*. O plano era, se as coisas fossem bem em Richmond, prosseguir e visitar os estados do Sul. As coisas não foram bem. Ele estava bebendo, e foi quando desafiou o editor do *Semi-Weekly Examiner*, John M. Daniel, para um duelo. O duelo nunca ocorreu. A seu favor, Daniel estava entre aqueles jornalistas que elogiariam a palestra de Poe em Richmond no ano seguinte. Quando Poe morreu, ele escreveu, com uma admirável medida de compreensão: "Seu gosto pela bebida era uma simples doença – não uma fonte de prazer ou excitação".

No começo de setembro, Muddy encaminhou a Poe em Richmond uma carta que Whitman havia enviado para Fordham e que continha um verso o qual usava uma frase de um poema que ele havia lhe enviado: "Beleza que é esperança". Poe a considerou uma mensagem de encorajamento. Ele estava prestes a embarcar na jornada em busca de apoio à *The Stylus*, mas o sonho de amor ofuscou o sonho de ter sua própria revista. Ele então inverteu o curso e rumou para o norte. Seu destino era Providence, onde chegou em 21 de setembro para visitar a casa de Whitman à rua Benefit 76. Poe apareceu na porta com um presente: as edições de 1845 de Wiley & Putnam de seu *O Corvo e Outros Poemas* e *Histórias*, embrulhadas em um volume que trazia a inscrição: "Para a sra. Sarah Helen Whitman – do mais dedicado de seus amigos, Edgar A. Poe". No dia seguinte, os dois visitaram a biblioteca Athenaeum, e ela lhe perguntou se ele já lera um poema chamado "Ulalume", um trabalho sem assinatura publicado em dezembro passado. Whitman se surpreendeu quando Poe lhe disse que ela estava na presença do autor.

Dado o tema desse poema, Poe deve ter considerado isso como outro sinal de encorajamento. Ele também tinha razões para pensar que ela se tratava de uma alma gêmea. Ela não só tinha o que Poe chamava uma "natureza de poeta" como também era vista por alguns como ligeiramente excêntrica. Ela, também, vestia-se de um modo que sugeria uma postura teatral de poeta, preferindo vestidos e echarpes de seda. A Helen Whitman de olhos azuis, com sua face pálida emoldurada por cachos castanhos, certamente era uma presença mais etérea do que as práticas Loui Shew e Annie Richmond.

Enquanto se conheciam melhor, Whitman, com 45 anos, também contemplou a crença de que eram almas gêmeas. Contudo, ela via isso como uma ligação psíquica de fato, pois, além de ter um comportamento etéreo, ela era um pouco mística. Eles compartilhavam a data de aniversário, 19 de janeiro, embora ela fosse seis anos mais velha. Casada aos 25 anos com o advogado John Winslow Whitman, enviuvou aos 30. Ela então foi morar com sua mãe dominadora e controladora e sua irmã temperamental e emocionalmente instável. Houve pretendentes durante os quinze anos entre a morte de seu esposo e a primeira visita de Poe à casa da rua Benefit, mas sua mãe e irmã provavelmente não os aprovaram. Rápida em fazer julgamentos morais, sua mãe impunha um controle rígido sobre as finanças da família. Aumentando ainda mais as chances contra o recasamento, havia os fortes sentimentos de responsabilidade de Whitman por sua irmã. E havia também sua própria saúde precária. Ela sofria de uma condição cardíaca e usualmente carregava um lenço embebido em éter para aliviar seus ataques.

Poe usou seu tempo em Providence para falar de si a Whitman. Ele enfatizou a ela que Virgínia havia sido mais uma irmã e que o casamento havia sido basicamente para seu cuidado, educação e felicidade. Embora ele provavelmente estivesse tentando diminuir os obstáculos para o altar, isso era talvez a reformulação mais execrável de sua história. Era uma traição que ele deve ter cometido com um forte sentimento de culpa, porque, como Whitman recordou, ele imediatamente se recriminou por expressar esse pensamento. Ainda assim, a mulher de seu passado com quem ele a comparou foi a mãe de um colega de escola de Richmond que fez amizade com ele quando era um adolescente, Jane Stanard. Ele invocou a memória de Stanard quando Shew rompeu com ele. Agora, Poe a estava usando para conquistar a afeição de Whitman e testar seu próprio vínculo psíquico. Não foi Stanard que inspirou o primeiro poema intitulado "Para Helena"? Antes de deixar Rhode Island em 24 de setembro, ele impetuosamente a pediu em casamento. Perturbada pela intensidade e intempestividade disso tudo, ela lhe pediu um tempo para avaliar seus sentimentos. Retornando a Fordham, ele começou a persuadi-la com cartas apaixonadas.

Poe sabia que havia impedimentos formidáveis que atrapalhavam sua causa. Além da influência da mãe, não faltariam alertas sobre seu caráter. Ellet era uma das amigas de Whitman, e isso era um pensamento perturbador. "Meu coração está pesado, Helena", ele lhe disse, "pois vejo que *seus* amigos não são meus amigos." Ela então escreveu a ele em 30 de setembro, dando sua saúde precária como a principal razão para não aceitar seu pedido. Se fosse mais jovem e tivesse melhor saúde, "eu viveria por você e morreria com você". A primeira carta de Poe após seu encontro, com data de 1º de outubro, desconsidera suas preocupações com a saúde, idade e disposição nervosa. Ele também toca uma nota mística que repercutiria nela. Poe recordou seu primeiro encontro:

> Quando você entrou na sala, pálida, tímida, hesitante e, evidentemente, com o coração angustiado; quando seus olhos repousaram de maneira sedutora, por um breve momento, em mim, senti, pela primeira vez em minha vida, e tremulamente reconheci, a existência de influências espirituais inteiramente fora do alcance da razão. Vi que você era *Helena – minha* Helena –, a Helena de mil sonhos, aquela cujos lábios visionários se demoraram sobre os meus no transe divino da paixão, aquela que o grande Doador de todo o Bem determinou que seria minha – somente minha...

Em 10 de outubro, ela respondeu com uma carta listando mais razões contra seu casamento, dentre elas, no lado inteiramente prático, sua dependência financeira de sua mãe e responsabilidades para com sua irmã. Whitman também se perguntou por que tantos tinham má opinião sobre ele. Poe defendeu sua reputação o melhor que pôde, quase certo a respeito da origem das más opiniões. Se ele não tinha certeza, nós seguramente temos, uma vez que sua dúvida incluía a frase precisa "nenhum senso moral" que Lynch havia usado ao avaliar o caráter de Poe para Whitman. E Lynch, é claro, já havia admitido a Whitman que as amizades de Ellet em Manhattan e o círculo das sabichonas era mais importante para ela do que o exílio de Fordham. A questão de Whitman certamente tocaria sua natureza sensível como a ponta incandescente de um atiçador de brasas. Poe cedeu à sensibilidade, devastado com a possibilidade de que ela pudesse não apenas dar crédito a esses ataques a seu caráter como também os reproduzir.

> Não tenho saída – nem esperança: O próprio orgulho agora me desaponta... *Fui* amado, e uma memória persistente contrasta o que *você* diz com a linguagem desconsiderada, desvalorizada de outros. Mas, ah – uma vez mais e muito especialmente – você *não* me ama; do contrário, teria considerado minha natureza sensível, e não teria me ferido com esta terrível passagem de sua carta: "Quantas vezes ouvi homens e mesmo mulheres falarem sobre você: 'Ele possui uma grande força intelectual, mas *nenhum* princípio, nenhum senso moral'". É possível que expressões como essas pudessem ser *repetidas* a mim – a mim – por alguém que eu amasse – ah, alguém que eu *amo*...?

Poe percebeu a influência de Ellet em tudo isso e o afirmou sem usar o nome dela. Ele tentou tranquilizá-la escrevendo: "Juro-lhe que minha alma é incapaz de desonra, e – com a exceção de desatinos e excessos ocasionais, pelos quais lamento amargamente, mas aos quais fui levado por tristeza intolerável, e que são cometidos de maneira contínua por outros sem atrair atenção alguma – não posso lembrar de qualquer ato da minha vida que enrubescesse minha face – ou a sua". Embora estivesse exagerando seu caso de um modo familiarmente melodramático, não era um caso sem mérito. Ellet era livre para depreciá-lo no circuito dos salões, e ele era impotente para impedir ou mesmo para responder. Mas Whitman também estava em uma posição difícil, e Poe a estava forçando a ir ao altar em uma velocidade vertiginosa. Por trás da atitude etérea, havia uma natureza cautelosa e conservadora. "Os excessos de Shelley, Byron e Goethe, que ela defendia em seus escritos, encantavam-na pouco em um pretendente potencial", observou o biógrafo de Poe, Kenneth Silverman.

Ela não teve chance de responder à carta de Poe. Pouco depois de escrever, o escritor apareceu novamente em sua porta. Ele estava em Providence a caminho de Lowell, onde lhe pediram para repetir sua palestra "Poetas e Poesia da América". Poe a pressionou novamente a aceitar sua proposta. Ela pediu alguns dias para tomar uma decisão e então lhe escrever enquanto ele estivesse em Lowell. Foi durante esse tempo que um mal-estar com Jane e John Locke irrompeu em uma disputa aberta. Mais tarde, Poe escreveu a Annie Richmond que se tratava de coisas ofensivas que haviam dito sobre ela. Jane Locke dirigiu sua pontaria vingativa para a destruição do vínculo de Poe com Richmond. Suas cartas atacando Poe nada fizeram para alterar a visão afetuosa de Richmond sobre ele, mas a fizeram considerar os riscos de continuar a amizade.

A palestra de Poe em Lowell foi cancelada, e a carta de Whitman, quando chegou, não ofereceu aceitação nem rejeição. Ela não tinha se decidido. Ela acreditou que sua resposta o havia deixado agitado e perplexo. Richmond sabia que ele estava em um profundo estado de depressão e fez seu melhor para confortá-lo. Ela lhe disse que se casar com Whitman seria a melhor coisa. Suas perspectivas pessoais e profissionais eram continuamente frustradas, ele estava torturado por suas dúvidas, incomodado com a relutância de Whitman e, ao mesmo tempo, com a presença de Richmond. Ele fez Richmond prometer que, se estivesse próximo da morte, ela viria até ele. Poe retornou a Providence em 4 de novembro, mas, em vez de visitá-la, passou o que descreveu a Richmond como "uma longa, longa, horrível noite de desespero". Na manhã seguinte, fez uma caminhada vigorosa no ar frio, esperando que isso clareasse e aquietasse sua mente. Ele comprou

60 ml de láudano em uma farmácia, e então embarcou em um trem para Boston. Ao chegar, começou a escrever um bilhete a Richmond – um bilhete de suicídio.

> Abri todo o meu coração a você – a *você* –, minha Annie, a quem tão loucamente, tão desesperadamente amo – falei-lhe que meus conflitos eram mais do que podia suportar... Ao escrever esta carta, ingeri cerca de metade do láudano e corri ao correio – com a intenção de não ingerir o restante até ver você – pois não duvidei, por um momento, de que *minha* Annie mantivesse sua sagrada promessa. Mas não calculei a força do láudano, pois, antes de chegar ao correio, minha razão havia desaparecido completamente e a carta jamais foi postada... Parece que, após o láudano ter sido rejeitado pelo estômago, fiquei calmo e, para um observador casual, são – de modo que me permiti voltar a Providence...

Uma tintura marrom avermelhada amplamente disponível em farmácias, o láudano misturava ópio em pó em uma solução de álcool. Era usado para tratar uma variedade de males, incluindo tosses, dores de cabeça, dores musculares, cólicas menstruais e insônia. A morte por overdose de láudano, tanto intencional como acidental, era comum no século XIX. Era parte da versão daquela época de uma crise opioide. A quantidade que Poe comprou era fatal o bastante, mas alguns estudiosos questionam se essa foi uma tentativa efetiva de tirar sua vida.

"Poe sabia o que estava fazendo, e sabia a dose correta para terminar com tudo, se isso era o que verdadeiramente queria fazer", disse Jeff Jerome, estudioso de Poe. "Ele tomou o bastante para ficar doente. E acredito que o tenha tomado como um pedido por compaixão."

Qualquer que fosse sua intenção, seu estômago revirado teve outras ideias. De volta a Providence, não contou a Whitman sobre o láudano. Em vez disso, contou a ela que ficara confuso após tomar algo em uma farmácia, e então ficou doente e depressivo. Ela desconfiou que estivesse bebendo. Poe novamente tentou convencê-la a se casar com ele. Ela o rejeitou. Ele renovou seus esforços no dia seguinte. Ela respondeu com todos os alertas e precauções enviados por seus amigos. Poe ficou novamente furioso com o fato de que ela pudesse dar qualquer crédito a essa calúnia e fofoca. Quando partiu da casa dela, ele perguntou: "Verei você nesta noite?". Sua única resposta foi uma reverência. Ela teve a impressão que Poe deixara sua casa profundamente transtornado e ferido. Era assim que ele se sentia.

Poe voltou a seu hotel e passou a noite no bar do estabelecimento. Em seu desespero, escreveu um bilhete a Whitman dizendo que, na próxima vez que se encontrassem, seria como estranhos. Na manhã seguinte, 9 de novembro, com toda a angústia dos dias e anos anteriores espelhados em sua face, sentou-se para um daguerreótipo no estúdio de Samuel Masury e S. W. Hartshorn, em Providence. Por que Poe, em tamanha turbulência emocional bem como se recuperando de uma tentativa de suicídio e de uma bebedeira, concordaria em que tirassem sua foto?

Durante sua noite no bar, ele encontrou o sr. MacFarlane, que ficou muito interessado por ele, tratou-o gentilmente e o persuadiu a ir ao estúdio de Masury e Harshorn. A identidade de MacFarlane permanece outro mistério. Contudo, o notável estudo sobre Poe, tornou--se conhecido como o daguerreótipo "Última Thule", tirado de uma passagem de seu poema "Terra dos Sonhos":

Por uma rota obscura e solitária,
Assombrada apenas por anjos maus,
Onde um Eidolon, chamado NOITE,
Em um trono negro reina ereto,
Só cheguei a essas terras recentemente
De uma sombria última Thule

Whitman achava que essa passagem capturava perfeitamente o estado emocional no qual Poe estava quando a imagem fotográfica foi tirada. E, na verdade, Poe parece assombrado e arruinado no que se tornou um dos mais reproduzidos de seus poucos daguerreótipos.

"Ele envelhece dramaticamente nos últimos três anos de sua vida, e os daguerreótipos são um registro fascinante disso", observou Michael Deas, o mais importante especialista em retratos e imagens de Poe. "Durante os primeiros meses após a morte de Virgínia, ele ainda parecia muito saudável, e podemos ver isso no chamado daguerreótipo Daly, provavelmente tirado no verão de 1847. Depois disso, há um declínio físico dramático. Há uma deterioração física que é óbvia se olharmos para as fotos na ordem adequada. Ele começa a perder a magreza jovial. Começa a parecer exausto, mais inchado. É verdadeiramente o estudo de um homem se deteriorando e com saúde debilitada. Eles são dramáticos. São belos. São maravilhosos. Mas não são verdadeiramente representativos de Poe ao longo da maior parte de sua vida. São um registro fascinante dos últimos três anos. E, no daguerreótipo chamado 'Última Thule', ele é a própria imagem do poeta trágico e romântico."

É também um retrato de Poe à beira de um colapso nervoso. Não muito tempo depois dessa sessão, ele voltou à casa de Whitman no que ela chamaria um estado frenético e incoerente. Poe apareceu implorando a ela que o salvasse da iminente ruína. Assustada pelo tom pavoroso de sua voz, ela permaneceu no andar superior enquanto sua mãe sentou com ele por mais de duas horas. Quando Whitman finalmente tomou coragem para vê-lo, ficou alarmada pelo que a esperava. Poe se agarrou a ela tão desesperadamente que rasgou um pedaço de seu vestido de musselina. Sua mãe mandou chamar um médico, dr. Abraham H. Okie, que afirmou que Poe estava sofrendo de "congestão cerebral". Ele disse a Poe para ficar com William J. Pabodie, um advogado com aspirações literárias e, aparentemente, esperanças românticas em relação a Whitman.

Poe se recuperou sob os cuidados gentis do advogado e, surpreendentemente, renovou seus esforços para conquistar Whitman. Ainda mais surpreendentemente, ela não desistiu dele. Poe disse que ela era o anjo que poderia salvá-lo, e talvez ela acreditasse que isso fosse verdade. Ela também se agarrou à crença de que estavam destinados um ao outro em um sentido místico. Em 13 de novembro, concordou em aceitar sua proposta com algumas condições. No entanto, as condições eram desencorajadoras. Ele deveria parar de beber. E sua mãe deveria consentir. Enquanto contemplava a possibilidade de casamento com Whitman, Poe pensava em Richmond. Ele a vislumbrava, a exemplo de Virgínia, como uma irmã adorada e uma alma gêmea que seria parte de uma família supervisionada pelo cuidado e devoção de Muddy. Esta, que já encontrara e se afeiçoara a Richmond, tinha graves dúvidas sobre Whitman. Ela deu voz a essas dúvidas em uma carta a Richmond, escrevendo sobre Whitman: "Tenho muito receio de que *ela* não esteja apta a fazê-lo feliz". Muddy acrescentou: "Receio que eu não vá gostar dela". Então, de um modo mais revelador: "*Sei* que nunca gostarei dela como gosto de *você*, minha querida". Assim, Muddy também via Annie como a substituta ideal para Virgínia.

Em dezembro, a mãe de Whitman tomou uma atitude, redigindo um documento estipulando que, caso o casamento ocorresse, a noiva seria excluída de qualquer direito a uma herança. Embora uma quantidade substancial estivesse em jogo, Whitman concordou. Contudo, Poe ficou furioso. Mais tarde, em dezembro, Whitman foi vê-lo apresentar uma palestra no Franklin Lyceum em Howard's Hall, em Providence. Sua apresentação incluía recitações de "O Corvo" e "Os Sinos", e Whitman se sentou bem diante dele. O lugar estava abarrotado, Poe relatou, "e quantos aplausos!". Ela ficou impressionada o bastante para concordar com um casamento imediato. Sua mãe, sentindo que não poderia impedir a união, insistia agora que Poe assinasse documentos renunciando a qualquer direito ao patrimônio. Por mais afrontante que isso fosse, em 23 de dezembro Poe escreveu um bilhete ao reverendo Nathan Bourne Crocker, ministro da St. John's Episcopal Church, pedindo-lhe que publicasse o anúncio do casamento. Naquele mesmo dia, Whitman recebeu uma carta alertando-a de que Poe já havia violado os termos do noivado. Ela não revelou a autoria da carta, dizendo somente que o testemunho era inquestionável. Ela também instruiu o advogado admirador, Pabodie, para não enviar o bilhete de Poe a Crocker. Exausta e aflita, Whitman colapsou em um sofá. Enquanto Poe tentava defender sua reputação, a mãe de Whitman insistiu que ele deixasse a casa. O silêncio de Whitman disse muito a ele. Poe partiu, falando sobre os insultos intoleráveis da família. "Nunca mais o vi", Whitman relatou um ano após sua morte.

A mãe de Whitman não foi a única satisfeita em ver o noivado se desfazer tão repentinamente. Muddy também ficou contente, e disse isso em uma carta a Annie Richmond. Mesmo Poe e Whitman, abalados por dúvidas, confessaram separadamente a outros que o colapso do noivado foi um grande alívio. Mas, em 21 de janeiro, dois dias após o aniversário de 40 anos de Poe, Richmond lhe escreveu para dizer que familiares e amigos haviam condenado sua conduta durante seu "noivado" com Whitman. Ele ficou "profundamente magoado" com sua carta. Uma vez mais, a criança abandonada, carente de amor incondicional, viu um relacionamento ameaçado por aqueles ávidos por impugnar seu caráter. Todavia, para sua "Annie fiel", ele estava pronto para perdoar tudo e contava que ela não o abandonaria. "Como poderei ser grato a Deus o suficiente por me conceder, em toda a minha adversidade, uma amiga tão verdadeira, tão bela!", Poe lhe escreveu. Ele e Richmond continuaram trocando cartas. Em fevereiro, ele se perguntou se Charles Richmond havia sido "influenciado contra" ele "pelas maldosas mentiras" dos Locke. Ele ficou ainda mais perturbado com a possibilidade de que o esposo de Annie tivesse ficado desconfiado de seu relacionamento: "Tenho muito receio de que ele tenha interpretado mal a natureza, a pureza, dessa afeição que sinto por você". Poe chegou ao ponto de sugerir a interrupção das visitas a Lowell e que pusessem um fim à sua correspondência epistolar. "Só me resta, querida Annie, considerar *sua* felicidade – que, sob todas as circunstâncias, será e deve ser minha... Não posso ter e não *terei* em minha consciência que interferi na felicidade doméstica do único ente no mundo inteiro que amei, ao mesmo tempo, com verdade e com *pureza*".

Ela mostrou a carta a seu esposo, e Charles Richmond respondeu não apenas censurando claramente os Locke como também convidando Poe e Muddy para visitar Lowell. Poe e sua Annie continuaram trocando cartas quando o inverno deu lugar à primavera. No fim de maio e começo de junho, ele passou cerca de uma semana com os Richmond em Lowell. Ela lhe pediu para posar para um daguerreótipo, mas ficou insatisfeita com o resultado, achando ter feito sua face magra parecer gorda e pesada.

Na frente literária, ele estava trabalhando em poemas e contos. A história de terror "Hop-Frog" foi publicada em março. Como "O Barril de Amontillado", outro de seus trabalhos posteriores, é uma história de vingança. Forçado a fazer papel de tolo como um bobo da corte, o pequeno e deformado personagem do título experiencia humilhação diária nas mãos do rei e seus ministros. Hop-Frog é amigo íntimo da bela Trippetta, uma dançarina maravilhosa que é "muito menos anã que ele". Durante o planejamento da grande farsa, o rei se diverte forçando Hop-Frog a beber vinho, sabendo que seu bobo da corte tem pouca tolerância ao álcool. Na verdade, excita-o "quase à loucura". Trippetta intercede a seu favor e é recompensada com um cálice de vinho atirado em sua face. O ataque a um espírito tão puro e nobre é demais para Hop-Frog, que usa a farsa como o cenário para sua horrível dose de vingança. Dado tudo que havia ocorrido nos últimos três anos, é tentador especular exatamente que inimigos Poe vislumbrava como o rei e seus ministros.

Os poemas "Eldorado" e "Para Annie" apareceram em abril. Ele revisou "Os Sinos". E, em maio, compôs "Annabel Lee". Com a promessa do investidor Edward Howard Norton Patterson de apoio financeiro para *The Stylus*, a escuridão e a confusão que o haviam envolvido desde o fim de 1845 pareciam finalmente estar se dissipando. Como o homem torturado em "O Poço e o Pêndulo", Poe resistiu e perseverou durante a escuridão. Ainda assim, houve muitos problemas de saúde, e a incerteza em relação ao futuro pesou sobre ele, especialmente com uma viagem prestes a afastá-lo de casa e do cuidado sempre atento de Muddy. Ele queria partir com a certeza de que seus assuntos estavam em ordem. Em 29 de junho, Poe deu a Muddy duas orientações a seguir caso viesse a morrer. A primeira era que Rufus W. Griswold atuasse como seu executor literário e supervisionasse a publicação de seus trabalhos. A segunda era que Nathaniel P. Willis, editor de Nova York, se encarregasse de escrever sobre sua vida e caráter. No dia seguinte, Poe embarcou na jornada de três meses que o levaria à Filadélfia, Richmond e, finalmente, Baltimore.

Após sua morte, tanto Fanny Osgood como Helen Whitman defenderiam o caráter de Poe, refutando os ataques feitos por seus inimigos, particularmente Griswold (o livro de Whitman *Edgar Poe e seus Críticos* foi publicado em 1860). Loui Shew enviou várias cartas, nem sempre confiáveis em termos de detalhes, mas sinceras em sua admiração, ao biógrafo e editor inglês John Henry Ingram. E, quando seu esposo morreu em 1873, Nancy Locke Heywood Richmond mudou legalmente seu nome para aquele que Poe havia escolhido para ela, Annie.

"DUPLAMENTE MORTO"

7 DE OUTUBRO DE 1849

Em muitas descrições das horas finais de Poe, ele está chamando alguém de nome Reynolds na noite de sábado, 6 de outubro. Isso se tornou parte do folclore e da lenda que cercam sua morte, ainda que esse detalhe, repetido com frequência, de modo algum seja certo ou verificável. Uma vez mais, temos o magnificentemente duvidoso médico residente no Washington College Hospital, John Joseph Moran, a quem agradecer ou amaldiçoar. Em sua carta de 15 de novembro a Muddy, o jovem médico escreveu que Poe havia se encontrado em estado de delírio até a noite de sábado,

> ... quando começou a chamar por um "Reynolds", o que fez durante a noite até as *três* da madrugada de domingo. Nesse momento, uma mudança muito clara começou a afetá-lo. Ao se debilitar em decorrência do esforço, ficou quieto e pareceu repousar por algum tempo, então, movendo gentilmente sua cabeça, disse *Senhor, ajudai minha pobre alma!* e expirou.

Poucos acreditavam que Moran inventaria esses detalhes em uma carta escrita tão próxima à morte de Poe. Assim, outro mistério foi acrescentado à pilha. Quem era o misterioso Reynolds? Poe esteve associado a uma pessoa que tinha esse nome após deixar Richmond? Se esteve, nenhum candidato forte emergiu, e não foi por falta de pesquisa por parte de biógrafos, estudiosos, detetives particulares amadores e entusiastas de Poe. Em 1902, James A. Harrison, editor dos dezessete volumes de *Complete Works of Edgar Allan Poe* [Obras Completas de Edgar Allan Poe], propôs a teoria de que o Poe moribundo, prestes a embarcar em sua jornada final, estava pensando em Jeremiah N. Reynolds (1799-1858), o explorador, navegador, editor de jornal e palestrante americano que defendeu uma expedição ao Polo Sul. E, na verdade, Poe havia escrito sobre Reynolds com admiração em artigos para o *Southern Literary Messenger*. Ele também usou um endereço de 1836 de Reynolds como uma fonte primária quando escreveu *A Narrativa de Arthur Gordon Pym*. Na época em que Arthur Hobson Quinn publicou sua ainda indispensável biografia de Poe, em 1941, isso tudo parecia fazer sentido lógico e poético:

> Talvez, para seu cérebro fraco e torturado, ele parecesse estar à beira de um grande círculo descendente como o navio fantasma no "Manuscrito Encontrado numa Garrafa" na "escuridão e distância". Nesse conto publicado pela primeira vez, Poe escreveu: "É evidente que estamos nos precipitando na direção de um conhecimento excitante – de um segredo jamais revelado, cuja obtenção é a destruição. Talvez essa corrente leve ao próprio Polo Sul".

O Polo Sul? Tudo isso parecia fazer sentido. Na época, foi aceito como uma dedução 'ah-ha!' do próprio Dupin. Mas, com base no que Harrison declarou, Quinn estava se envolvendo de uma forma não característica em um jogo imprudente de especulação que Poe descreveu em "O Corvo": "Comecei a vincular fantasia a fantasia". Estes foram os vínculos fantasiosos que Quinn apresentou:

> Teria sido bastante natural que seu tema favorito, o terror do abismo aberto, guiasse seus pensamentos para aquela outra história, *Arthur Gordon Pym*, e dessa a Jeremiah Reynolds, planejador de viagens aos mares do sul, cuja própria linguagem ele usou naquela história. Ele poderia facilmente ter conhecido Reynolds, mas o que o levou aos seus gritos descontrolados ainda permanece incerto.

Esse pensamento predominou durante grande parte do século XX. Aí, ao menos, parecia haver um forte candidato para o Reynolds de Poe e uma forte razão para ele chamar seu nome. Em sua biografia de Poe publicada em 1978, Julian Symons repete a afirmação de que Jeremiah Reynolds era "o candidato mais provável". Muitos pensavam o mesmo até 1987, quando o estudioso de Poe William T. Bandy rejeitou a suposição com uma dissecção do que chamou "o mito Poe-Reynolds". Bandy mostrou que, na primeira descrição de Moran, Poe está gritando o nome Reynolds por cerca de três a seis horas – da noite de sábado até as três da madrugada de domingo. Não é algo que um médico esqueceria fácil ou, provavelmente, Bandy comentou, e, ainda assim, "em seus 'Registros Oficiais', publicados em 1875, Moran não diz uma palavra sequer sobre os gritos noturnos de Poe". Em sua segunda descrição, Moran também moveu a hora da morte para próximo da meia-noite, talvez porque o escritor aspirante achasse que esse fosse um momento mais dramático para partir. E quando o nome Reynolds aparece na descrição de 1875, pertence agora a uma família que vivia perto do hospital. As mulheres dessa família Reynolds, afirmou Moran, visitaram o hospital. Quase certamente, caso tenha havido essa visita, foi de parentes de Baltimore, as mulheres da família Herring.

Na descrição de 1885, Moran mudou o nome das visitantes de Reynolds para Herring. De fato, o nome Reynolds desapareceu completamente das horas finais, assim como aquelas horas agonizantes de gritos delirantes. Na verdade, Moran, como em 1875, descreveu Poe como capaz de conversar até o fim. Ele foi ao ponto de mudar as palavras finais... por uma segunda vez. Esta é a conversa inacreditável que Moran apresentou, com Poe declarando:

> "Doutor, está tudo terminado."
>
> "Sr. Poe, devo dizer-lhe que você está próximo de seu fim. Você tem algum desejo ou algo a dizer para amigos?"
>
> "Nunca mais... Oh, Deus! Não há resgate para o espírito imortal?"
>
> "Sim, olhe para seu Salvador; há misericórdia para você e toda a humanidade. Deus é amor e o dom é livre."
>
> "Aquele que arqueou os céus e sustenta o universo escreveu seus decretos legivelmente na fronte de cada ente humano, na dos demônios encarnados."

Ele deu a Poe palavras finais igualmente melodramáticas, mas diferentes, em 1849 e 1875. A hora da morte também é duvidosa. Depois de sugerir um breve período após as três horas e, posteriormente, meia-noite, Moran não menciona qualquer hora específica em 1885. Neilson Poe situou a hora da morte às cinco horas, no domingo, 7 de outubro. Consenso biográfico parece ter concordado com cinco da manhã.

Décadas após Jeremiah Reynolds ter se tornado um candidato para a pessoa que Poe supostamente estava chamando em seu leito de morte, outro candidato emergiu: Henry R. Reynolds, um carpinteiro que foi juiz de eleição na Quarta Ala de votações. Mas nunca houve qualquer prova de que Poe conhecesse Henry Reynolds, ou mesmo Jeremiah. Bandy concluiu que, ao buscar pela identidade de Reynolds, biógrafos estavam perseguindo "uma invenção da imaginação de Moran". Com certeza, as descrições do médico diferem terrivelmente, a questão não é que nome Poe chamou quando estava morrendo, mas, ao contrário, se ele afinal chamou algum nome. Como a hora da morte e as últimas palavras, esse é outro mistério aparentemente insolúvel. Symons argumentou que, a despeito das elaborações posteriores de Moran, "parece não haver razão para questionar sua verdade geral". Mas, se lermos as três descrições em ordem, é um ataque audacioso à razão, e só nos restarão questões, incluindo se Moran de fato estava presente quando Poe expirou, independentemente do horário em que isso ocorreu.

A única certeza é que, quando Neilson Poe recebeu a notícia na manhã de domingo, Edgar A. Poe havia encerrado seu período neste globo aos quarenta anos. Moran citou "inflamação do cérebro" como a causa da morte. Ele também mencionou a Muddy que muitos cachos do cabelo do escritor falecido foram cortados como recordação e que aqueles que o conheciam "declararam que seu cadáver era o mais natural que já haviam visto".

A descrição de Moran da morte de Poe se tornou maior e mais elaborada cada vez que era narrada. Em 1875, ele declarava:

> Após a morte, ele foi banhado e cuidadosamente deitado, vestido em um terno de tecido preto e colocado com grande pompa na ampla rotunda do prédio da faculdade, onde centenas de amigos e admiradores vieram em multidões prestar seu último tributo de respeito ao falecido. Não menos que cinquenta senhoras receberam, cada uma, por sua sincera solicitação, um pequeno cacho de seu belo cabelo negro. Seu corpo foi mantido na rotunda por um dia inteiro. Na manhã do dia 9, foi enterrado no cemitério de Westminster... Um grande número de nossos cidadãos, muitos dos mais distintos e proeminentes e literatos e profissionais, seguiram seus restos até a sepultura.

Quase nenhuma parte dessa descrição é verdadeira. Moran, o aspirante a escritor, estava provendo a Poe o funeral que acreditava que um gênio merecesse. Contudo, é próximo à completa ficção, com Moran fornecendo todo tipo de detalhes errados, grandes e pequenos. Que tipo de irrealidade ele estava narrando em 1875? Bem, ele chegou a acrescentar cinco centímetros à altura de Poe, afirmando que seu paciente tinha 1,78 metro. O cabelo de Poe era castanho, não preto. O que houve de um funeral foi uma patética procissão seguida por apenas um punhado de pessoas, não as multidões distintas e proeminentes que Moran invocou mais de vinte anos depois. E a jornada ao cemitério ocorreu em uma segunda-feira fria e nublada de 8 de outubro, um dia após a morte de Poe, e não em 9 de outubro.

Moran também afirmou ter feito grande parte dos preparos para o funeral. Em sua descrição de 1885, ele escreveu que fora ele quem comprara o caixão. Ele o descreveu como um caixão simples, feito de choupo, sem revestimento interno, travesseiro para a cabeça, alças ou placa de identificação. Foi o melhor que pôde fazer com meios limitados, Moran disse a seus leitores. Todavia, Henry Herring, o tio de Poe, disse que foi ele quem providenciou o caixão, e que era feito de mogno. E Neilson Poe, que pagou pelo carro fúnebre e pela carruagem que levou os participantes do funeral, pode ter sido o único que pagou pelo caixão. Parece mais provável que parentes tivessem assumido a tarefa de organizar e pagar por um funeral, embora isso possa certamente ter sido feito com a assistência de Moran.

Uma carruagem foi o bastante naquela manhã fria e chuvosa de segunda-feira. O carro fúnebre percorreu seu caminho em uma tarde lutuosa de garoa até o pequeno cemitério presbiteriano de Baltimore (a igreja presbiteriana de Westminster ainda não havia sido construída, e o edifício completo ficaria no extremo norte do cemitério). A cerimônia metodista episcopal foi conduzida pelo reverendo William T. D. Clemm, primo de Virgínia, e durou apenas três minutos. Poe foi enterrado por volta das quatro horas. Também compareceram ao funeral Herring, Neilson Poe, dr. Joseph Snodgrass, o advogado de Baltimore Z. Collins Lee (um colega de Poe na Universidade da Virgínia), a prima Elizabeth Herring e seu esposo, Edmund Morton Smith, o sacristão George W. Spence, o agente funerário Charles Suter e Joseph Clarke, o professor da escola em que Poe estudou em Richmond e que o reconheceu como um genuíno poeta. Snodgrass recordou:

> Uma cova foi cavada entre os desmoronados mementos de mortalidade. Nela, esse corpo arranjado com simplicidade no caixão foi rapidamente baixado, e então a terra foi jogada diretamente sobre a tampa do caixão. Isso foi tão extraordinário, mesmo nos enterros dos pobres, que não pude deixar de notar a ausência tanto da caixa usual, que servia como um invólucro para o próprio caixão, quanto das tábuas mais comuns para impedir o contato direto da terra úmida em decomposição com ele. Jamais esquecerei o sentimento de desapontamento, misturado ao desgosto e algo próximo ao ressentimento, que me perpassou inteiramente enquanto ouvia os torrões de terra e pedras ressoarem na tampa do caixão e romperem a quietude mais comumente solene da cena, do modo que me afetou. Parecia que a crueldade, tão frequentemente encontrada no comando dos ritos funerais dos pobres e abandonados da Terra, de repente tivesse se personificado em uma deusa maligna e que tivesse ordenado àqueles sons horrivelmente dissonantes que se adequassem à sua disposição sobrenatural.

Um observador, J. Alden Weston, categorizou a apressada cerimônia como “desumana e não cristã”. Ele acreditava que se o funeral tivesse sido postergado por mais um dia, muitos mais daqueles que conheciam e admiravam Poe teriam participado. Como foi, nem

Muddy em Fordham nem Elmira Royster Shelton em Richmond sequer souberam que Poe havia morrido.

"Mesmo tendo ganhado muito pouco dinheiro com 'O Corvo', garantiu a reputação com ele", disse Amy Branam Armiento, estudiosa de Poe. "Mas, então, havia tão pouco tempo pela frente. Ele tem o vislumbre do sucesso e da aclamação, e, justo quando consegue isso, parte."

Poe foi enterrado próximo aos seus avós. Neilson Poe conseguiu providenciar uma lápide, mas o percurso de má sorte do escritor se estendeu para além do túmulo – e com relação ao túmulo. A pedra foi destruída antes que chegasse ao cemitério. Um trem de carga descarrilou e colidiu com o pátio da casa do construtor onde estava sendo guardada.

"O fim é muito típico de Poe, dos dias faltantes até o funeral", disse Enrica Jang, diretora executiva da Edgar Allan Poe House & Museum. "É uma trama que ele poderia ter escrito."

No dia seguinte ao do funeral, Poe sofreu aquela segunda morte e um novo enterro quando o infame obituário de Rufus Griswold apareceu. Publicado sob o pseudônimo de Ludwig, descrevia Poe como desagradável, invejoso, arrogante, irascível e cínico. Poe estava, como a frase em seu poema "Lenora" coloca: "duplamente morto". A avaliação de Poe foi tão brutal que muitos correram em sua defesa, incluindo George Lippard, John Neal, Nathaniel Willis, George Rex Graham e Lambert Wilmer. Só isso desmente a descrição de Griswold de Poe como sem amigos. A crescente escola de admiradores franceses, liderada por Baudelaire, juntou-se ao coro elogiando Poe e condenando Griswold. E, ao longo de décadas, Fanny Osgood e Helen Whitman juntariam suas vozes. Mesmo um inimigo tão ressentido como Thomas Dunn English enfaticamente negou os rumores posteriores persistentes, mas infundados, de que Poe fora um viciado em ópio.

"Alguém se aproximou de Thomas Dunn English e lhe perguntou sobre o suposto uso de drogas, e ele respondeu que, se Poe tivesse sido um viciado em ópio, ele teria notado e que considerava a acusação uma calúnia infundada", disse Jeff Jerome, estudioso de Poe. "Aqui, está alguém que tinha duros sentimentos para com Poe e muitas coisas indelicadas para dizer sobre ele, e inflexível em dizer que isso era falso. Há vários equívocos a respeito de Poe, e um dos principais é que fosse viciado em drogas, que usasse cocaína, LSD e ópio. Poe usava ópio para dor? Na época, quase todo mundo fazia isso. Ele provavelmente o usou por razões medicinais, mas isso é tudo."

No entanto, como alguns amigos de Poe observaram resignadamente, o público americano estava mais disposto a ouvir os caluniadores do que dar ao falecido uma justa oportunidade de ser ouvido.

"Não mudamos", disse Jerome. "Ouvimos histórias indecentes sobre pessoas, e a primeira coisa que dizemos é: 'Oh, isso é horrível, terrível'. Não dizemos: 'Espere um pouco, há dois lados para cada história'. É da natureza humana gravitar na direção de coisas indecentes. Mas, de um modo perverso, Griswold é parcialmente responsável pelo interesse em Poe. Seu obituário e biografia meio que impulsionam a fascinação por Poe com todas essas fofocas e esses absurdos sórdidos. Capturou de verdade a imaginação do público. Mas aquele crápula realmente vinculou isso a Poe."

Ou, como Harry Lee Poe disse: "Seu maior erro foi morrer antes de seus inimigos".

A campanha implacável de Griswold para manchar a reputação de Poe terminou fracassando duas vezes. Primeiro, como Jerome mostra, suas falsidades, por mais persistentes que se mostrassem, terminaram tornando Poe mais intrigante para cada geração que seguiu. Segundo, quando a extensão de suas mentiras e fraudes vieram à luz, Griswold foi classificado como o vilão movido por ciúme, ressentimento e ódio cego.

"Certamente, não foi a intenção de Griswold fazer um favor a Poe, mas esse foi sem dúvida o resultado", disse o historiador literário Rob Velella. "As pessoas são complicadas, e é mais fácil reduzir um ente humano a uma imagem do que lidar com as complexidades, nuances e sutilezas. Se você olhar para como Poe era descrito na cultura popular, ele é o solitário sombrio, taciturno, obcecado pelo macabro ou o típico detetive distante e hiperanalítico. Mas nunca é ambos. Griswold, inadvertidamente, elevou a reputação de Poe ao criar esse personagem, e, desde então, leitores casuais de Poe querem que ele seja insano, querem que seja um solitário, querem que seja um recluso sem graça e sem amigos, porque isso combina com os contos que escreveu."

Do mesmo modo, a reputação de Mark Twain foi reduzida a uma caricatura após sua morte, amado como o autor de literatura familiar e de observações simples, muito dócil, que parecia um tio e um avô. Twain se tornou o homem de branco genial da literatura americana em oposição ao homem de preto torturado de Poe. Ambos conquistaram fama duradoura, mas a Twain foi concedido o caminho mais amável. Primeiro, na década de 1960, a reputação de Twain se expandiu e cresceu quando críticos literários e biógrafos começaram a apreciar sua crítica social e escritos sombrios. Poe permaneceu popular, mas a visão caricata dele, na verdade, ficou mais forte. Segundo, Samuel Clemens criou o personagem de Mark Twain. Ele moldou a *persona* pública que a cultura pop adotaria. Poe não fez isso.

"Outra pessoa criou a *persona* de Poe, e foi alguém que não gostava muito dele", disse Velella. "O conceito do homem do Renascimento era muito real na época de Poe. Assim, Poe é muitos tipos de escritor e muitos tipos de artista, e o século XX não lhe deu crédito por isso."

A amarga ironia para Griswold teria sido o conhecimento de que, sem Poe, ninguém estaria falando sobre ele hoje. Ele também criou uma caricatura de si mesmo, a do assassino literário desprezível. Em seus esforços contínuos para reduzir Poe, reduziu-se. Foi pego na armadilha de falsidades e fraudes que ele mesmo construiu.

"Ninguém é o vilão de sua própria história", disse Velella. "E, tanto em relação a Griswold como em relação a Poe, as coisas eram muito mais complicadas do que parecem. Minha intenção não é fazer uma defesa de Griswold. Apenas penso que deveríamos ver sua intenção num contexto mais amplo. Não estou dizendo que fosse uma boa pessoa, mas ele se colocou como um árbitro de gostos literários. Ele tinha uma formação religiosa conservadora, de modo que enaltecia trabalhos com mensagens que aprovava – trabalhos de grande moralidade. Assim, ele gostava de Longfellow. Não via isso na escrita de Poe. Temia que a literatura imoral ou amoral pudesse tornar os leitores imorais ou amorais. O melhor que Poe tinha a oferecer era em algo como 'O Gato Preto': não beba demais ou você poderá ficar insano e matar alguém. A real intenção de Griswold com relação a Poe, eu acho, é que ele não quer que as pessoas o leiam".

É verdade que muitos americanos na época da morte de Poe concordavam completamente com a visão de Griswold sobre o papel da literatura como um agente edificante. Seus ataques a Poe com certeza encontraram muitos ouvintes ávidos e dispostos entre os Frogpondians da Nova Inglaterra, que defendiam a presença de uma moralidade própria na prosa e na poesia.

"Poe não aceitava as crenças e os truísmos da cultura e da época", disse Paul Lewis, professor de inglês do Boston College. "Ele desaprovava a noção de que o propósito da literatura era inculcar a verdade. Não era um ponto de vista popular, não só em Boston, mas na América."

Os trabalhos de Dickens eram imensamente populares nos Estados Unidos antes e depois da Guerra Civil, basicamente porque o autor de *Um Conto de Natal* e *David Copperfield* acreditava que uma boa história deveria prover uma boa dose dessa edificação tão prezada pelos poetas de lareira Whittier, Bryant, Lowell e Longfellow. Poe e Dickens eram atraídos por contextos e elementos narrativos macabros e misteriosos similares, mas Poe rejeitava as tendências didáticas da narrativa dickensiana. Isso parecia emprestar credibilidade ao ataque de Griswold ao caráter de Poe. A equação velada era simplista, embora efetiva: se não havia moral na história, não havia moralidade no autor da história. Poe inclusive zombou da literatura de edificação com um de seus contos mais engraçados, a paródia antimoral "Nunca Aposte sua Cabeça com o Diabo".

"Nada há de vitoriano, saudável, amigável, comunal em Poe", disse o estudioso de Poe, J. Gerald Kennedy. "Ele não estava interessado nisso. Poe escreveu sobre personagens solitários em situações isoladas confrontando forças e efeitos que não podiam compreender. Eles se sentiam ameaçados e horrorizados. Isso era distante demais da sensibilidade da maior parte dos americanos da época. Isso ajuda a explicar por que Poe nunca foi grande no movimento Chautauqua do fim do século XIX, que enfatizava a edificação, o cristianismo e o bem moral. Muita água cultural tem de passar sob a ponte até o momento certo para Poe ser lido, compreendido e apreciado."

Quando seria o momento certo para uma apreciação própria de Poe? Talvez hoje, Kennedy sugeriu.

"Poe realmente antecipou o sentimento de nossa época, mais ainda que Twain", ele disse. "Poe está vivo para nossa cultura e para leitores hoje de um modo que não era vivo para leitores de sua época. Poe estava muito adiante de sua época em termos de mudanças que já estavam acontecendo na cultura. E muito disso tem a ver com as atrocidades do século XX: o Holocausto, as guerras terríveis, as armas de destruição em massa. Estamos agora propriamente em um lugar em que Poe ressoa. Leitores na década de 2020 instantaneamente compreendem 'A Máscara da Morte Rubra' e captam o sentimento de aprisionamento e fatalidade e o efeito claustrofóbico que Poe cria. É onde a quarentena nos coloca. Estamos aprisionados. E temos pessoas resistindo ao contágio."

O brilho dos poetas de lareira falhou em aquecer um mundo que lida com realidades frias em um novo século. Sua luz evanesceu quando nos tornamos menos seguros das mensagens confortantes e mais interessados pelas questões perturbadoras de Poe. "Reconhecemos a visão moderna de Poe do lado obscuro da humanidade", disse Jeffrey A. Savoye, da Edgar Allan Poe Society de Baltimore. "Não esperamos moralização sentimental. Assim, adotamos aquilo que tornava Poe desagradável em sua própria época."

O preconceito inicial contra Poe se estendeu à academia, em que a abordagem de Poe à escrita, particularmente a poesia, também atuou contra ele.

"Muitos estudiosos que escrevem sobre poesia e a ensinam estão comprometidos com interpretações e abordagens temáticas à poesia, e Poe se opunha exatamente a isso, disse Jerome McGann, autor de *The Poet Edgar Allan Poe: Alien Angel* [O Poeta Edgar Allan Poe: Anjo Estranho]. "Poe atacava o que ele chamava heresia didática. A abordagem acadêmica pode ter vocabulários nobres para apresentar suas interpretações morais, mas Poe se opunha a isso. Ele acreditava que, se os poetas introduzissem ideias, isso deveria ser tratado como temas em música. Isso é extremamente difícil para muitos acadêmicos e estudiosos. Como podemos falar ou escrever sobre poesia que é tão abstrata e tão intensa e poderosa quanto a de Poe, quando estamos proibidos pelo próprio Poe de lidar com ela em termos temáticos?"

Henry James, T. S. Eliot, Ernest Hemingway, Ezra Pound e Robert Frost estavam entre aqueles que escreveram depreciativamente sobre o trabalho de Poe. Alguns reconheciam seu talento, mas menosprezavam o que o escritor conquistou com ele. Embora continuasse a ser popular, ainda havia muita sujeira sendo jogada em seu caminho – apenas de uma variedade ligeiramente diferente do tipo usado por Griswold. Durante uma palestra apresentada na Biblioteca do Congresso, em 1948, Eliot disse que o melhor modo de ver Poe era "como um homem que flertava em verso e em tipos de prosa, sem se estabelecer para realizar um trabalho completo de qualquer gênero". Ele acrescentou que Poe tinha "o intelecto de uma pessoa jovem altamente talentosa antes da puberdade".

"Essa atitude permanece prevalente nas universidades, nas quais Poe ainda é visto com pouca seriedade", disse Harry Lee Poe. "Devo enfatizar que isso acontece nas universidades americanas. É tolice não reconhecer que há algo como política literária, e Poe sempre foi uma vítima da política literária na América. T. S. Eliot incorporava muito da atitude depreciativa em relação a Poe, a ponto de, quando falou sobre como os franceses adotavam Poe, ter ficado obcecado com a questão: o que há de errado com os franceses por gostarem de Poe? Essa é a atitude. Eliot inclusive afirmou que grande parte do trabalho de Poe seria esquecido em dez anos."

Mas Poe tinha seus defensores, mesmo entre poetas importantes americanos, incluindo Hart Crane e William Carlos Williams.

"Uma das acusações acadêmicas contra Poe é que ele é um escritor popular, e isso é sem dúvida verdadeiro, mas ele próprio dizia que queria escrever poesia e ficção em prosa que fosse simultaneamente importante para leitores populares e leitores mais intelectuais e especializados", disse McGann. "E ele conseguiu isso. Assim, a posição de Poe como poeta é muito elevada entre as pessoas mais interessantes que escrevem sobre poesia hoje. Os fundadores do alto modernismo – Baudelaire, Mallarmé, Valéry – eram todos completos entusiastas de Poe. Eles o consideravam o fundador da abordagem modernista, que nos permite compreender completamente por que uma pessoa como Hart Crane ou William Carlos Williams teriam sido entusiastas de Poe."

Levaria décadas para a reputação de Poe se recuperar gradualmente desses enterros prematuros. E no fim de 1849 muitos teriam sido escusados por pensarem que jamais pudesse se recuperar.

Em um nível pessoal, ninguém ficou mais enlutado pela morte de Poe e pelo dano feito à sua reputação do que a dedicada Muddy. As notícias a atingiram em 9 de outubro, e ela imediatamente escreveu a Neilson Poe pedindo detalhes: "Se for verdade, que Deus tenha misericórdia por mim, pois ele foi o último que eu tinha para me apegar e amar".

No mesmo dia, sua angústia encontrou expressão ainda mais deplorável em uma carta a Annie Richmond. "Annie, meu Eddy está morto", ela escreveu. "Annie, minha Annie, ore por mim, sua desolada amiga. Meus sentidos *me deixarão.*" Para completar sua devastação e desolação, Muddy estava se preparando para deixar o chalé de Fordham quando descobriu que a adorada gata, Catterina, morreu.

"Essa pobre mulher perdeu sua filha e um genro que via como um filho", disse Jang. "Ela é aquela que prossegue. E então ela fica obscurecida pela biografia de Griswold. É perturbador."

Maria Clemm sobreviveu a seu Eddy em mais de vinte anos, permanecendo com amigos em Richmond, Fordham e Baltimore. Ela morreu em 16 de fevereiro de 1871, na Church Home and Infirmary de Baltimore. Esse era o novo nome do hospital onde Poe morreu. A irmã de Poe, Rosalie, morreu em um lar para indigentes em 1874. No ano seguinte, Poe foi enterrado de novo. Seu corpo foi exumado a fim de ser movido para um lugar que pudesse acomodar um monumento mais adequado a um escritor cada vez mais aceito e celebrado pela cidade onde morreu. O caixão barato, rapidamente enterrado vinte e seis anos antes, foi descoberto em estado ruinoso. Havia colapsado e estava se despedaçando. O sacristão, George Spence, observou que um esqueleto bem preservado foi tudo que restou, bem, dos restos de Poe. Spence também disse que ele ouviu algo como um pedaço de barro sacudindo dentro do crânio. Ele acreditava ser o cérebro de Poe em um estado encarquilhado de preservação. Mas como o cérebro liquefaz rapidamente após a morte, esse item capturou a imaginação de Matthew Pearl, autor de *The Poe Shadow* [A Sombra de Poe]. Após consultar um médico legista, ele acrescentou outra teoria à lista de causas possíveis: um tumor cerebral, que pode calcificar em uma massa dura após a morte. Ela se encaixa nas observações feitas em 1847 por Loui Shew e pelo Dr. Valentine Mott, que acreditavam que uma lesão cerebral fosse a causa da intolerância de Poe ao álcool. É isso que Spence ouviu? Não é uma teoria que pode ser descartada ou provada com facilidade. É basicamente fundada nos registros jornalísticos que citavam Spence, que não era médico nem criminologista. O caixão também estava muito degradado, de modo que não está fora de questão que barro, sedimento ou um seixo pudesse ter penetrado através das falhas no caixão.

"Era muito provavelmente uma pedra", disse Patrick Hansma, patologista forense em Michigan, historiador da autópsia e estudioso de Poe. "Trato a teoria do tumor cerebral com um grande grau de ceticismo. Está muito baixa na lista de possibilidades e não muito alta na lista de probabilidades. Há circunstâncias em que partes do cérebro calcificarão. Isso não é extraordinário."

Essa é outra teoria que não pode ser propriamente substanciada ou rejeitada em definitivo.

"A teoria do tumor cerebral realmente veio da busca pelo novo, mas não aposto nela", Pearl disse. "Penso que algumas das teorias são tolas. A teoria do tumor cerebral faz sentido para mim, mas não acho que seja uma teoria abrangente final. Nunca afirmaria isso. Permanece um mistério, e isso é incrivelmente útil. Acho que essa lacuna que não podemos preencher nos ajuda a entender Poe. Dá-nos uma lente para entender quem ele foi como pessoa e como escritor."

Poe foi enterrado novamente sob um novo monumento no canto noroeste do cemitério. Recuperando-se de um derrame, Walt Whitman lealmente fez a viagem a Baltimore para a cerimônia de dedicação honrando seu colega poeta americano em 17 de novembro de 1875. A famosa avaliação que Whitman fez de Poe não foi inteiramente entusiástica. Ele disse que Poe "estava entre as luzes elétricas das literaturas imaginativas, brilhantes e ofuscantes, mas sem calor". Os dois poetas haviam se encontrado uma vez, em novembro de 1845, no escritório do *The Broadway Journal*. Whitman, então com 26 anos, disse sobre Poe, com 36: "Tenho uma recordação distinta e agradável de sua aparência, voz, forma e conteúdo; muito gentil e humano, mas sombrio, talvez, um pouco cansado".

A família de Poe foi reunida na morte, quando o monumento de mármore criado pelo arquiteto da prefeitura de Baltimore, George A. Frederick, também se tornou o lugar final de descanso para os restos mortais de Maria Clemm e Virgínia. Um cenotáfio (um monumento marcando o local inicial de enterro ou sepultamento) com a imagem de um corvo marca o local original do enterro.

"PENETRE OS MISTÉRIOS"

Conceber o horror de minhas sensações é, presumo, completamente impossível; todavia, penetrar os mistérios dessas horríveis regiões predomina mesmo sobre meu desespero e me reconciliará com o aspecto mais odioso da morte.

– "Manuscrito Encontrado Numa Garrafa"

Se este fosse um romance clássico de mistério de sala de estar, o último capítulo começaria com o detetive magistral reunindo todos os suspeitos para a grande revelação. Uma a uma, as pistas seriam brilhantemente dissecadas até que, na última, a solução do caso fosse apresentada com uma surpreendente exibição de lógica irrefutável e dedução elaborada. Uma cena assim é maravilhosamente representada no final da versão cinematográfica de *O Homem Magro**,

* No Brasil, o filme recebeu o nome *A Ceia dos Acusados.* (N. do E.)

de Dashiell Hammett, lançada em 1934 pela MGM. O superdetetive particular Nick Charles (William Powell) deixa de lado os martínis e o uísque escocês por tempo suficiente para examinar as evidências no banquete para o qual todos os suspeitos foram convidados. Enquanto Nick explica como o assassino esquematizou os três assassinatos, sua esposa e parceira na investigação de crimes, Nora (Myrna Loy), pergunta-lhe em voz baixa: "Isso é verdade?". Nick responde: "Não sei". Assim, com muita razão, Nora quer saber: "Então, por que você está dizendo isso?". A resposta de Nick é: "É a única coisa que faz sentido". E, é claro, ele está certo. Ao montar o quebra-cabeça peça por peça, ele demonstra que só há uma forma de tudo se encaixar.

Quem dera uma biografia pudesse funcionar tão claramente, oferecendo o mesmo nível de confiança que temos com C. Auguste Dupin, Sherlock Holmes, Hercule Poirot, tenente Columbo e Jessica Fletcher. O problema em relação ao mistério em torno da morte de Poe é que as evidências são tão incompletas e não confiáveis que podem ser distorcidas a ponto de possibilitar que quase qualquer resposta faça algum sentido. "Todo mundo tem uma opinião, e essa opinião é a correta, e todos os demais estão errados", disse Jeff Jerome, estudioso de Poe, de Baltimore. "Acho que agora temos mais de vinte e duas teorias correntes, e uma nova aparece a cada ano."

Também temos negada a satisfação de uma última cena na sala de estar porque, nesse caso, os principais suspeitos não são pessoas. Eles têm nomes como hipoglicemia, raiva, diabetes, tuberculose, alcoolismo, encefalite e doença cardíaca. Os sintomas de Poe durante os últimos três meses de sua vida podem ser distorcidos para se encaixar em um surpreendente número de causas. Alucinação, febre, delírio, estupor e agitação podem ser provocados por inúmeros males – ou combinações de males. Também não contribui para o caso o fato de as testemunhas dificultarem a determinação do grau de importância a ser atribuído aos sintomas amplamente atribuídos. "Por mais dúbios que os registros sejam, as melhores evidências nos dizem que Poe estava delirante e febril", disse Patrick Hansma, o patologista forense de Michigan cuja fascinação pela vida e pelas obras de Poe começaram no Ensino Fundamental. "Esses são o que chamamos sintomas não específicos porque há um número incrível de causas para eles."

Além das possibilidades já discutidas, teorias sobre a morte de Poe incluem diabetes, overdose de drogas, gripe, hipoglicemia, epilepsia, apoplexia, deficiência de uma enzima, doença hepática e inflamação da membrana cerebral em razão de uma infecção viral ou bacteriana. Torna-se o oposto aflitivo da "única coisa" identificada por Nick de Powell. Hammett, contudo, teve seu tempo como um detetive Pinkerton de fato, e, em seu livro, faz Nick tocar uma nota investigativa bem mais realista. Quando está explicando os assassinatos a Nora, Nick usa a palavra *provavelmente*, e isso a incomoda. Ela quer certeza em todos os detalhes. Ela não gosta de *provavelmente*. "É uma palavra que temos de usar muito nesse negócio", ele lhe diz. Quando terminou, tendo usado um *provavelmente* e um *talvez* aqui e ali, Nora reclama que "é sempre muito insatisfatório".

Embora Poe, que morreu em Baltimore, tenha recebido o crédito por criar o protótipo literário do detetive magistral erudito, Hammett, que cresceu em Baltimore, apresenta-nos o investigador particular durão que chega à resposta por meio de resolução, determinação implacável e desenvoltura. Cada um transforma uma forma do conto de mistério em literatura, uma representada para sempre por um corvo falante, a outra por um falcão maltês. Mas Hammett sabia que o caminho do detetive faria giros determinados por aquela palavra que tanto perturbava Nora. Essa é a abordagem que deve ser adotada com o mistério em torno da morte de Poe.

Ainda assim, isso não significa que não aprendemos muito investigando o mistério. Primeiro, seguimos o caminho do *provavelmente* e apenas eliminamos alguns dos suspeitos pela morte de Poe. Podemos reduzir um pouco o campo. Por exemplo, se Poe engoliu líquidos durante seus dias finais, e ele provavelmente o fez, isso tira a raiva da lista dos candidatos. A teoria de assassinato de John Evangelist Walsh, ainda que apresentada de modo interessante em seu livro *Midnight Dreary: The Mysterious Death of Edgar Allan Poe* [Meia-Noite Sombria: A Misteriosa Morte de Edgar Allan Poe], parece ainda mais improvável. Os dois testes feitos em amostras do cabelo de Poe parecem excluir envenenamento por monóxido de carbono oriundo de gás de iluminação e má nutrição. Avança um pouco o caso, mas, mesmo quando eliminamos várias das teorias em razão da improbabilidade e dos testes com os cabelos, ainda restam muitos suspeitos. Também quase não temos um caminho forense a seguir. John Douglas, ex-agente do FBI, acredita que é quase impossível desvelar qualquer coisa nova pela aplicação das modernas técnicas de análise comportamental e perfilamento ao mistério duradouro: "Um caso não solucionado de meados do século XIX seria difícil de perfilar sob quaisquer circunstâncias, uma vez que os comportamentos e normas sociais eram provavelmente muito diferentes dos nossos. Mas se torna completamente inadequado para o perfilamento ou análise comportamental na ausência de declarações de testemunhas confiáveis, descrições da família ou amigos sobre o estado mental da vítima nos dias e semanas que precederam a morte, protocolos de autópsia acurados, fotografias ou quaisquer evidências físicas ou forenses."

"Essencialmente, tudo que temos para prosseguir é uma situação na qual um indivíduo morto é encontrado", Douglas disse, "sem qualquer modo de saber" por certo o que o levou a ser encontrado em uma tal condição. Jeffrey A. Savoye, estudioso de Poe, descreve a dificuldade de um modo ligeiramente diferente: "A menos que desenterremos esse corpo e encontremos uma machadinha cravada em suas costas, não estou certo de qual informação adicional poderia ser encontrada. É infinitamente fascinante porque não pode ser resolvido. Não há explicação definitiva, e não haverá a menos que haja alguma revelação surpreendente. Nós só não temos realmente evidências suficientes".

Mesmo que uma autópsia tivesse sido conduzida, provavelmente não teria sido de muita ajuda para nós hoje. "Ele morreu quando não havia necessidade obrigatória real de documentar sua morte com qualquer rigor científico que usaríamos hoje", disse Hansma, também um autor trabalhando em uma história das autópsias. "A autópsia daquela época ainda não havia atingido um grau justo de rigor científico. Se ele tivesse morrido cinquenta anos mais tarde, sua morte teria sido muito bem tratada, muito meticulosamente registrada. Hoje, a grande maioria de autópsias é feita por patologistas forenses, uma especialidade que não existia então."

Hansma estudou todos os registros dos dias finais de Poe, e, como um patologista forense, compartilha a visão geralmente cética do biógrafo das várias versões de Moran. "Após ler tudo que Moran escreveu e disse sobre a morte de Poe, nós claramente temos muito pouca razão para acreditar nas descrições clínicas que nos dá", ele afirmou. "Se Moran tivesse feito uma autópsia, muito francamente, eu não confiaria nela. As evidências depõem contra sua confiabilidade. Muita coisa parece improvável e dúbia." Assim, ele se une a Douglas e Savoye na crença de que a morte de Poe permanece em um domínio para além de uma solução final. O agente do FBI, o estudioso de Poe, e o patologista forense estão de acordo. Essa visão pode ser mais bem sumarizada por uma frase que Poe escreveu para "A Queda da Casa de Usher": "Era um mistério completamente insolúvel".

"É incognoscível porque tudo foi tratado com descuido desde o início", observou Hansma. "Agora tudo está muito longe de nós, e as evidências que existem são, na melhor das hipóteses, tênues, dúbias e fragmentárias. Muitas das testemunhas-chave são questionáveis e não confiáveis. As evidências anatômicas com que trabalharíamos não existem. O que sobrou? Alguns restos mortais, e sequer sabemos a condição deles. O melhor que podemos fazer é pesar as evidências disponíveis e sugerir as possibilidades mais fortes. E acredito que, embora não seja provável, há uma possibilidade incrivelmente forte."

Hansma, na verdade, chegou ao mesmo pensamento agora compartilhado por alguns estudiosos de Poe e especialistas médicos que examinaram o caso. Há uma causa possível da morte que perseguiu e assombrou Poe sua vida inteira: tuberculose. Ela provocou sua morte? Bem, já sabemos que moldou sua vida, uma vez que seus pais, sua mãe adotiva, seu irmão e sua esposa morreram de consumpção. Não há dúvida sobre isso. Como um primeiro suspeito, a tuberculose tinha muitos meios e oportunidades.

"Não há dúvida em minha mente de que a tuberculose está no topo da curta lista de possibilidades mais fortes", disse Hansma. "É inquestionavelmente o suspeito número um."

Se esta fosse uma investigação criminal ativa, o suspeito que continuaríamos chamando de volta para a sala de interrogatório como uma pessoa de interesse seria a tuberculose. Uma doença infecciosa que usualmente afeta os pulmões, a tuberculose é uma infecção aérea que se espalha quando alguém com um caso ativo tosse, espirra, cospe ou até mesmo fala. Evidências de tuberculose remontam ao menos a dezessete mil anos em ossos de animais. A presença da doença foi encontrada nos restos mortais de humanos pré-históricos e em múmias egípcias. As evidências conhecidas mais antigas para tuberculose em humanos foram descobertas nos ossos de nove mil anos de uma mulher e de uma criança do Neolítico encontrados submersos cerca de dez quilômetros da costa de Haifa, Israel, onde ficava a antiga aldeia de Atlit-Yam.

Uma em cada sete pessoas morria de tuberculose no século XIX; três em cada quatro crianças eram infectadas pela doença aos 5 anos. Contudo, por mais prevalente que fosse ao longo da vida de Poe, não foi proposta como a suspeita principal para sua morte em muitas das biografias publicadas nos séculos XIX e XX. Gretchen Worden, a estimada diretora do Mutter Museum, no College of Physicians da Filadélfia, de 1988 até sua morte em 2004, podia estar se encaminhando nessa direção nos primeiros anos do século XXI. Worden frequentemente palestrava sobre a misteriosa morte de Virgínia e de Poe. Suas notas para essas palestras estão agora nos arquivos do College of Physicians, e, enquanto sumarizava várias das principais teorias importantes, em uma ficha de anotações, ela listou os principais familiares de Poe levados pela tuberculose. Assim, de volta à Filadélfia, fazemos uma questão bastante lógica: Qual é a probabilidade de Poe ter morrido de tuberculose?

"Como um historiador da medicina, o diagnóstico retrospectivo é muito malvisto", considerou o dr. Steven J. Peitzman da Drexel University College of Medicine. "Mas é quase uma certeza completa que Poe tivesse tuberculose."

W. Henry Boom, o diretor da unidade de pesquisa sobre tuberculose na Case Western Reserve University, concorda com o diagnóstico de Peitzman: "Dados seu histórico familiar e o tempo em que viveu, ele sem dúvida foi infectado. A única coisa que podemos dizer com quase certeza é que tinha tuberculose".

É algo que muitos estudiosos de Poe, incluindo Semtner e Helen McKenna-Uff, dizem com certeza. "Não sabemos o que o matou, mas não há dúvida de que Poe tinha tuberculose", disse J. Gerald Kennedy.

No entanto, é lógico considerar que Poe tivesse algo tão sério como tuberculose e não soubesse? Uma vez mais, os especialistas médicos ponderam.

"É inteiramente possível ter tuberculose durante grande parte da nossa vida e não saber", observou Peitzman. "O que pode ocorrer é exposição transpulmonar, levando a uma inflamação dos pulmões. Depois, curam-se. As pessoas podem passar décadas com esses granulomas curados, mas dentro deles há bacilos vivos, que tendem a romper em períodos de estresse ou má nutrição ou apenas com a idade."

Boom concorda novamente: "Se estamos expostos e infectados e, por outro lado, saudáveis, podemos viver muito bem com tuberculose microbacteriana e não ficar doentes. Podemos não apresentar quaisquer sintomas, e, a menos que tenhamos um teste positivo, sanguíneo ou de pele, para tuberculose, podemos não saber que estamos infectados. Isso se chama tuberculose latente, e sabemos que pode ser reativada muitos anos mais tarde, dependendo da saúde e do bem-estar geral".

McKenna-Uff tece uma experiência pessoal com isso. Sua avó tinha tuberculose, e, quando seu pai estava com 40 anos, teve de fazer um exame de raio X. "E eles lhe disseram que tinha lesões e um caso não diagnosticado de tuberculose", disse McKenna-Uff. "Ele não tinha absolutamente ideia alguma."

Portanto, é possível que Poe pudesse ter sido infectado na infância. A causa de sua morte poderia ter sido sua herança. Ele pode tê-la carregado em seu corpo por quase toda a sua vida neste planeta. Embora isso nada acrescente às provas concretas, há algo terrivelmente poético sobre essa possibilidade. É um cenário digno de um conto de terror de Poe: a tuberculose inimiga que o enganaria vezes sem conta espreitando em seu corpo, esperando para se ativar. Mas a consumpção de Eliza Poe teria sido meramente a primeira das muitas janelas de oportunidade para a infecção atacar.

Estudar o que sabemos sobre os sintomas de Poe e os últimos meses de sua vida também levanta o fator "provavelmente" de Hammett para Hansma: "A sintomatologia de Poe na morte se encaixa muito bem com o tuberculoso moribundo. Isso está bem documentado nos sanatórios da época que se especializaram em tuberculose. Há um registro incrível de pacientes morrendo de tuberculose que estavam artística e intelectualmente ativos nas semanas e meses próximos ao fim. Eles podiam ser caprichosos, estranhamente otimistas e bastante produtivos, e então essa doença que os está matando poderia se assemelhar ao efeito narcotizante do ópio ou do etanol. Em que isso não se parece com Edgar Allan Poe?".

O Poe estereotipado não pareceria saudável o bastante para ter mantido uma tuberculose latente a distância por tantos anos. Mas esse é o estereótipo. E quanto ao jovem Poe, atleta talentoso que se sobressaía em natação, boxe e salto a distância? E quanto ao bom soldado com um caminhar vigoroso e postura ereta? E quanto ao Poe que fazia caminhadas divagantes por bosques e ruas da cidade? Ele poderia ser saudável assim.

"Há uma imagem popular de Poe, que não é real, mas é predominante", disse Mike Olshaker, cineasta e coautor de *Mindhunter – Caçador de Mentes*. "E essa imagem exige que sua morte seja provocada por sua personalidade ou por suas obsessões ou supostos vícios. A causa pode bem ter sido algo orgânico, e isso não se encaixa na imagem."

Contudo, se a tuberculose é a principal suspeita, há alguns cúmplices a serem considerados. Algo deve ter suprimido o sistema imunológico e ativado a tuberculose. Aqui, também, há suspeitos com amplas oportunidades.

"Acredito que tenha sido tuberculose, e havia muitos fatores na vida adulta de Poe que poderiam ter enfraquecido seu sistema: pobreza, estresse, álcool, moradia precária, poluentes ambientais", observou Carole Shaffer-Koros, uma estudiosa de Poe, professora de inglês e enfermeira registrada que trabalhou com pacientes de tuberculose. "A quantidade de monóxido de carbono não era letal, mas poderia ter sido um fator contribuinte. Não estou pronta para afirmar que Poe fosse um alcoólico crônico, mas ele claramente tinha uma intolerância e uma reação alérgica ao álcool, e isso teve um efeito devastador sobre ele. Nós realmente não sabemos o quanto Poe estava bebendo, mas tuberculose latente agravada pelo consumo de álcool poderia ter se mostrado mortal para Edgar Allan Poe."

Semtner e McKenna-Uff vão além da tuberculose como causa provável, sugerindo especificamente meningite tuberculosa, que ataca o sistema nervoso central e as meninges, as membranas que envolvem o cérebro. Sintomas de meningite tuberculosa incluem confusão, febre, estupor, coma, dor de cabeça e mudanças de comportamento. A meningite tuberculosa "faz mais sentido", disse Semtner, "e explica a fala descontrolada, a fala desvairada, a febre e a dor de cabeça".

Se Poe teve cólera na Filadélfia, é algo que dificilmente teria suprimido seu sistema imunológico. "A cólera é uma doença aguda, mas, por mais horrível que seja, é algo que superamos em uma semana", afirmou Boom. "Assim, é menos provável que tivesse causado supressão imunológica de longo prazo o ponto de reativar a tuberculose." Contudo, o mercúrio no "medicamento" calomel usado para tratar a cólera não teria feito bem para seu sistema. Mesmo sem cólera, os suspeitos pelo comprometimento do sistema imunológico estão todos ao seu redor. Se Poe foi encarcerado e exposto ao frio, e se consumiu álcool, a combinação teria sido horrífica em alguém com um caso ativo de tuberculose.

"É certamente plausível", considerou Peitzman. "Se temos tuberculose latente e vivemos bastante tempo, é muito provável que vai romper, disseminar-se novamente e ser levada pela corrente sanguínea, que é como chegaria aos ossos e às meninges."

Plausível, sim, mas é provável? Este é o ponto em que os bons médicos não se permitirão se perder muito em especulação. Testemunhas especialistas irão longe apenas o bastante para tornar a possibilidade tão promissora quanto intrigante.

"É possível", disse Boom. "A meningite tuberculosa não é algo que se desenvolve da noite para o dia e nos mata no dia seguinte. É uma meningite crônica. Leva semanas, por vezes meses, para se manifestar completamente. Se tinha alguma confusão, febre, momentos de paranoia e comportamento errático, desorientação, delírio ou alucinações, isso certamente poderia se encaixar no padrão da meningite tuberculosa. Se tinha essa doença, e então acrescentamos álcool ou exposição ao frio, isso poderia ser o bastante para derrubá-lo. É inteiramente possível, mas nada há aqui que seja definitivamente tuberculose ou qualquer outra coisa."

Mesmo que Moran tivesse sido uma testemunha completamente confiável, registrando acuradamente cada minuto dos dias finais de Poe, nem ele nem qualquer outro médico em 1849 saberia como reconhecer, testar e diagnosticar de maneira adequada uma meningite tuberculosa.

"Na época, a meningite tuberculosa era agressiva, catastrófica e sempre fatal", observou Hansma. "Ele poderia ter tido um envolvimento espinal e meníngeo com a tuberculose, e isso explicaria seus sintomas muito bem, particularmente o período flutuante entre consciência e racionalidade, e a febre. Mas o delírio não é incomum em todas as formas de tuberculose. O máximo que podemos dizer é que a tuberculose deve permanecer uma séria candidata para qualquer um que queira lidar com essa questão e, dado tudo o que sabemos sobre a vida e morte de Poe, deveria sempre estar perto do topo da lista de suspeitos de qualquer estudioso do escritor. Assim, a morte de Poe permanece um mistério, a despeito de uma causa tão provável como a tuberculose."

Poderia algum tipo de testagem forense dos restos de Poe resolver definitivamente o mistério? Testes em ossos com certeza poderiam revelar se ele tinha ou não um caso ativo de tuberculose, mas isso não determinaria se Poe de fato morreu em decorrência dela. Digamos que esse teste provasse que tinha tuberculose, e daí? Já sabemos com quase certeza que estava infectado.

Uma exumação é mais do que improvável no caso de Poe, embora haja outro teste que poderia resolver a questão. O problema, aqui, é a palavra *poderia*.

"Neste momento, a hipótese de meningite tuberculosa é altamente provável e certamente possível, mas basicamente circunstancial", esclareceu Linda B. Spurlock, professora assistente de antropologia da Kent State University, cujas especialidades incluem antropologia forense, ciência biomédica e arte forense. "Ainda assim, um caso circunstancial forte o bastante resistiria na corte. Se você está procurando essa prova concreta, os ossos poderiam ainda nos dizer muito. É possível que a meningite tuberculosa nos tenha deixado impressões granulares reveladoras no crânio. Elas são altamente comuns nos casos de meningite tuberculosa."

De acordo com o National Center for Biotechnology Information, "impressões granulares (IGs) na superfície interna do crânio têm sido consideradas características patognomônicas da meningite tuberculosa (MTB)". Essas IGs podem ser criadas por "atrofia por pressão dos tubérculos formados na camada meníngea mais externa".

Se há uma tal evidência para como Poe morreu, permanecerá enterrada no cemitério de Baltimore sob aquele monumento dedicado a ele em 1875. Nora não gostaria disso, mas ela e todos os demais terão de se conformar com o *provavelmente* de Nick. Isso é o melhor que podemos fazer. A resposta não pode ser conclusiva ou definitiva. Não agora. Talvez, jamais. E talvez tenha de ser assim.

"Há uma parte de mim que não quer saber", disse o autor Daniel Stashower.

E, como a máxima nos lembra, alguns mistérios não são feitos para serem desvendados, e deve ser reconhecido que qualquer coisa além do *provavelmente* nos roubaria a grande mística que cerca a morte de Poe.

"Ao nos deixar tão jovem e com tantos mistérios, ele pode ser para nós o que necessitamos que seja e o que desejamos que seja", considerou a estudiosa de Poe, Amy Branam Armiento.

Alguns querem e necessitam que ele seja o mestre do macabro, e ele para sempre desempenhará esse papel, como por vezes desempenhou na vida. Isso era muito certo na década de 1930 quando a Universal lançou seus filmes de "Poe": *Assassinatos da Rua Morgue*, *O Gato Preto* e *O Corvo*.

"Ele foi associado, na mente do público, a Boris Karloff e Bela Lugosi", afirmou Semtner. "E está bem se o mestre do macabro é o que Poe representa para nós, mas lhe prestamos um desserviço se não reconhecemos quão bons seus contos e poemas são. Então, temos de considerar esses contos seriamente e explorar por que eles são muito melhores do que os de Horace Walpole e de todas as outras pessoas que estavam escrevendo contos de terror naquela época."

Mesmo os atores de terror mais associados a Poe eram rápidos em reconhecer o quanto mais havia em suas histórias e poemas. "Pobre Poe", disse Karloff em uma entrevista em meados da década de 1960. "As coisas que fizemos com ele quando não estava lá para se defender. Alguns desses filmes não eram nem um pouco como ele."

O ator coadjuvante de Karloff na versão de 1963 de *O Corvo*, Vincent Price, acreditava que os melhores filmes inspirados em Poe capturaram a essência de suas histórias e poemas de assombração: "Eles capturaram o espírito de Poe, embora não as especificidades. Mas você espera que as pessoas olhem para além da morte e das coisas moribundas para perceber quanta vida ele acumulou em um tempo tão curto. Você espera que entendam que era uma voz americana original e distinta. Ele tinha a alma de um artista e a voz de um poeta, mas era uma voz original, e é a isso que os europeus responderam".

Sim, muitos escritores europeus, e alguns americanos. Entre os admiradores de Poe ainda não mencionados estão William Butler Yeats, Franz Kafka, Júlio Verne, Rudyard Kipling, Edith Wharton, Algernon Swinburne, Friedrich Nietzsche, Dorothy L. Sayers, F. Scott Fitzgerald e Vladimir Nabokov.

"E ainda estamos lendo Poe, na América e ao redor do mundo", disse Jerome. "Onde estão todos os outros gênios que deveriam viver para sempre? Não só ainda estamos lendo Poe como também estamos obcecados por ele."

Dado o escasso sucesso que Poe experienciou durante a vida, desejaríamos voltar no tempo e lhe dizer: "Não se preocupe, você será aquele que será lido e lembrado".

"Acho que ele sabia", disse McKenna-Uff. "Poe sabia que era um gênio da escrita e que perduraria."

Ele poderia ficar ofendido por ser predominantemente considerado um escritor de terror, mas Poe com certeza ficaria feliz em ver como isso levou sua escrita através dos séculos e do mundo. O jovem Poe pode bem ter se identificado com o herói ambicioso de "Tamerlane", seu primeiro poema, que irrompe na batalha com uma filosofia de conquistar ou morrer lutando. Poe inverteu isso. Morreu, e depois conquistou. E a morte, assim como o mistério em torno dela, terminaram trabalhando a seu favor.

"Há uma poderosa universalidade naquilo sobre o que Poe escreveu nesses contos", observou Kennedy, "e isso, de certo modo, confirma sua própria determinação em escrever para o mundo e não de uma perspectiva provinciana."

Quando Stephen King apareceu em um evento de Big Read [Grande Leitura] dedicado a Poe, trouxe consigo "The Old Dude's Ticker" [O Coração do Velho], seu retrabalho de "O Coração Revelador". "Vocês querem realmente ouvir esse conto?", ele perguntou à plateia na Carolina do Norte. "Tudo no conto que vou ler para vocês está no conto de Poe, de modo que, se vocês se ofenderem ou ficarem assustados ou enojados ou algo assim, não me culpem. Ponham a culpa diretamente em Poe. E vocês não podem atingi-lo, pois ele está morto."

Mas está? "Os limites que separam a Vida da Morte são, na melhor das hipóteses, obscuros e vagos", Poe nos diz em "O Enterro Prematuro". "Quem dirá onde um termina e onde o outro começa?" O que dizer então na literatura? "Autores mortos da moda vêm e vão, mas Poe está, eu arriscaria, para além da moda", disse o autor Neil Gaiman. É uma aposta inteligente.

Assim, o mistério da morte de Poe se torna uma parte duradoura do questionamento sobre ele ser o escritor mais vivo no mundo hoje. Não importam as estranhas palavras moribundas atribuídas a ele por Moran. A frase que mais se encaixa em seu último momento em Baltimore é uma que ele deu ao personagem-título de "Morella": "Estou morrendo, todavia, viverei".

AGRADECIMENTOS

Na introdução ao que permanece, em minha opinião, uma das biografias mais bem escritas de Edgar Allan Poe, *The Tell-tale Heart* [O Coração Revelador], o escritor de narrativas criminais e historiador literário Julian Symons contou a seus leitores que evitou falar com estudiosos de Poe enquanto trabalhava em seu livro. Isso se adequava ao seu método, é claro, mas eu adotei a abordagem precisamente contrária. Busquei avidamente muitas autoridades importantes de vários aspectos da vida e da produção literária de Poe. Como mencionado no capítulo de abertura, foi meu modo de reconhecer seu trabalho indispensável, ao mesmo tempo que os colocava para trabalhar como testemunhas especialistas. Comecei com Chris Semtner, curador do Edgar Allan Poe Museum em Richmond, porque, bem, iniciei com ele quando a investigação começou seriamente. Chris foi infalivelmente generoso, paciente e cooperativo, passando horas em conversação, apontando valiosas direções a seguir e prontamente fornecendo arquivos, documentos e imagens necessários. Seria uma subestimação de proporções extremas dizer que estou em dívida para com ele.

Fiquei grato em saber que essa disposição em ceder tempo e conhecimento era típica de professores universitários, curadores e pesquisadores que consistentemente questionam e promovem nossa compreensão sobre um escritor cuja vida é tão envolta em mito e mistério. Identificações, títulos e créditos mais completos para esses magnânimos estudiosos de Poe podem ser encontrados no começo da seção de notas e fontes, mas este é o lugar onde faço os reconhecimentos. Assim, por iluminar tudo, da personalidade de Poe até sua escrita, esses sinceros agradecimentos vão para Amy Branam Armiento, Michael Deas, Dennis Eddings, James M. Hutchisson, Enrica Jang, Jeff Jerome, J. Gerald Kennedy, Paul Lewis, Jerome McGann, Helen McKenna-Uff, Steve Medeiros, Scott Peeples, Edward G. Pettit, Harry Lee "Hal" Poe, Jeffrey A. Savoye, Carole Shaffer-Koros e Rob Velella. Muitos complementaram nossas conversações enviando artigos, cópias de documentos e ilustrações úteis.

Durante meus mais de quarenta anos como crítico de cinema e televisão, houve muitas chances de entrevistar praticantes importantes no gênero terror. Muitas dessas oportunidades levaram a animadas conversas sobre as histórias de terror de Poe e sua importância para o campo do medo. Elas incluíam os falecidos Robert Bloch, Ray Bradbury, Wes Craven, Vincent Price e Anne Rice, assim como uma realeza reinante do terror como Stephen King.

Por suas visões perceptivas sobre Poe como escritor contratado, com foco específico em sua escrita sobre crimes, meus agradecimentos aos autores Mark Olshaker, Matthew Pearl e Daniel Stashower. Por sua orientação e competência em temas médicos, científicos e forenses com relação à morte de Poe, muito apreço ao especialista em tuberculose e doenças infecciosas dr. W. Henry Boom, ao ex-agente do FBI John Douglas, ao patologista forense Patrick Hansma, ao professor Stephen Macko ("o detetive do cabelo"), ao historiador médico dr. Steven J. Peizman e à professora de antropologia forense Linda B. Spurlock.

Sou também profundamente grato ao falecido Herb Moskovitz, da Filadélfia, por ter me enviado materiais e sugestões quando necessário. Agradeço também a Heather Cole, curadora da Harris Collection, John Hay Library, da Universidade Brown, por fornecer acesso a documentos requisitados bem como a uma cópia de alta resolução do daguerreótipo "Whitman" de Poe. Entre as muitas outras instituições que forneceram documentos e imagens: as coleções especiais da University of Virginia Library; a Philadelphia Free Library; o J. Paul Getty Museum; as Coleções Especiais da Fine Arts Library na Universidade Harvard; ao College of Physicians da Filadélfia; ao National Park Service; ao National Archives e à Biblioteca do Congresso.

O trabalho da Poe Studies Association e as cópias de *Edgar Allan Poe Review* são fontes-chave para qualquer um que estude a vida e obra do escritor. E um reconhecimento especial deve ser feito a eapoe.org, o infinitamente útil arquivo *on-line* de material da Edgar Allan Poe Society de Baltimore, mantido por Jeffrey A. Savoye. Quando vamos procurar por uma fonte ou citação, inúmeras vezes não nos desapontamos ao encontrá-la entre os vastos recursos de eapoe.org. Esse site foi consultado constantemente durante a escrita deste livro.

Agradecimentos por conselhos e respostas vão para Stephen S. Power, que sugeriu que eu escrevesse este livro, a extraordinária editora da St. Martin, Sarah Grill, e a agente especialista Charlotte Gusay.

E não há modo adequado de reconhecer a paciência, a compreensão e o apoio fornecido pela equipe familiar, minha esposa, Sara, e nossa filha, Becky. Sara nunca falhou em trazer Poe à vida em nossas execuções de seus contos e poemas, interpretando brilhantemente "Os Sinos", "A Máscara da Morte Rubra" e outros trabalhos. Essa é uma maravilhosa dose de inspiração. Ela e Becky são as guardiãs de meu coração revelador.

BIBLIOGRAFIA SELECIONADA

Biografias de Poe, estudos, trabalhos de referência e publicações relacionadas

Ackroyd, Peter. *Poe: A Life Cut Short*. Nova York: Nan A. Talese; Doubleday Publishing Group, 2008.

Allen, Hervey. *Israfel: The Life and Times of Edgar Allan Poe*. Nova York: Farrar & Rinehart, 1934.

Bittner, William. *Poe: A Biography*. Boston: Atlantic Monthly Press; Little, Brown and Company, 1962.

Bloom, Harold, org. *Bloom's Modern Critical Views: Edgar Allan Poe*. Edição atualizada. Nova York: Chelsea House Publishers, 2006.

Bloomfield, Shelley Costa. *The Everything Guide to Edgar Allan Poe*. Avon, MA: Adams Publishing, 2007.

Bondurant, Agnes M. *Poe's Richmond*. Richmond, VA: Garrett & Massie, 1942.

Carlson, Eric. W. *Critical Essays on Edgar Allan Poe*. Boston: G. K. Hall & Co., 1987.

Case, Keshia A. e Christopher P. Semtner. *Edgar Allan Poe in Richmond*. Charleston, SC: Arcadia Publishing, 2009.

Collins, Paul. *Edgar Allan Poe: The Fever Called Living*. Nova York: Houghton Mifflin Harcourt, 2014.

Connelly, Michael, org. *In the Shadow of the Master: Classic Tales and Essays by Jeffery Deaver, Nelson DeMille, Tess Gerritsen, Sue Grafton, Stephen King, Laura Lippman, Lisa Scottoline, and Thirteen Others*. Nova York: William Morrow, 2008.

Deas, Michael J. *The Portraits and Daguerreotypes of Edgar Allan Poe*. Charlottesville: University of Virginia Press, 1989.

Didier, Eugene L. *Life of Edgar A. Poe*. Nova York: W. J. Widdleton, 1877.

Foye, Raymond, org. *The Unknown Poe*. San Francisco: City Lights Books, 1980.

Gaylin, David F. *Edgar Allan Poe's Baltimore*. Charleston, SC: Arcadia Publishing, 2015.

Haining, Peter, org. *The Edgar Allan Poe Scrapbook*. Nova York: Schocken Books, 1978.

Hoffman, Daniel. *Poe Poe Poe Poe Poe Poe Poe*. Baton Rouge: Louisiana State University Press, 1998.

Hutchisson, James M. *Poe*. Jackson: University Press of Mississippi, 2005.

Ingram, John H. *Edgar Allan Poe: Life, Letters, and Opinions*. 2 vols. Londres: John Hogg, 1880.

Kennedy, J. Gerald. *Poe, Death, and the Life Writing*. New Haven, CT: Yale University Press, 1987.

Kennedy, J. Gerald, org. *A Historical Guide to Edgar Allan Poe*. Nova York: Oxford University Press, 2001.

Kennedy, J. Gerald e Scott Peeples, orgs. *The Oxford Handbook of Edgar Allan Poe*. Nova York: Oxford University Press, 2019.

Meyers, Jeffrey. *Edgar Allan Poe: His Life and Legacy*. Nova York: Charles Scribner's Sons, 1992.

Miller, John C. *Building Poe Biography*. Baton Rouge: Louisiana State University Press, 1977.

Montague, Charlotte. *Edgar Allan Poe: The Strange Man Standing Deep in the Shadows*. Nova York: Chartwell Books, 2015.

Ocker, Matthew. *Poe-Land: The Hallowed Haunts of Edgar Allan Poe*. Nova York: The Countryman Press, 2015.

Pearl, Matthew. *The Poe Shadow*. Nova York: Random House, 2006.

Peeples, Scott. *The Afterlife of Edgar Allan Poe*. Rochester, NY: Boydell & Brewer; Camden House, 2004.

Peeples, Scott. *The Man of the Crowd: Edgar Allan Poe and the City*. Princeton, NJ: Princeton University Press, 2020.

Phillips, Mary E. *Edgar Allan Poe: The Man*. Chicago: The John C. Winston Co., 1926.

Pope Hennessey, Una. *Edgar Allan Poe: A Critical Biography*. Londres: Macmillan, 1934.

Quinn, Arthur Hobson. *Edgar Allan Poe: A Critical Biography*. Baltimore: The Johns Hopkins University Press, 1998. Reimpressão da biografia de 1941.

Rein, David M. *Edgar A. Poe: The Inner Pattern*. Nova York: Philosophical Library, 1960.

Semtner, Christopher P. *Edgar Allan Poe's Richmond: The Raven in the River City*. Charleston, SC: History Press, 2012.

Silverman, Kenneth. *Edgar A. Poe: Mournful and Never-ending Remembrance*. Nova York: Harper Collins Publishers, 1991.

Sova, Dawn B. *Edgar Allan Poe A to Z*. Nova York: Facts On File, 2001.

Stashower, Daniel. *The Beautiful Cigar Girl: Mary Rogers, Edgar Allan Poe, and The Invention of Murder*. Nova York: Dutton, 2006.

Symons, Julian. *The Tell-Tale Heart: The Life and Works of Edgar Allan Poe*. Nova York: Penguin Books, 1981.

Thomas, Dwight e David K. Jackson. *The Poe Log: A Documentary Life of Edgar Allan Poe, 1809-1849*. Boston: G. K. Hall & Company, 1987.

Wagenknecht, Edward. *Edgar Allan Poe: The Man Behind the Legend*. Nova York: Oxford University Press, 1963.

Walsh, John Evangelist. *Midnight Dreary: The Mysterious Death of Edgar Allan Poe*. New Brunswick, NJ: Rutgers University Press, 1998.

Weiss, Susan Archer. *Home Life of Poe*. Nova York: Broadway Publishing Company, 1907.

Whitman, Sarah Helen. *Edgar Poe and His Critics*. Nova York: Rudd & Carleton, 1860.

Woodberry, George. *The Life of Edgar Allan Poe*. Boston: Houghton Mifflin, 1909.

Outros trabalhos

Ackroyd, Peter. *Dickens*. Nova York: HarperCollins Publishers, 1990.

Bloom, Harold, org. *Classic Horror Writers*. Nova York: Chelsea House Publishers, 1994.

Douglas, John e Mark Olshaker. *Mindhunter: Inside the FBI's Elite Serial Unit*. Nova York: Gallery Books, 2017.

Epstein, Norrie. *The Friendly Dickens*. Nova York: Viking, 1998.

Johnson, Edgar. *Charles Dickens: His Tragedy and Triumph*. Nova York: Simon & Schuster, 1952.

King, Stephen. *Danse Macabre*. Nova York: Everest House, 1981.

King, Stephen. *On Writing*. Nova York: Scribner, 2000.

Pearson, Hesketh. *Dickens*. Londres: Methuen & Company, 1949.

Pope-Hennessy, Una. *Charles Dickens*. Nova York: Howell, Soskin, Publishers, 1946.

Price, Victoria. *Vincent Price: A Daughter's Memoir*. Nova York: St. Martin's Press, 1999.

Schroth, Raymond A. *Fordham: A History and Memoir*. Nova York: Fordham University Press, 2008. Edição revisada.

Stashower, Daniel. *Teller of Tales: The Life of Arthur Conan Doyle*. Nova York: Henry Holt and Company.

NOTAS E FONTES

As citações estão ligadas a frases no texto. Citações completas são dadas por informações ou menções de livros, artigos e material de arquivo. Contudo, mais de cinquenta entrevistas foram conduzidas para este livro com especialistas de vários campos, incluindo estudos sobre Poe e diversas disciplinas forenses. A seguir, os últimos nomes são usados para os temas de entrevista mais frequentemente citados:

ARMIENTO: Amy Branam Armiento, professora de inglês na Frostburg State University e ex-presidente da Poe Studies Association. Entrevista por telefone gravada em 23 de setembro de 2020.

BLOCH: Robert Bloch, escritor de terror mais conhecido pelo romance *Psycho*. Entrevista presencial gravada no Hyatt Regency Hotel, Crystal City, Virgínia, em 29 de maio de 1993.

BOOM: W. Henry Boom, médico da Case Western Reserve University, School of Medicine; chefe da Division of Infectious Diseases and HIV Medicine; diretor da Tuberculosis Research Unit; professor no Department of Molecular Biology and Microbiology. Entrevista por telefone gravada em 1º de outubro de 2020.

BRADBURY: Ray Bradbury, autor de fantasia, ficção científica e horror. Entrevista por telefone gravada em Los Angeles, Califórnia, em 1º de outubro de 1991.

CRAVEN: Wes Craven, diretor e roteirista, especializado em filmes de terror e horror. Entrevista presencial gravada no Ritz-Carlton Huntington Hotel, Pasadena, Califórnia, em 10 de julho de 2006.

DEAS: Michael Deas, pintor, ilustrador e autor de *The Portraits & Daguerreotypes of Edgar Allan Poe*. Entrevista por telefone gravada em 8 de dezembro de 2020.

DOUGLAS: John Douglas, ex-agente do FBI, o pioneiro do perfilamento criminal da Instituição e um dos criadores do *Crime Classification Manual* e coautor de *Mindhunter: Inside the FBI's Elite Serial Crime Unit*. Respostas de entrevista por e-mail em 19 de julho de 2021.

EDDINGS: Dennis Eddings, estudioso de Poe e Mark Twain, professor emérito de humanidades na Western Oregon University. Respostas de entrevista por e-mail em 25 de novembro de 2019.

HANSMA: Patrick Hansma, patologista forense em tempo integral, em Michigan, estudioso de Poe e autor de *The Grave Below*. Entrevistas por telefone gravadas em 17 de abril de 2021 e 4 de maio de 2021.

HUTCHISSON: James M. Hutchisson, professor de literatura americana e de estudos sulistas na Citadel e autor de *Poe*. Entrevista por telefone gravada em 28 de setembro de 2020.

JANG: Enrica Jang, diretora executiva da Poe Baltimore e do Edgar Allan Poe House & Museum. Entrevista por telefone gravada em 24 de novembro de 2020.

JEROME: Jeff Jerome, estudioso da Baltimore Poe e ex-curador do Edgar Allan Poe House & Museum. Entrevista por telefone gravada em 10 de setembro de 2020.

KENNEDY: J. Gerald Kennedy, professor de inglês na Louisiana State University, autor de *Poe, Death, and the Life of Writing* e editor de *A Historical Guide to Poe* e *The Portable Edgar Allan Poe*. Entrevista por telefone gravada em 12 de agosto de 2020.

KING: Stephen King, escritor do gênero terror. Entrevista por telefone gravada em 7 de maio de 2004.

LEWIS: Paul Lewis, professor de inglês na Boston College e ex-presidente da Poe Studies Association. Entrevista por telefone gravada em 8 de setembro de 2020.

MACKO: Stephen Macko, professor na Universidade da Virgínia, Charlottesville, cujas áreas de especialidade incluem bioquímica, química orgânica marinha, geoquímica do isótopo estável, geometria do isótopo e análise isotópica de cabelo (conhecido como "o detetive do cabelo"). Entrevista por telefone gravada em 25 de novembro de 2019.

McGANN: Jerome McGann, professor emérito do Departamento de Inglês da Universidade da Virgínia e autor de *The Poet Edgar Allan Poe: Alien Angel*. Entrevista por telefone gravada em 20 de outubro de 2020.

McKENNA-UFF: Helen McKenna-Uff, ex-guarda aposentada do Serviço Nacional de Parques do Edgar Allan Poe National Historic Site e do Independence Park, Filadélfia. Entrevista por telefone gravada em 24 de abril de 2020.

MEDEIROS: Steve Medeiros, estudioso de Poe e ex-guarda do Serviço Nacional de Parques designado para o Edgar Allan Poe National Historic Site, na Filadélfia. Entrevista por telefone gravada em 6 de agosto de 2020.

OLSHAKER: Mark Olshaker, romancista, autor de não ficção, cineasta vencedor do Emmy. Entrevista por telefone gravada em 18 de setembro de 2020.

PEARL: Matthew Pearl, romancista cujos trabalhos incluem *The Poe Shadow* e *The Dante Club*. Entrevista por telefone gravada em 6 de outubro de 2020.

PEEPLES: Scott Peeples, professor do College of Charleston, autor de *The Man of the Crowd: Edgar Allan Poe and the City* e coeditor de *The Oxford Handbook of Edgar Allan Poe*. Entrevista por telefone gravada em 1º de outubro de 2020.

PEITZMAN: Steven J. Peitzman, médico da FACP, professor de medicina e de história médica, Drexel University College of Medicine. Entrevista por telefone gravada em 6 de setembro de 2020.

PETTIT: Edward G. Pettit, estudioso de Poe, administrador de programas públicos do Rosenbach Museum, na Filadélfia. Entrevista por telefone gravada em 31 de julho de 2020.

POE: Harry Lee "Hal" Poe, um primo de Edgar A. Poe, professor na Union University, autor de *Edgar Allan Poe: An Illustrated Companion to His Tell-Tale Stories* e *Evermore: Edgar Allan Poe and the Mystery of the Universe*. Entrevista por telefone gravada em 23 de julho de 2020.

PRICE: Vincent Price, ator conhecido por leituras de Poe e por aparecer em filmes de terror baseados nas obras de Poe. Entrevista presencial gravada no Beverly Hills Hotel, Califórnia, em janeiro de 1985.

RICE: Anne Rice, romancista cujos *best-sellers* incluem *Entrevista com o Vampiro*, *O Vampiro Lestat* e *A Rainha dos Condenados*. Entrevista presencial gravada no Ritz-Carlton Hotel, Cleveland, Ohio, em 8 de novembro de 1993.

SAVOYE: Jeffrey A. Savoye, secretário, tesoureiro e *webmaster* da Edgar Allan Poe Society de Baltimore, e editor de *The Collected Letters of Edgar Allan Poe*. Entrevista por telefone gravada em 11 de setembro de 2020.

SEMTNER: Chris Semtner, curador do Edgar Allan Poe Museum, em Richmond, e autor de *Edgar Allan Poe's Richmond: The Raven in the River City*. Entrevistas por telefone gravadas em 20 de setembro de 2019 e em 18 de setembro de 2020.

SHAFFER-KOROS: Carole Shaffer-Koros, estudiosa de Poe, professora de inglês e enfermeira registrada. Entrevista por telefone gravada em 12 de outubro de 2020.

SPURLOCK: Linda B. Spurlock, professora de antropologia na Kent State University, cujas especialidades incluem antropologia forense, ciência biomédica e arte forense. Entrevista realizada em 21 de agosto de 2021.

STASHOWER: Daniel Stashower, romancista e autor de trabalhos de não ficção como *The Beautiful Cigar Girl: Mary Rogers, Edgar Allan Poe, and the Invention of Murder* e *Teller of Tales: The Life of Arthur Conan Doyle*. Entrevista por telefone gravada em 2 de outubro de 2020.

VELELLA: Rob Velella, estudioso independente e historiador literário. Entrevista por telefone gravada em 24 de novembro de 2020.

Citações dos contos, poemas, crítica, artigos jornalísticos, ensaios e cartas são das edições-padrão, bem como textos disponíveis em eapoe.org (Edgar Allan Poe Society de Baltimore):

The Complete Works of Edgar Allan Poe, org. James A. Harrison, 17 vols. (Nova York: T. Crowell, 1902; reimpressa em 1965 por AMS Press).

The Collected Works of Edgar Allan Poe, ed. Thomas A. Mabbott, 3 vols. (Cambridge, MA: Belknap Press of Harvard University, 1969-77; série continuada na *The Collected Writings of Edgar Allan Poe*, com cinco volumes editados por Burton R. Pollin).

The Collected Letters of Edgar Allan Poe, orig. ed. John Ward Ostrom; revisada, corrigida e expandida por Burton R. Pollin e Jeffrey A. Savoye (Nova York: The Gordian Press, 2008).

14 "congestão cerebral" – James M. Hutchisson, Poe (Jackson: University Press of Mississippi, 2005). O autor resume termos citados na morte de Poe, pp. 246-47.

14 "Senhor, ajudai minha pobre alma!" – Carta de John J. Moran a Maria Clemm, 15 de novembro de 1849, Enoch Pratt Library. Muitos dos detalhes fornecidos à tia e sogra de Poe nessa carta de 1849 diferem daqueles em uma descrição de 28 de outubro de 1875 de Moran, publicada no *New York Herald* sob o título "Registros Oficiais sobre a Morte de Edgar A. Poe", p. 4, cols. 1-3. Ambos os documentos podem ser vistos em eapoe.org, o site da Edgar Allan Poe Society de Baltimore.

15 "Eu estaria milionário se ganhasse" – MEDEIROS.

15 "Sua biografia não começa realmente onde" – PEARL.

16 "objetos espectrais e imaginários" – Carta de Moran a Maria Clemm, 15 de novembro de 1849.

16 "É quase como se um publicitário interviesse" – MEDEIROS.

18 "Edgar Allan Poe está morto. Morreu em Baltimore" – Rufus W. Griswold, "Death of Edgar A. Poe", *New-York Daily Tribune*, 9 de outubro de 1849, p. 2, cols. 3-4. O texto inteiro pode ser visto em eapoe.org, o site da Edgar Allan Poe Society de Baltimore.

19 "um vampiro pedagógico" – Charles Baudelaire, *Edgar Allan Poe: His Life and Works* (1856): tradução inglesa em *The Unknown Poe*, org. Raymond Foye (San Francisco: City Lights Books, 1980), p. 81.

19 "O dano que esse artigo provocou à reputação de Poe foi incalculável" – Arthur Hobson Quinn, *Edgar Allan Poe: A Critical Biography* (Baltimore: The Johns Hopkins University Press, 1998, reimpressão da biografia de 1941), p. 647.

20 "Poe certamente se baseou em sua vida e experiências" – PEEPLES.

21 "Alunos do sétimo ano podem se identificar intensamente com Poe" – KENNEDY.

23 "A imagem gótica de Poe pode ser limitante" – KENNEDY.

23 "Quase não há relação entre o mito e o homem" – POE.

24 "A imagem popular de Poe é tão despropositada" – EDDINGS.

25 "O louco uivando para a lua foi invenção de Griswold" – POE.

25 "A imagem de Poe foi terrivelmente exagerada e distorcida" – BLOCH.

26 "Vá a uma convenção de horror" – JANG.

26 "Poe também desfruta o momento quando alguém se envolve na piada" – LEWIS.

27 "Uma razão para isso é que lidamos com nossos pesadelos" – KING.

27 "O apelo de Poe era irresistível" – BRADBURY.

28 "No meu percurso, li todos esses caras" – Pamela Staik, "Stephen King Makes an Impression at Big Read Kickoff", *Charlotte Sun*, 25 de março de 2010.

28 "Ouvia sua voz e era atraída em direção a ela" – RICE.

30 "Ele era atraído para temas melancólicos e macabros" – PETTIT.

31 Há oito fotografias conhecidas de Poe – Michael J. Deas, *The Portraits and Daguerreotypes of Edgar Allan Poe* (Charlottesville: University of Virginia, 1989). Deas identifica todos os retratos e imagens fotográficas conhecidos de Poe, detalhando as histórias de cada um e o trabalho artístico derivado deles.

31 "Há uma qualidade etérea nos últimos daguerreótipos" – DEAS.

32 "Poe foi um escritor incrivelmente prolífico e muito trabalhador" – PEARL.

32 "A imagem favorita de Poe é a de uma face pastosa e gargalhando" – McKENNA-UFF.

34 "nenhuma parte daquela sentença é verdadeira" – SEMTNER.

34 "Em torno de seu nome se acumulou uma massa de rumor" – Quinn, *Edgar Allan Poe: A Critical Biography*, p. xix.

35 "Isso vale para sua morte em grande medida, mas" – SAVOYE.

35 "Há esse arco de refinamento com Poe" – PEEPLES.

36 "Há muitas situações em que Poe é" – JEROME.

37 "Não tema por Eddy" – George Woodberry, *The Life of Edgar Allan Poe: Personal and Literary* (Boston: Houghton Mifflin Company, 1909), vol. 2, p. 309.

"ABATIDO E EXAUSTO"

39 "abatida e exausta" – John Sartain, "Reminiscences of Edgar Allan Poe", Lippincott's 43, nº 3 (março de 1889): p. 413. O texto inteiro pode ser visto em eapoe.org, o site da Edgar Allan Poe Society de Baltimore.

40 "Estou prestes a me envolver com o mundo das Letras" – Edgar Allan Poe, carta a John R. Thompson, 13 de janeiro de 1849.

40 "Literatura é a mais nobre das profissões" – Edgar Allan Poe, carta a Frederick W. Thomas, 14 de fevereiro de 1849.

41 "Estou repleto de premonições lúgubres" – Edgar Allan Poe, carta a Annie Richmond, datada após 5 de maio de 1849.

42 "Ele havia corrido em minha direção temendo por sua vida" – Sartain, "Reminiscences of Edgar Allan Poe", p. 413.

42 "Não o deixei perceber que havia notado" – Sartain, "Reminiscences of Edgar Allan Poe", p. 413.

43 "Isso poderia ser verdade? Se é" – John Evangelist Walsh, *Midnight Dreary: The Mysterious Death of Edgar Allan Poe* (New Brunswick, NJ: Rutgers University Press, 1998), pp. 76-85.

43 "é o brilho súbito da realidade" – Walsh, *Midnight Dreary*, p. 114.

45 A preponderância das probabilidades e de lógica coloca Poe na Filadélfia – Dwight Thomas e David K. Jackson, *The Poe Log: A Documentary Life of Edgar Allan Poe, 1809-1849* (Boston: G. K. Hall & Company, 1987), pp. 812-13.

45 "Se eu removesse esse bigode" – Sartain, "Reminiscences of Edgar Allan Poe", p. 413.

46 Era um local popular de recreação – Kenneth Silverman, *Edgar A. Poe: Mournful and Never-ending Remembrance* (Nova York: HarperCollins Publishers, 1991), p. 416.

46 "Nesse lugar, havia luz o suficiente, principalmente a" – Sartain, "Reminiscences of Edgar Allan Poe", p. 414.

47 "Fui preso uma vez desde" – Edgar Allan Poe, carta a Maria Clemm, 7 de julho de 1849.

48 "o que leva muitos para lá por algumas horas apenas" – Sartain, "Reminiscences of Edgar Allan Poe", p. 415.

48 Em uma teoria que tenta reconciliar a linha do tempo – Jeffrey Meyers, *Edgar Allan Poe: His Life and Legacy* (Nova York: Charles Scribner's Sons, 1992), p. 245.

"DA ÉPOCA DA INFÂNCIA"

53 "Nascido em janeiro de 1811" – Edgar Allan Poe, "Memorandum" [Nota Autobiográfica], 29 de maio de 1841 (reproduzida em várias coleções, a versão completa de Poe pode ser vista em eapoe.org).

54 "uma das mais antigas e respeitáveis" – Edgar Allan Poe, "Memorandum" [Nota Autobiográfica], 29 de maio de 1841.

55 "de seus próprios meios limitados me deu" – memórias de David Poe pai, de Lafayette, citado em Quinn, *Edgar Allan Poe: A Critical Biography*, p. 18.

56 David estreou nos palcos em 1º de dezembro de 1803 – Quinn, *Edgar Allan Poe: A Critical Biography*, pp. 19-20. A biografia de Quinn apresenta uma sinopse sobre o início da carreira teatral de David Poe.

59 "Quando ponderamos sobre de onde a escrita veio" – SHAFFER-KOROS.

61 "muito bonitas, ativas e brincalhonas" – Susan Archer Weiss, "The Sister of Edgar A. Poe", *Continent* 3, nº 6 (27 de junho de 1883): recordações das crianças Poe, pp. 816-17.

62 Uma forma singular predomina aqui nesta temporada – J. B. Hubbell, "Poe's Mother", *William and Mary Quarterly* 21 (julho de 1941): pp. 250-54.

63 "O escritor deste artigo é filho" – Edgar Allan Poe, "The Drama", *The Broadway Journal*, 19 de julho de 1845.

64 "Olhamos para sua vida e carreira, e vemos" – HUTCHISSON.

64 "Richmond permaneceu muito cara a ele" – HUTCHISSON.

66 "Sendo dependente de John Allan" – Kenneth Silverman, *Edgar A. Poe: Mournful and Never-ending Remembrance* (Nova York: HarperCollins Publishers, 1991), p. 11.

67 "um pequenino encantador, com cachos negros" – Eugene L. Didier, *Life of Edgar A. Poe* (Nova York: W. J. Widdleton, 1877), p. 28.

67 "menino de face rosada" – Didier, *Life of Edgar A. Poe*, p. 29.

69 "os privilégios do fogo para tostar uma fatia de bacon" – Quinn, *Edgar Allan Poe: A Critical Biography*, p. 65.

69 "inteligente, obstinado e teimoso" – William Elijah Hunter, "Poe and His English Schoolmaster", *Athanaeum*, 19 de outubro de 1878, p. 497.

70 "Eles estão vivendo próximo ao Museu Britânico" – KENNEDY.

72 "um solteiro irlandês temperamental e pedante" – Jeffrey Meyers, *Edgar Allan Poe: His Life and Legacy* (Nova York: Charles Scribner's Sons, 1992), p. 14.

72 "escreviam meros versos mecânicos, Poe fazia poesia genuína" – Didier, *Life of Edgar A. Poe*, p. 30.

72 Quanto à disposição e caráter de Edgar como um menino – Quinn, *Edgar Allan Poe: A Critical Biography*, p. 83. Excertos da carta de Clarke publicados na biografia escrita por Quinn.

73 "o corredor mais rápido, o melhor boxeador" – Didier, *Life of Edgar A. Poe*, p. 32.

73 "Na época, Poe tinha uma aparência frágil" – Didier, *Life of Edgar A. Poe*, p. 34.

75 Na época de que falo, Richmond era uma – John H. Ingram, *Edgar Allan Poe: Life, Letters, and Opinions* (Londres: John Hogg, 1880), p. 24.

79 "Essa senhora, ao entrar na sala, pegou sua mão" – Sarah Helen Whitman, *Edgar Poe and His Critics* (Nova York: Rudd & Carleton, 1860), p. 49.

81 "um belo menino" – Quinn, *Edgar Allan Poe: A Critical Biography*, p. 91.

83 Poe, diziam, gostava – Quinn, *Edgar Allan Poe: A Critical Biography*, p. 108.

"MORREREI"

86 "Certamente, parece que em algum momento ele foi tratado para cólera" – MACKO.

88 "Penso que os sintomas sugerem algum tipo de" – PEEPLES.

90 "Ele está rejuvenescido como poeta no fim" – PEEPLES.

90 "Quando bebia, a primeira gota o enlouquecia" – George Lippard, "Edgar Allan Poe", *Quaker City* (Filadélfia) 2, nº 5, outubro de 1849.

91 "Ele subiu furtivamente as escadas, como se consciente" – George Lippard, "Edgar A. Poe", *Dodge's Literary Museum* 9, nº 20 (21 de outubro de 1854): pp. 315-16.

93 "Ele segurou nossa mão por um longo tempo" – Lippard, "Edgar Allan Poe", *Quaker City*.

93 "Eles nunca mais o veriam" – Lippard, "Edgar A. Poe", *Dodge's Literary Museum*.

"SALVE-ME DA DESTRUIÇÃO"

98 "O que muitas pessoas não entendem é que Poe" – HANSMA.

99 "encorajava independência, mas se ressentia da individualidade" – Kenneth Silverman, *Edgar A. Poe: Mournful and Never-ending Remembrance* (Nova York: HarperCollins Publishers, 1991), p. 44.

104 "Poe se afligia facilmente por qualquer piada a seu respeito" – Thomas W. Gibson, "Poe at West Point", *Harper's New Monthly Magazine*, novembro de 1867, p. 754.

109 "Foi recebida com uma expressão geral de desgosto" – Gibson, "Poe at West Point", p. 755.

110 "Eles eram muito pobres, mas tudo era limpo e encerado" – Augustus Van Cleef, "Poe's Mary", *Harper's Monthly* 78 (março de 1889): p. 635.

113 "Há muitas pessoas escrevendo esse tipo de coisas" – PEEPLES.

114 "ele havia encontrado sua verdadeira vocação" – Peter Ackroyd, *Poe: A Life Cut Short* (Nova York: Nan A. Talese; The Doubleday Publishing Group, 2008), p. 57.

114 "A ideia de família escolhida é mais moderna" – JANG.

118 "estavam completamente despreparados" – Dwight Thomas e David K. Jackson, *The Poe Log: A Documentary Life of Edgar Allan Poe*, 1809-1849 (Boston: G. K. Hall & Company, 1987), p. 132.

119 Sua figura era notavelmente boa, e ele se conduzia – Arthur Hobson Quinn, *Edgar Allan Poe: A Critical Biography* (Baltimore: The Johns Hopkins University Press, 1998, reimpressão da biografia de 1941), p. 204.

121 "Acho que a dinâmica com John Allan estava condenada" – HUTCHISSON.

122 "em um estado de fome" – Quinn, *Edgar Allan Poe: A Critical Biography*, p. 208.

125 "Richmond sempre desempenhou um papel-chave" – PEEPLES.

129 "que você superou inteiramente seu desalento" – Thomas e Jackson, *The Poe Log*, p. 191.

130 "Eu nunca esquecerei meus sentimentos" – Quinn, *Edgar Allan Poe: A Critical Biography*, p. 634.

"FEBRE CONSIDERÁVEL"

132 "atitude de Poe foi tranquila e graciosa" – Susan A. T. Weiss, "The Last Days of Edgar A. Poe", *Scribner's Magazine* (março de 1878): p. 708.

134 "Ele tinha problema com a bebida" – EDDINGS.

134 "Há anos de sobriedade para Poe" – JANG.

134 "O que me incomoda muito é o modo como trataram" – PEARL.

135 "Está claro que Poe bebia, mas também está claro" – STASHOWER.

136 "Como, então, aconteceu que, durante um contato íntimo" – Lambert A. Wilmer, "Recollections of Edgar A. Poe", *Baltimore Daily Commercial*, 23 de maio de 1866, p. 1.

136 "A palestra desse cavalheiro talentoso" – Thomas e Jackson, *The Poe Log*, revisões de trechos escolhidos da palestra de Poe em Richmond, pp. 826-27.

138 "Estou inteiramente preparada para *amar* você" – Arthur Hobson Quinn, *Edgar Allan Poe: A Critical Biography* (Baltimore: The Johns Hopkins University Press, 1998, reimpressão da biografia de 1941), p. 634.

141 "Notei que Poe não tinha um manuscrito" – Susan Archer Weiss, *Home Life of Poe* (Nova York: Broadway Publishing Company, 1907), pp. 199-201.

141 "Ele declarou que as últimas semanas" – Weiss, *Home Life of Poe*, pp. 713-14.

143 "Na noite anterior à sua partida de Richmond" – Quinn, *Edgar Allan Poe: A Critical Biography*, p. 636.

143 "Estávamos de pé no pórtico" – Weiss, *Home Life of Poe*, p. 714.

"EXTREMIDADE DO TERROR"

145 "Ele era inquestionavelmente de uma disposição afetuosa" – Lambert A. Wilmer, "Recollections of Edgar A. Poe", *Baltimore Daily Commercial*, 23 de maio de 1866, p. 1.

147 "Você quer saber o que fez de Poe um mestre" – PRICE.

148 "Esse não é um escritor diferente trabalhando gêneros diversos" – LEWIS.

149 "O nível de detalhe e especificidade em algumas dessas críticas" – HUTCHISSON.

149 "Todo mundo quer Poe no seu time" – PEEPLES.

149 "Ele foi o maior crítico jornalístico de sua época" – George Bernard Shaw, "Edgar Allan Poe", *The Nation*, 16 de janeiro de 1909, p. 601.

152 "Ele também tinha muitos inimigos por ser um crítico" – POE.

152 "fustigar a letargia, que sempre merece ser fustigada" – Thomas e Jackson, *The Poe Log*, p. 185.

153 "Poe foi um grande crítico do nacionalismo americano" – KENNEDY.

154 "Por mais elevados que considere os talentos do sr. Poe" – Thomas e Jackson, *The Poe Log*, p. 236.

156 "Ele sempre teve o ar de um cavalheiro da Virgínia" – SEMTNER.

156 "É preciso considerar a sulinidade de Poe" – HUTCHISSON.

157 "Tenho sentimentos um tanto conflitantes sobre tudo o que se relaciona à identidade sulista" – PEEPLES.

157 "Fala-se muito que Poe se considerava um cavalheiro sulista" – ARMIENTO.

158 Poe morre bem no início do inevitável movimento na direção – KENNEDY.

160 "Poe parecia não entender o que faz um grande romance" – PETTIT.

160 "Ele trabalhou de maneira intensa e severa para se tornar" – Wilmer, "Recollections of Edgar A. Poe", p. 1.

161 "Com razão, é claro" – PETTIT.

161 "Poe perdeu todas essas mulheres que significavam tanto para ele" – ARMIENTO.

163 "A sra. Poe era uma dama delicada" – Thomas Dunn English, "Reminiscences of Poe [Parte 2]", *Independent* (Nova York), 22 de outubro de 1896, p. 1415 (texto disponível em eapoe.org).

164 "Poe não era santo, e nem sempre era fácil estar perto dele" – PEARL.

164 "Se você pudesse olhar pelo olho-mágico" – MEDEIROS.

165 "E Poe não resistiu" – KING.

166 "Poe era brilhante não porque tinha o poder" – CRAVEN.

166 "Sim, ele estava escrevendo para uma audiência e para sobreviver" – SAVOYE.

169 "Seus inimigos, e Poe não tinha poucos, eram rápidos" – PETTIT.

172 "Poe era mais do que apenas um escritor de terror" – KENNEDY.

174 "Poe está sempre tentando resolver mistérios" – LEWIS.

174 "Houve alguma crítica após 'Os Assassinatos da Rua Morgue'" – STASHOWER.

175 "nossos antecedentes, de fato, remontam à ficção criminal" – DOUGLAS.

176 "É realmente um caso de vida imitando a arte" – OLSHAKER.

176 "Se Poe tivesse sido um jogador de beisebol" – PETTIT.

178 "Eles viviam em uma casa geminada a várias outras em frente a um lote para dejetos de esgoto" – McKENNA-UFF.

"EXAUSTO E DOENTE"

179 "Mesmo uma pequena quantidade de álcool tinha um terrível impacto sobre ele" – SAVOYE.

180 "A única coisa da qual estamos certos é de nossa incerteza" – MEDEIROS.

180 "Rebeliões surgiam de maneira instantânea" – JEROME.

181 "Se estivesse bebendo e incapacitado" – JANG.

183 Quando entrei no salão do bar da casa – J. E. Snodgrass, "Death and Burial of Edgar A. Poe", *Life Illustrated*, 17 de maio de 1856, p. 24.

184 "Os fatos do caso são simplesmente estes: Na terça-feira" – Joseph Evans Snodgrass, "The Facts of Poe's Death and Burial", *Beadle's Monthly* (maio de 1867): p. 283 (texto postado em eapoe.org, o site da Edgar Allan Poe Society de Baltimore).

185 "*Cooping* é explicação típica de Baltimore" – JANG.

185 "Sem dúvida, a teoria do *cooping* é persuasiva" – ARMIENTO.

185 "O detalhe que sempre me fascina é que ele foi encontrado" – STASHOWER.

185 "Ser vítima do *cooping* não teria provocado sua morte" – SEMTNER.

"PERSEGUIDO PELO HORROR"

188 "o mestre do mistério deduziu a identidade do assassino" – Norrie Epstein, *The Friendly Dickens* (Nova York: Viking, 1998), p. 139.

189 "era característico de Poe que podia sempre encontrar" – Hervey Allen, *Israfel: The Life and Times of Edgar Allan Poe* (Nova York: Farrar & Rinehart, 1934), p. 424.

192 "a morbidade do tema" – Una Pope-Hennessy, *Charles Dickens* (Nova York: Howell, Soskin, Publishers, 1946), p. 172.

192 "O elemento em Dickens que originou as sinistras ilusões" – Edgar Johnson, *Charles Dickens: His Tragedy and Triumph* (Nova York: Simon & Schuster, 1952), pp. 396-97.

193 "um romancista que se deleitava em criar mistérios em sua ficção" – Peter Ackroyd, *Dickens* (Nova York: HarperCollins Publishers, 1990), p. 359.

193 "o horrífico, o sentimental e o detetivesco" – Julian Symons, *The Tell-Tale Heart: The Life and Works of Edgar Allan Poe* (Nova York: Penguin Books, 1981), p. 184.

194 "Algumas pessoas sugeriram que a vida de Poe foi um tipo de torção irônica" – SAVOYE.

195 Li, com grande interesse, suas observações ocasionais sobre minhas produções – Carta de 17 de junho de 1846 de Nathaniel Hawthorne, reproduzida em George E. Woodberry, *The Life of Edgar Allan Poe: Personal and Literary* (Boston: Houghton Mifflin Company, 1909), pp. 211-12.

195 "pareciam ser prover o conforto" – George Rex Graham, citado em John H. Ingram, *Edgar Allan Poe: His Life, Letters, and Opinions* (Londres: John Hogg; Paternoster Row, 1880), p. 217.

197 "Seus modos eram agradáveis e graciosos" – Frederick William Thomas, "Recollections of Edgar A. Poe" (notas manuscritas em eapoe.org).

197 "com quem tinha influência" – Charles Dickens (carta, 27 de novembro de 1842, em: eapoe.org).

201 "Os seis anos na Filadélfia" – Arthur Hobson Quinn, *Edgar Allan Poe: A Critical Biography* (Baltimore: Johns Hopkins University Press, 1998. Reimpressão da biografia de 1941), p. 403.

203 "um degrau muito abaixo" – Nathaniel Parker Willis, "Letter About Edgar Allan Poe", *Home Journal*, 30 de outubro de 1858, p. 2 (texto postado em eapoe.org, o site da Edgar Allan Poe Society de Baltimore).

204 "uma pessoa quieta, paciente, diligente e muito cortês" – Arthur Hobson Quinn, *Edgar Allan Poe: A Critical Biography* (Baltimore: The Johns Hopkins University Press, 1998. Reimpressão da biografia de 1941), p. 434.

204 "São esses tipos de descrições de Poe" – HUTCHISSON.

205 "Ele com certeza escreveu o poema que quebrou todos os recordes" – LEWIS.

208 "Toda essa animosidade para com Longfellow é, ao menos em parte" – HUTCHISSON.

209 "Sem dúvida, Longfellow é um príncipe" – LEWIS.

209 "Ele ataca, estupidamente, Longfellow por plágio" – PETTIT.

211 "Poe se via como um pária" – KENNEDY.

212 "Assim, é muito claro, nesse ponto, que ele não odeia" – LEWIS.

214 "Tudo parece estar indo de mal a pior" – HUTCHISSON.

218 Certa vez fui à cidade no mesmo trem – Memória de Augustine O'Neil citada em John H. Birss, "Poe in Fordham: A Reminiscence", *Notes and Queries*, 18 de dezembro de 1937.

219 "O chalé tinha um ar de discrição e polidez" – James A. Harrison, *Complete Works of E.A. Poe* (1902), vol. 1: *Biography*, cap. 12, p. 261.

222 "uma grande bênção" – John H. Ingram, *Edgar Allan Poe: His Life, Letters, and Opinions* (Londres: John Hogg, 1880), vol. 2, p. 112.

223 "ele sempre amou você" – Augustus Van Cleef, "Poe's Mary", *Harper's Monthly* 78 (março de 1889): p. 639.

225 "muito abusivo e ingrato em ocasiões anteriores" – J. E. Snodgrass, "E. A. Poe's Death and Burial", *Spiritual Telegraph* (Nova York) 4, nº 39 (26 de janeiro de 1856): p. 155 (texto postado em eapoe.org, o site da Edgar Allan Poe Society de Baltimore).

225 "meros murmúrios era tudo que se ouvia" – Snodgrass, "E. A. Poe's Death and Burial", p. 155.

227 "Quando trazido ao hospital estava inconsciente de sua condição" – Carta de J. J. Moran a Maria Clemm, 15 de novembro de 1849, impressa em *Life and Letters of Edgar Allan Poe*, org. James A. Harrison (1903), p. 335.

228 "Logo vimos que ele era um cavalheiro; e, como nossa família" – Recordações de Mary O. Moran impressas em *Life and Letters of Edgar Allan Poe*, org. James A. Harrison (1903), p. 337.

229 "foi, de imediato, colocado em um quarto privado, cuidadosamente despido" – John J. Moran, "Official Memoranda of the Death of Edgar A. Poe", *New York Herald*, 28 de outubro de 1875, p. 4.

232 "Moran entra para o circuito de palestras, redirecionando-se..." – SHAFFER-KOROS.

233 "É praticamente certo que não foi raiva" – SAVOYE.

233 "Não há registro de uma mordida de um animal" – SHAFFER- KOROS.

234 Donnay observou que Poe sofria de muitos dos sintomas físicos e mentais. – "Edgar Allan Poe and The Tell-Tale Face of Carbon Monoxide Poisoning", site Multiple Chemical Sensitivity, mcsrr.org.

234 Pesquisadores do departamento federal de patologia ambiental e toxicológica – "Test Results of Edgar Allan Poe's Hair", eapoe.org, atualizado em 3 de setembro de 2020.

235 "Edgar viveu mais dois anos e meio, e a testagem" – SEMTNER.

236 "O cabelo é o registro de longo prazo, de modo que o que quer que o tenha matado" – MACKO.

236 "Não havia evidências de poluentes orgânicos que fossem significativamente mais elevados" – MACKO.

236 "Há todas aquelas descrições românticas sobre ele sobreviver" – SEMTNER.

236 "Não podemos resolvê-la usando esses testes, mas não podemos" – MACKO.

237 "Tão logo soube que fora levado à faculdade, fui até lá" – Neilson Poe, 11 de outubro de 1849. Carta a Maria Clemm, impressa em Arthur Hobson Quinn, *Edgar Allan Poe: A Critical Biography* (Baltimore: The Johns Hopkins University Press, 1998. Reimpressão da biografia de 1941), pp. 642-43.

238 “Quando retornei, encontrei-o em um violento delírio” – Carta de J. J. Moran a Maria Clemm, 15 de novembro de 1849.

238 “Ele vai morrer; ele está morrendo agora” – John J. Moran, *A Defense of Edgar Allan Poe* (Washington, DC: William F. Boogher, 1885), p. 71 (texto postado em eapoe.org, o site da Edgar Allan Poe Society de Baltimore).

“DIFICILMENTE SOBREVIVEREI UM ANO”

241 “Escrevo para dizer que os remédios vieram no trem” – John H. Ingram, *Edgar Allan Poe: His Life, Letters, and Opinions* (Londres: John Hogg, 1880), vol. 2, p. 111.

241 Fiz meu diagnóstico e fui ao grande doutor – Ingram, *Edgar Allan Poe*, vol. 2, p. 115.

243 Era de manhã bem cedo quando chegamos ao terminal – Mary Elizabeth LeDuc (nascida Bronson), “Recollections of Edgar A. Poe”, *Home Journal*, 21 de julho de 1860, p. 3 (texto postado em eapoe.org, o site da Edgar Allan Poe Society de Baltimore).

244 “parecia muito inconsistente com o caráter sombrio e grotesco” – Ingram, *Edgar Allan Poe*, p. 123.

249 “Não podemos desconsiderar ‘Eureka’ completamente, mas suas afirmações” – KENNEDY.

250 “Poe nos apresenta personagens em busca de algum conhecimento excitante” – KENNEDY.

250 “Poe sempre quis encontrar o racional, fosse na solução” – POE.

250 “Esse é ainda outro modo de mostrar que o estereótipo está errado” – POE.

251 Durante uma de suas visitas à casa de Shew – Arthur Hobson Quinn, *Edgar Allan Poe: A Critical Biography* (Baltimore: The Johns Hopkins University Press, 1998. Reimpressão da biografia de 1941), p. 563.

254 “muito abomináveis” – Carta de Anne Lynch a Helen Whitman, 31 de janeiro de 1848, Sarah Helen Whitman Papers, John Hay Library, Brown University, Providence, Rhode Island.

254 “admirava excessivamente” – Carta de Anne Lynch a Helen Whitman, 21 de fevereiro de 1848, Sarah Helen Whitman Papers, Brown University.

255 “ele incomoda tanto a maioria das pessoas” – Carta de Anne Lynch a Helen Whitman, 21 de fevereiro de 1848.

255 “não porque não seja belo em si” – Carta de Anne Lynch a Helen Whitman, 10 de março de 1848, Sarah Helen Whitman Papers, Brown University.

255 "Vejo pelo *Home Journal* que sua bela invocação chegou" – Carta de Frances S. Osgood a Helen Whitman, 26 de março de 1848, Sarah Helen Whitman Papers, Brown University.

258 "Seu gosto pela bebida era uma simples doença" – John Moncure Daniel, "Characteristics of Edgar A. Poe", *Richmond Semi-Weekly Examiner*, 19 de outubro de 1849, p. 2 (texto postado em eapoe.org, o site da Edgar Allan Poe Society de Baltimore).

262 "Os excessos de Shelley, Byron e Goethe que ela defendia" – Kenneth Silverman, *Edgar A. Poe: Mournful and Never-ending Remembrance* (Nova York: HarperCollins Publishers, 1991), p. 368.

263 "Poe sabia o que estava fazendo, e sabia" – JEROME.

265 "Ele envelhece dramaticamente nos últimos três anos de sua vida" – DEAS.

"DUPLAMENTE MORTO"

272 Talvez, para seu cérebro fraco e torturado, ele parecesse estar à beira – Arthur Hobson Quinn, *Edgar Allan Poe: A Critical Biography* (Baltimore: The Johns Hopkins University Press, 1998. Reimpressão da biografia de 1941), p. 640.

273 "o candidato mais provável" – Julian Symons, *The Tell-Tale Heart: The Life and Works of Edgar Allan Poe* (Nova York: Penguin Books, 1981), p. 153.

273 "em seu 'Registros oficiais', publicados em 1875, Moran" – William T. Bandy, "Dr. Moran and the Poe-Reynolds Myth", *Myths and Reality* (Baltimore: The Edgar Allan Poe Society, 1987), p. 32 (texto postado em eapoe.org, o site da Edgar Allan Poe Society de Baltimore).

274 "Doutor, está tudo terminado" – John J. Moran, *A Defense of Edgar Allan Poe* (Washington, DC: William Boogher, 1885), p. 72 (texto postado em eapoe.org, o site da Edgar Allan Poe Society de Baltimore).

275 "uma invenção da imaginação de Moran" – Bandy, "Dr. Moran and the Poe-Reynolds Myth", p. 31.

275 "parece não haver razão para questionar sua verdade geral" – Symons, *The Tell-Tale Heart: The Life and Works of Edgar Allan Poe*, p. 153.

275 Após a morte, ele foi banhado e cuidadosamente deitado, vestido – John J. Moran, "Official Memoranda of the Death of Edgar A. Poe", *New York Herald*, 28 de outubro de 1875, p. 4.

277 Uma cova foi cavada entre os desmoronados mementos de mortalidade – Joseph Evans Snodgrass, "The Facts of Poe's Death and Burial", *Beadle's*

Monthly, maio de 1867, pp. 285-86 (texto postado em eapoe.org, o site da Edgar Allan Poe Society de Baltimore).

277 "desumana e não cristã" – George P. Clark, "Two Unnoticed Recollections of Poe's Funeral", *Poe Newsletter* 8, nº 1 (junho de 1970) (texto postado em eapoe.org, o site da Edgar Allan Poe Society de Baltimore).

278 "Mesmo tendo ganhado muito pouco dinheiro com 'O Corvo'" – ARMIENTO.

278 "O fim é muito típico de Poe, dos dias faltantes ao funeral" – JANG.

278 "Alguém se aproximou de Thomas Dunn English e lhe perguntou" – JEROME.

279 "Não mudamos" – JEROME.

279 "Seu maior erro foi morrer antes de seus inimigos" – POE.

279 "Certamente, não foi a intenção de Griswold fazer um favor a Poe" – VELELLA.

280 "Outra pessoa criou a *persona* de Poe, e foi alguém que" – VELELLA.

280 "Ninguém é o vilão de sua própria história" – VELELLA.

281 "Poe não aceitava as crenças e os truísmos da cultura" – LEWIS.

282 "Nada há de vitoriano, saudável, amigável, comunal" – KENNEDY.

282 "Poe realmente antecipou o sentimento de nossa época, mais ainda que" – KENNEDY.

283 "Reconhecemos a visão moderna de Poe do lado obscuro da humanidade" – SAVOYE.

283 "Muitos estudiosos que escrevem sobre poesia e a ensinam estão comprometidos com interpretações" – McGANN.

284 "Essa atitude permanece prevalente nas universidades, onde" – POE.

284 "Uma das acusações acadêmicas contra Poe é que ele é um escritor popular" – McGANN.

285 "Essa pobre mulher perdeu sua filha e um genro" – JANG.

286 "Era muito provavelmente uma pedra" – HANSMA.

286 "A teoria do tumor cerebral realmente veio da busca pelo novo" – PEARL.

"PENETRE OS MISTÉRIOS"

290 "Todo mundo tem uma opinião, e essa opinião é" – JEROME.

290 "Por mais dúbios que os registros sejam, as melhores evidências" – HANSMA.

292 "Um caso não solucionado de meados do século XIX seria difícil" – DOUGLAS.

292 "A menos que tenhamos desenterrado esse corpo e encontrado uma machadinha cravada" – SAVOYE.

293 "Ele morreu quando não havia necessidade obrigatória real de documentar" – HANSMA.

293 "É incognoscível porque tudo foi descuidadamente manipulado" – HANSMA.

294 "Não há dúvida em minha mente de que a tuberculose está no topo" – HANSMA.

294 As evidências conhecidas mais antigas para tuberculose em humanos foram encontradas – Robin Lloyd, "Bones Reveal Oldest Case of TB", 14 de outubro de 2008, livescience.com.

295 "Como um historiador da medicina, o diagnóstico retrospectivo é muito" – PEITZMAN.

295 "Dados seu histórico familiar e o tempo em que viveu, ele" – BOOM.

295 "Não sabemos o que o matou, mas não há dúvida" – KENNEDY.

295 "É inteiramente possível ter tuberculose durante grande parte da nossa vida" – PEITZMAN.

295 "Se estamos expostos e infectados e, por outro lado, saudáveis" – BOOM.

296 "E eles lhe disseram que tinha lesões e um caso não diagnosticado" – McKENNA-UFF.

296 "A sintomatologia de Poe na morte se encaixa com o tuberculoso" – HANSMA.

297 "Há uma imagem popular de Poe, que não é real, mas" – OLSHAKER.

297 "Acredito que tenha sido tuberculose, e havia muitos fatores" – SHAFFER-KOROS.

298 "faz mais sentido" – SEMTNER.

298 "A cólera é uma doença aguda, mas, por mais horrível que seja, é" – BOOM.

298 "é certamente plausível" – PEITZMAN.

298 "A meningite tuberculosa não é algo que se desenvolve da noite para o dia" – BOOM.

299 "Na época, a meningite tuberculosa era agressiva, catastrófica e" – HANSMA.

299 "Neste momento, a hipótese de meningite tuberculosa é altamente provável" – SPURLOCK.

300 "impressões granulares (IGs) na superfície interna do crânio têm sido consideradas" – Olga Spekker, David R. Hunt, Laszlo Paja, Erika Molnar, Gyorgy Palfi, Michael Schultz, "Tracking Down the White Plague: The Skeletal Evidence of Tuberculosis Meningitis in the Robert J. Terry Anatomical Skeleton Collection", National Library of Medicine, National Center for Biotechnology Information, puremed.ncbi.nlm.nih.gov.

300 "Há uma parte de mim que não quer saber" – STASHOWER.

300 "Ao nos deixar tão jovem e com tantos mistérios" – ARMIENTO.

300 “Ele foi associado, na mente do público, a Boris Karloff” – SEMTNER.

301 “Pobre Poe” – Peter J. Jarman, “The Latest Interview with the Living Legend”, *Famous Monsters of Filmland*, nº 37 (fevereiro de 1965): p. 28.

301 “Eles capturaram o espírito de Poe, embora não as especificidades” – PRICE.

301 “E ainda estamos lendo Poe, na América e” – JEROME.

301 “Acho que ele sabia” – McKENNA-UFF.

302 “Há uma poderosa universalidade naquilo sobre o que Poe escreveu” – KENNEDY.

ÍNDICE REMISSIVO

ONCE UPON A MIDNIGHT DREARY,
OVER MANY A QUAINT AND
WHILE I NODDED, NEARLY
AS OF SOME ONE GENTLY
"'TIS SOME VISITOR," I